성공의 동반자
내 인생의 멘토

내 인생의 멘토

초판 1쇄 발행 2017년 10월 30일

지은이 남경홍
펴낸이 장길수
펴낸곳 지식과감성#
출판등록 제2012-000081호

디자인 최예슬
편집 이현, 이다래
교정 이주영
마케팅 고은빛, 윤석영

주소 서울시 금천구 가산동 60-5 갑을그레이트밸리 B동 507호
전화 070-4651-3730~4
팩스 070-4325-7006
이메일 ksbookup@naver.com
홈페이지 www.knsbookup.com

ISBN 979-11-5961-882-6(04440)
값 23,000원

ⓒ 남경홍 2017 Printed in Korea

이 도서의 국립중앙도서관 출판예정도서목록(CIP)은 서지정보유통지원시스템
홈페이지(http://seoji.nl.go.kr)와 국가자료공동목록시스템(http://www.nl.go.kr/kolisnet)에서
이용하실 수 있습니다. (CIP제어번호 : CIP2017027930)

홈페이지 바로가기

성공학 총서 4-3

성공의 동반자

내 인생의 멘토 1

즐겁게 멘토 따라하기

로터스성공학연구소장 **시전 남경흥**

로터스성공학연구소　지식과감성

목차

Prologue _10

제1부 성공의 안내자, 위대한 멘토 이야기

제1장 개설 ·· 24

제2장 세계에 가장 큰 영향을 끼친 인물 칭기즈 칸 ················ 34

1. 가난하고 배우지 못한 소년 테무진, 칸이 되다 _34
2. 뛰어난 기동력과 개량된 무기로 세상을 정복하다 _37
3. 최근 천 년, 세계에 가장 큰 영향을 끼친 인물로 선정되다 _41
4. 칭기즈 칸, 나의 극복이 지금의 나를 만들었다고 말하다 _44

제3장 이 세상을 부로 지배하는 로스차일드 가문 ················ 46

1. 세계 최고의 부를 가진 가문이 되다 _46
2. 로스차일드 가문의 성공과 장수 이유 _63
   - 2.1. 상업 이외에는 살아갈 다른 길이 없었다
   - 2.2. 거미줄 같은 정보망이 그들을 거부로 만들어 주었다
   - 2.3. 철저한 신용이 그들을 거부로 만들어 주었다
   - 2.4. 국가에는 기여함을 원칙으로 하였고, 직원들은 가족처럼 보살폈다
   - 2.5. 그들은 가족끼리 단결했고, 재산을 분산시켰다
3. 로스차일드 가문의 오늘날 위상 _68

제4장 사막의 기적, 두바이의 셰이크 모하메드 ················ 69

1. 시공간의 한계를 극복하고 기적을 일구다 _69
2. 두바이 프로젝트가 성공한 이유 _72
   2.1. 부왕인 '셰이크 라시드'의 미래를 보는 안목
      2.1.1. 한정된 자원을 국토개발에 집중하다
      2.1.2. 사람의 중요성과 사람의 그릇을 알아보는 혜안을 발휘하다
   2.2. 셰이크 모하메드 왕의 긍정적 사고와 추진력

제5장 가장 혁신적 기업으로 평가되는 구글 ················ 78

1. 구글, 모든 사람이 의심했던 뒤늦은 출발 _78
2. 극단적 단순함과 사용자 위주의 서비스로 검색엔진의 대명사가 되다 _82
3. 오픈소스의 아이콘이 되다 _86
4. 4차 산업혁명의 선두주자가 되다 _90
5. 알파고와 이세돌 바둑9단 대국의 의미 –
   AI와 인간이 협력하는 새로운 세상의 도래 _94

제6장 성공공식을 들려주는 인생의 멘토들 ················ 98

1. 벤저민 프랭클린(1706~1790) _98
   1.1. 가난한 견습공, 주경야독으로 부와 명예를 얻다
   1.2. 미국의 시대정신이 되다
2. 알렉산더 해밀턴(1757~1804) _102
   2.1. 한 시대의 풍운아
   2.2. 미국 건국의 아버지가 되다
3. 토마스 에디슨(1847~1931) _108
   3.1. 발명왕이 되다
   3.2. 세계 최초의 공업용 실험실 '에디슨연구소'를 세우다
   3.3. 에디슨, 유명한 명언을 남기다
   3.4. 에디슨은 발명가라기보다 경영자(CTO&CEO)였다

4. 철강왕 카네기와 석유왕 록펠러 _118
    4.1. 열정이 만들어 낸 결과물
    4.2. 앤드루 카네기(1835~1915)의 삶
    4.3. 존 록펠러의 삶
    4.4. 카네기와 록펠러의 성공 요인

5. 빌 게이츠(Bill Gates, 1955~현재) _127
    5.1. 40세에 세계 1위의 억만장자가 되다
    5.2. 좌절을 딛고 세계 최고의 자선사업가로 변신하다
    5.3. 빌 게이츠의 성공요인
    5.4. 성공하기를 원하는 사람들에게 그가 전하는 조언들
    5.5. 빌 게이츠의 부모와 빌 게이츠에게서 배울 점들

6. 스티브 잡스(1955~2011) _142
    6.1. 반항아 스티브, 혁신의 아이콘이 되다
    6.2. 풍운아 스티브, 암으로 죽음을 기다리며 그의 삶을 회고하다
    6.3. 스티브 잡스가 말하는 성공의 지혜
    6.4. 스티브 잡스와 빌 게이츠의 다른 삶

7. 제프 베조스(1964~현재) _157
    7.1. 전도양양했던 펀드 매니저 베조스, 미래를 선택하다
    7.2. 세계 최초 온라인 서점의 탄생
    7.3. 유통기업에서 플랫폼기업으로
    7.4. 창업자 중 스티브 잡스 이후 가장 창의적인 CEO
    7.5. 제2의 '잡스'가 되다. 그러나 잡스가 고가전략가(수익우선)라면 그는 저가전략가(고객우선)라는 점이 다르다
    7.6. 어린 시절의 꿈, 우주비행의 꿈을 이루고자 시도하다
    7.7. 베조스의 사업원칙
        7.7.1. 십 년이 지나도 변치 않는 것에 집중한다
        7.7.2. 고객 우선주의, 빛을 발하다
    7.8. 베조스의 멘토였던 양아버지와 외할아버지
    7.9. 베조스, 세계 최고의 부자 후보 1순위가 되다
    7.10. 베조스의 통찰력 넘치는 명언

8. 청나라 거상 호설암 _176

   8.1. 빈털터리에서 거상이 되다

   8.2. 용인술과 기회 포착, 결단의 달인

   8.3. 그만의 장사원칙을 세우다

9. 우리나라의 훌륭한 부자들 _189

   9.1. 개관

   9.2. 경주 최부잣집의 300년간 내려온 부의 비밀

   9.3. 개성상인 임상옥(林尙沃, 1779~1855)

      9.3.1. 인삼무역에 주목하다

      9.3.2. 인맥을 늘리고 배짱으로 배팅하다

      9.3.3. 그는 상인이었으나 돈을 쓸 줄 알았다

   9.4. 국제 무역왕 최봉준(1859~1917)

      9.4.1. 빈털터리로 고향을 떠난 어린 소년, 설원에서 멘토를 만나다

      9.4.2. 멘토 야린스키의 '처세정신 10조'를 마음깊이 새기다

      9.4.3. 최봉준, 갑부가 되어 고향으로 금의환향하다

   9.5. 제주기생 김만덕(金萬德, 1739~1812)

      9.5.1. 천민인 기녀 신분을 벗어나 거상이 되다

      9.5.2. 김만덕, 나눔 정신을 실천하다

   9.6. 청상과부 백선행(白善行, 1848~1928)

      9.6.1. 못생긴 구두쇠 백 과부, 부자가 되다

      9.6.2. 구두쇠 백 과부, 다시 일어나 거상이 되다

      9.6.3. 교육과 구빈사업에 전 재산을 바치다

제2부 빠른 성공안내서 요해

제1장 새로운 삶을 일깨워준 가르침 ·········· 230

1. 《How to friends and influence people》_230

2. 《기적으로 이끄는 수업 A course of Miracles》_240

3. 《연금술사 Alchemist》_242

4. 《어느 선장의 가르침》_244

제2장 꿈을 이끌어준 가르침 246

1. 《It Works》_246
2. 《Ping》_247
3. 《당신은 그 무엇을 찾았나요? That Something》_250

제3장 빠른 성공의 비밀을 알려준 가르침 251

1. 《시크릿 The Secret》_251
2. 《키 The Key》_258
3. 《끌어당김의 법칙 The Law of Attraction》_259
4. 《세계에서 제일 위대한 비밀》_262
5. 《성공은 과학이다 Science of Success》_267
6. 《절대 변하지 않는 8가지 성공원칙》_273
7. 《나만의 성공곡선을 그리자》_275
8. 《당신의 소원을 이루십시오》_279
9. 《아주 특별한 성공처방》_284
10. 《리얼리티 트랜서핑 Reality Transurfing》_288

제4장 부를 가져다준 가르침 300

1. 《부자가 되는 비밀》_300
2. 《나는 이렇게 부자가 되었다》_302
3. 《마스터키 Master-key》_307
4. 《마음만 먹으면 당신도 부자가 된다》_322
5. 《Unlimited Power》_326
6. 《부와 행복의 법칙》_331

제5장 행운을 이끌어준 가르침 **335**

1. 《You have a Key of Fate》_335
2. 《운, 인생을 지배하는 보이지 않는 힘》_338
3. 《행운의 법칙》_343
4. 《운명을 지배하는 힘 육감 六感》_349
5. 《집중력의 힘 Power of Concentration》_351

Epilogue _354

Prologue

　필자는 2013년 《우주와 나를 연결하는 허공의 놀라운 비밀》이라는 제목의 저서에서 나와 우주가 끈으로 연결된 하나라는 화두를 던지면서, 이 세상의 본질은 일반적으로 우리가 알고 있는 것처럼 공짜 점심은 일절 없는 부족함이 지배하는 고통의 세상이 아니라 어느 곳에서나 공짜 점심이 넘쳐흐르는 풍요의 세상이라는 것을 과학적 분석을 바탕으로 주장한 바 있다.

　그러면서 이제 막 시작된 4차 산업혁명은 이 세상을 더욱 풍요롭고 서로 연결된 하나의 세상으로 만들어 주는 정(正, +)의 효과와 더불어 부(富)의 편재라는 부(負, −)의 효과가 일상적이 될 것이라는 견해를 피력하였다.

　모든 것이 급격히 변화하고 있는 21세기 격동의 시대에 들어선 지금, 예전의 사고의 틀에서 벗어나 나의 본질을 철저히 이해하고 여기에서 참 지혜를 얻어 새로운 대처방안을 마련하지 않는다면 우리 보통 사람들은 철저히 기술혁신의 과실(果實)에서 멀어져 고통의 바다에 내던져질 것이다.

　기술혁명이란 물질문명이 디지털혁명을 통해 분리의 끝자락에 이르자 이제는 그 방향을 180도 바꾸어 연결성을 지향해 나아가게 되는 혁명적인 전환을 그 본질로 하는 것이다. 물론 그 바탕에는 기술이 있고, 기술이란 이 우주의 본질인 마음의 성질에서 파생된 부산물로 문화와 유사한 성질을 가진다고 필자는 보고 있다. 그러므로 마음의 작용을 터득한 소수자들의 손에 그 과실의 대부분이 넘어갈 것이다. 지난 수렵농경시대가 덧셈과 뺄셈의 세상이었고, 우리가 경험한 공업혁명과 서비스혁명에 의한 2~3차 산업사회가 곱셈과 나눗셈의 사회였다면, 이제 우리에게 다가오고 있는 기술혁명에 의한 4차 산업사회는 지수(2^n) 즉 제곱의 세상이기 때문이다.

전 인류의 0.1%에 불과한 이들이 권력과 부를 모두 거머쥐면 4차 산업혁명의 본질인 '관계와 공유'라는 신과 인류의 최상목표는 허공에서 떠도는 목소리가 되고 소수자가 지배하는 과점사회의 악몽이 현실화될 것이다. 영국의 저명한 물리학자 스티브 호킹 박사가 기술혁명에 대하여 우려하는 것도 바로 이것이다.

4차 산업혁명이 "우리 모두를 풍요와 행복으로 이끄는 지상낙원이 되느냐, 아니면 소수자에 의해 대부분은 우매한 노예가 되느냐."는 우리 보통 사람들이 이 우주의 본질을 제대로 깨달아 나의 중요성을 각성하고 마음껏 창의력을 발휘하느냐에 달려 있다. 우리들이 우주에 넘쳐나는 풍요로운 지혜를 나의 것으로 만들 때, 비로소 이 세상은 우리 모두를 풍요와 행복으로 이끄는 지상낙원이 될 것이며 고용 없는 성장의 악몽은 그 종말을 고할 것임을 믿어 의심치 않는다. 바로 이 세상은 타고난 재능을 가진 특별한 자가 이끄는 것이 아니라, 끈기와 열정으로 자기가 가진 무한한 재능을 펼쳐내어 다른 사람들과 나누는 열린 마음을 가진 보통 사람들이 이끄는 열린 세상이기 때문이다.

필자는 30년이 넘는 기간 동안 "나는 누구인가?"라는 질문의 답을 얻기 위해 연구해왔다. 2013년 이를 요약한 졸저 《허공의 놀라운 비밀》을 발표한 후 여러 기업 및 단체에서 강의 요청이 있었고, 이 책에 수록된 내용을 가지고 연구하는 모임도 있다는 것을 인터넷을 통해 알 수 있었다. 그러던 중 필자는 뇌를 크게 다치는 불의의 사고를 당하여 대학병원 중환자실에서 10여 일 동안 혼수상태에서 무간지옥을 헤맨 후 깨어났다. 주치의는 깨어나도 지적 활동은 어렵고 일상생활만 가능할 것이라고 하였으나, 필자는 다친 지 2개월 만에 거의 정상상태를 회복하는 기적을 이루었다. 지금 생각해 보면 이는 모두 필자가 평상 시 심신수련에 전심전력을 다한 덕이 아닌가 하는 생각이 든다. 습관화가 나를 구한 것이다. 그러면서 삶이 무엇인지, 어떻게 살아야 할 것인지를 고뇌하는 많은 이들에게 내가 깨달은 것을 보다 쉽고 자세하게 전달해야 한다는 소명의식도 함께 찾아왔다.

이러한 이유로 필자는 집필을 시작하여 이 4부작을 독자들께 내어놓게 되었다. 제1부는 "나는 누구인가?"에 대한 질문의 답을 나를 중심으로 한 연구, 우주와 나의 연결성에 대한 연구로 대별하여 검토하여 그 답을 제시하였고, 제2부는 "나는 누구인가?"에 대한 답을 얻은 바탕 위에 "어떻게 하면 풍요롭고 성공적인 삶을 살 수 있을까?"에 대한 답변을 제시하였다. 이것이 제2부 《풍요로운 삶의 비밀》이다. 여기서는 인류가 수천 년간 찾아 헤매던 '연금술'의 비밀이 진정 무엇인지를 파헤치고 이에 대한 해답을 제시하여 독자들이 여기에서 제시한 방법을 익혀 습관화한다면 누구라도 풍요로운 삶을 살아갈 수 있음을 보여주고자 노력하였다.

이제 1부와 2부를 이해하고 실천하는 독자들의 앞으로의 삶은 지금의 삶과는 전혀 다른 삶(하루하루를 감사하며 행복이 흘러넘치는 삶)이 될 것이라고 필자는 감히 장담한다.

그런데 우리의 삶은 너무나 짧은 데 비하여 기회는 발견하기가 매우 어렵다. 그래서 성공적인 삶은 잡힐 수 없는 무지개라고 지레 포기하는 사람들이 너무나 많은 것이 현실이다.

이에 필자는 저서의 집필 의도인 「우리 보통 사람들도 모두 성공적이고 지복을 누리는 삶을 살아갈 수 있음에도, 나의 존재가 무엇인지 찾지 못해 고해의 바다에서 허덕이며 살아가는 나와 같은 보통 사람들에게 성공적이면서 행복한 삶을 살 수 있는 길을 보여주겠다.」는 의도를 보다 촉진할 수 있는 방법이 없을까 고민하다가, 「독자들의 변화를 이끌어줄 '멘토'를 소개하자. 그러면 독자들이 보다 실감나게 이들의 조언이나 행동을 본받아 성공의 지름길로 내달리게 될 것이다.」라는 생각이 뇌리를 스쳤다.

이렇게 제3부 《성공의 동반자 내 인생의 멘토》가 집필되었고, 멘토를 선정하는 데 있어서는 다음 사항을 고려하였다. 첫째, 역사상 이미 성공적인 삶을 살아간 사람(현존 인물을 포함한다)과 집단들 중 필자의 집필의도와 합치하는 개인 또는 집단을 멘토로 선정하여 이들의 행적을 제시하였다. 둘째, 필자는 평소 읽은 책을 핵심만 요약 정리해 기록으로 남기는 습관이 있어서 수십 년 동안 필자가 읽은 자기계발서로 분류할 수 있는 책의 메모를 상당량 가지고 있었다. 집필하면서 이 귀중한 자료의 활용방안을 고민하다가 "이 메모를 책의 제목과 함께 정리하여 독자에게 소개하면 심화학습을 갈망하는 독자들이 이들 책을 찾아 읽게 될 것이다. 그러면 필자는 독자와 베스트셀러 저자와의 교량역할을 하는 셈이 되고 그러면 이 또한 가치 있을 것이다."라는 데 생각이 미쳤다. 그래서 필자가 메모해 놓은 자기계발서 중 28권을 엄선하여 필자의 견해를 담아 요약 소개하였다.

이제 독자들은 제3부 《내 인생의 멘토》를 통해 멘토의 조언과 경험을 체득하여 나의 것으로 만들면 1, 2부에서 제시하고 있는 내용을 보다 심층적으로 깨닫게 될 뿐만 아니라, 하루하루 달라지는 나를 보고 자신 스스로도 크게 놀라게 될 것이다.

제3부에서는 먼저 집단지성을 통해 이 세상을 바꾸었거나 바꾸는 데 선두에 있는 지도자나 기업, 가문 넷을 엄선하여 소개한 후, 2차~4차 산업혁명을 이끌었거나 이끌고 있는 개인적 역량이 뛰어났던 선구적 기업가 9명를 소개하였다. 그런 다음 자본주의 토양이 척박했던 구한말 무에서 유를 이루고 백성의 구제에 부를 쾌척했던 우리들의 조상도 소개하여 조상에 대한 고마움도 잊지 말도록 배려하였다. 뿌리가 없다면 우리는 존재할 수 없기 때문이다.

소개된 멘토를 간략히 살펴보자. 집단지성을 통해 이 세상을 바꾸었거나 바꾸고 있는 첫 번째 멘토로는 디지털혁명에서 자주 인용되는 속도전의 대명사 '칭기즈 칸'을 소개하였다. 그는 최근 수년 동안 계속 이 세상을 바꾼 가장 위대한 지도자로 선정된 바 있는데 그 이유는 인류의 연결성에 획기적 계기를 마련해주었기 때문이다. 두 번째 멘토로는 18~19세기 차별의 대명사였던 유대인으로 불우한 처지를 인내로 극복하고 세계 최고의 부를 이루어 200년 이상 이를 지켜 나가고 있는 로스차일드 가문을 소개하였다. 그리고 세 번째 멘토로는 이제 막 시작된 4차 산업혁명을 선두에서 이끌고 있는 기업인 구글이다. 구글은 사람들이 창업자의 이름은 몰라도 회사명은 누구나 알고 있는 미스터리한 기업이다. 네 번째 멘토로는 한정된 자원과 한계 토지(사막)이라는 제약을 딛고 일어나 이를 최고의 장점으로 바꾸어 영국의 식민지였던 가난했던 토후소국 두바이의 기적을 이룬 세이크 모하메드 왕가이다.

그런 다음 이 세상을 변화시켰거나 변화를 이끌고 있는 개인적 역량이 뛰어난 인물 8명을 엄선하여 멘토로 소개하였는데, 이들은 이민자 가족으로 미국의 시대정신이 된 벤저민 프랭클린, 외딴 섬에서 사생아로 태어나 불우한 한계를 극복하고 미국 건국의 아버지가 된 알렉산더 해밀턴, 성공은 99%의 땀과 1%의 영감이 가져준다고 말한 발명왕 에디슨, 근면과 끈기로 그 시대의 최고 갑부가 된 철강왕 카네기와 석유왕 록펠러, 지금의 4차 산업혁명을 가져온 IT계를 이끈 대표주자 빌 게이츠와 스티브 잡스, 제2의 스티브 잡스로 불리는 제프 베조스, 혼란스러운 시기였던 청나라 말 신의와 세상의 변화를 읽는 혜안으로 빈털터리에서 거상이 되었으나, 정경유착에 대한 뼈아픈 대가를 치른 호설암이다. 우리는 호설암을 통해 성공의 과정이 얼마나 중요한지를 깨닫게 될 것이다.

그리고 마지막으로 우리나라는 부(富)의 역사가 일천하여 아직 우리가 본받을 만한 멘토를 선정하기 어려워 제외하는 대신, 구한말 거의 무에서 부를 일구어 이를 빈민구제에 쾌척한 부자로 우리가 본받을 만하다고 판단되는 4명(가문 포함)을 소개하여 우리의 조상에 대한 존경심도 가져야 함을 보여주었다. 이들은 구한말 무에서 유를 이루어 굶주린 백성의 구제에 그 부를 쾌척한 경주 최부자집, 개성상인 임상옥, 국제무역왕 최봉준, 제주 기생 김만덕, 청상과부 백선행 등이다.

이들 멘토의 선정은 가능한 한 최근의 인물을 중심으로 하되, 지역별로 안배하고자 했으며 전제군주는 가능한 배제하였으나 전제군주나 인류의 용광로를 만들어 오늘날의 인류발전에 큰 기여를 한 칭기즈 칸과 오늘날 두바이의 기적을 진두지휘하고 있는 세이크 모하메드 왕은 독자에게 소개할 가치가 충분하다고 판단하여 이들을 멘토에 포함시켰다.

이렇게 이 세상을 움직인 실존인물들을 멘토로 소개한 다음, 베스트셀러였던 자기계발서 중 대표적인 책 28권을 '멘토서'로 필자가 임의로 선정하여 새로운 삶을 일깨워준 가르침, 꿈을 이끌어준 가르침, 빠른 성공의 비밀을 가르쳐준 가르침, 부를 가져다준 가르침, 행운을 이끄는 가르침 등으로 나누어 필자의 견해를 가미, 쉽게 요약하여 독자에게 그 핵심을 전달하고자 노력하였다.

지금까지 독자 여러분은 숨 가쁘게 달려왔다. 이제 독자들은 1~3부를 통해 성공과 지복을 향하여 커다란 발걸음을 옮겨 놓은 것이다.

그렇다면 우리는 인생의 깊이를 더하여 그 길의 깊이와 폭을 넓혀야 할 것이다. 그러려면 태초부터의 인류의 질문인 신과 영혼, 그리고 나는 어떤 연결성이 있는지를 올바르게 이해하여야 할 것이다.

이를 위해 모든 것을 정리한다는 의미를 담은 제4부《신과 영혼, 그리고 나》를 집필하였다.

제4부《신과 영혼, 그리고 나》는 인간의 마지막 질문이자 궁극의 질문인지도 모른다. 신과 영혼 문제는 참으로 다루기 어려운 문제이다. 그러나 이를 다룬 이유는 신과 영혼을 이해하지 못하고서는 삶이 무엇인지 정의할 수도 없고, 진정한 행복이 무엇인지도 알 수 없기에 필자의 얕은 지식을 총동원하여 신화부터 각종 종교의 교리, 진화론에 이르기까지 그 연관성을 검토하고 영혼에 대한 종교의 생각과 과학적 측면에서의 연구 등에 대해 검토하면서 진정한 행복이 무엇인지 필자 나름의 결론을 도출하였다.

이렇게 4부작으로 된 필자의 집필은 마무리되었다.

이 4부작은 지금까지 누구도 시도한 적이 없는 우주와 나라는 주제 하에 자연과학과 심리학, 종교, 철학, 마음 등 전 분야의 통섭을 통하여 그 연결성을 파악하였기에 독자들이 읽기에 다소 어렵고 미흡한 부분이 있을 수 있을 것이다. 독자님들께서 좋은 의견을 제시하여 주신다면 이를 반영하여 보다 발전된 책으로 거듭나고자 한다.

우리들 대부분은 우리가 사는 이 세상이야말로 우리에게 주어진 유일한 창조의 장이라는 사실을 모르고 살아가다 죽음을 맞이하면서 지나간 삶을 후회하게 된다.

이제 우리는 알았다. 마음만 바꾸면 우리 보통 사람들도 얼마든지 창조적이 될 수 있다는 것을. 이미 여러분은 모두 하루하루 창조활동을 지속하고 있는 것이다. 당신과 똑같은 인생을 살아가는 사람은 아무도 없지 아니한가? 이 말은 바로 여러분의 지금의 위치와 생각은 여러분 스스로가 창조한 것이고, 그것이 이 세상에 형체를 가지고 나타난 것이라는 말이다. 그럼에도 대부분의 보통 사람들은 이를 알아채지 못하고 남을 탓하거나 신세타령을 하면서 허송세월하고 있다. 우리는 이러한 생각과 태도를 버리고 오늘부터라도 새로운 삶의 의지만 갖는다면 원하는 모든 것을 얻을 수 있다. 바로 내가 우주요, 창조주라는 사실을 깨닫기만 한다면 말이다.

신과 우주의 목표는 모두 함께하는 세상이기에 우리가 사는 세상을 지상낙원으로 만들 수 있는 동력은 소수의 힘이 아니라 여러분 모두의 힘이 합치될 때 가능하다는 것을 독자 여러분은 이 책을 통해 깨닫게 되기를 바란다.

큰 힘이 소수에 몰리면 이는 종국에는 폭력성으로 변화하며 그러면 이 세상은 그야말로 종교에서 이야기하는 지옥이 되거나 미래학자들의 암울한 예측대로 이 지구를 우리가 만든 인공지능에 내어주고 유대민족이 수천 년간 고향을 버리고 사막을 헤맸듯이 타 행성을 찾아 떠도는 떠돌이 신세로 전락할지도 모른다.

이러한 필자의 생각은 그냥 악몽이나 환상이 아니라, 우리의 뇌와 몸 곳곳에 존재하는 신경전달물질이 우리의 기분을 조정하고 우리의 기분은 이들을 분비하게 하거나 억제하여 행동을 유발시키거나 억제함으로써 이 세상을 창조한다는 사실에 바탕을 두고 있다.

필자는 뇌와 감성의 관계를 연구하던 중 아래의 놀라운 사실을 추가로 발견하면서 이 우주의 본질은 바로 관계임을 더욱 확신하게 되었다.

'관계맺음'이 우리의 뇌와 세포에서도 끊임없이 일어나며, 이는 일명 '호르몬'이라 부르는 신경전달물질이 담당하고 있다는 사실이다. 이 신경전달물질은 우리의 기분변화에 따라 그 물질을 분비하여 우리의 행동을 유발하거나 억제하는데, 알려진 종류만도 수십 종에 이르지만 크게 나누면 세 가지의 기능을 촉진 또는 억제한다는 것을 발견한 것이다.

인간은 대체로 쾌락을 얻기 위해 행동하는데, 개인의 쾌락을 유도하는 도파민(dopamine)이라는 호르몬은 지속성이 짧아 어느 일정시점에 이르면 지루함이 쾌락을 넘어서면서 투쟁과 파괴를 유도하는 아드레날린(adrenalin)이라는 호르몬의 분비를 촉진하게 된다. 그러면 우리는 상대방에게 싸움을 걸거나 물건 등을 파괴함으로써 그 불만을 표출하게 된다. 그래서 인간은 쾌락을 찾아 마약, 오락, 게임 등에 몰입하게 되며, 일정 시점이 지나면 이것에 만족하지 못하고 자해행위를 하거나 남을 괴롭히는 등 파괴적 행동을 하게 되는 것이다. 이 두 가지 호르몬의 성질을 보면 나만을 위한 이기심을 고양시키는 호르몬이라는 점에서 일견 '자유의지'를 고양시키는 촉진제인 것처럼 보이나, 그 효과는 지속적이지 못하고 단속적이어서 우리가 바라는 지복(至福)의 상태를 결코 가져다주지는 못하며 종국에는 나를 파괴시킨다는 약점을 가지고 있다. 따라서 이기심에 기반을 둔 자본주의경제가 더욱 발전하기 위해서는 공유경제라는 목표와 함께해야 그 장점이 발휘되어 지속될 수 있을 것이라는 교훈을 우리에게 가르쳐주고 있다. 그나마 요즘 공유경제의 도입이 시작되고 있다는 점에서 다가올 미래가 일부 미래학자들의 예언처럼 암담하지만은 않을 것 같다.

그런데 놀라운 사실은 우리가 이타심을 발휘할 때에 분비되는 행복호르몬인 세로토닌(serotonin)이라는 호르몬이 존재한다는 점이다. 이 호르몬은 그 행복감의 지속성이 매우 길다. 바로 지복(至福) 호르몬인 것이다.

화학구조식으로 볼 때, 도파민이나 아드레날린이 하나의 육각구조를 기본으로 하는 데 반해 세로토닌은 육각구조와 오각구조 두 개가 함께 하는 특이한 형태를 갖고 있다. 화학구조를 보면 우리는 쉽게 아래 사실을 유추할 수 있는 것이다. "도파민과 아드레날린은 오직 나 하나만을 위한 촉매제이나, 세로토닌은 너와 내가 합일하도록 이끌어주는 촉매제이다." 이렇게 화학구조만 보더라도 우리는 그 역할을 유추할 수 있다니 이 우주의 지혜가 그저 놀라울 따름이다.

이러한 우주의 오묘함을 보면서 깨닫게 되는 것은, 존재란, '나'라는 존재를 존중하는 바탕 위에 다른 존재와 서로 도우며 관계를 지속적으로 유지하여 보다 높은 곳, 즉 본질을 향해 나아가라는 것이며 신의 창조목적 그 자체가 바로 존재라는 것을 웅변적으로 보여주고 있다는 사실이다.

또 이를 보면 우리가 애타게 갈구하는 '자유'란 나만을 위한 자유가 아니라 모두를 위한 자유라고 생각되지 않는가?

우리는 이제 공유사회라는 본질을 향한 걸음을 옮겨 놓았다.

보통 사람인 우리들 모두 이에 동참하여 그야말로 '지상낙원'을 누려야 하지 않을까.

이 책은 나의 본질을 찾는 여정의 기록으로 독자 여러분들이 읽고 이해하는 데 다소 시간이 걸릴 것이다.

그러나 어디 나의 본질을 탐구하여 이해하고 이를 실생활에 도움이 되도록 이용하는 것이 그렇게 쉽겠는가?

만약 이 우주의 원리, 즉 신의 섭리가 그렇게 쉽게 이해할 수 있는 것이라면 아마 이 우주는 잘못된 생각을 가진 사람들로 말미암아 파괴되어 흔적도 없이 사라졌을지도 모른다. 그리고 수천 년에 걸쳐 배출된 위대한 철학자, 과학자, 종교 등도 필요 없었을 것이다.

진정한 지식은 쉽게 얻어지는 것이 아니다. 몰입하고 탐구와 탐구를 지속하여 이 우주와 합일이 되어야만 가능한 것이다. 그러나 너무 겁먹을 필요는 없다.

이 책을 읽고 이 책이 담고 있는 진수를 이해하신 독자 여러분들은 진정한 성공과 부는 물질적인 풍요뿐만이 아니라 정신적인 풍요가 뒷받침되어야 가치 있고 영속적이라는 것을 깨닫게 될 것이다.

이 책은 요즘 젊은이들 사이 유행하는 자기 힐링서가 아니며, 패배자의 자기합리화를 도와주는 책이 아니라 이 세상의 구성과 작동방식을 깊이 이해하고 이 우주에서 진정한 자기를 찾아내어 이 세상은 피해 도망가야 할 적이 아니라 함께 손잡고 나아가야 할 친구이며 내가 이 우주의 중심이라는 사실을 일깨워 주기 위한 지침서이다.

아무쪼록 많은 분들이 이 책에서 인생의 좌표를 얻어 한 번뿐인 이 세상에서 부와 성공을 이루고 서로 서로 나누는 행복한 삶을 살아가다 이 세상을 떠날 때 미련 없이 웃으면서 더 높은 곳으로 출발하시길 기원한다.

끝으로 중학교 선생님들께 부탁의 말씀을 올리고자 한다.

평소 필자는 가장 중요한 인생의 전환기는 부모의 품을 떠나 나를 찾게 되는 시기인 중학교 시절(13~15살)이라는 확신(나의 중학교 경험도 한몫했다)을 가지고 있었다. 그런데 이 시기가 인생의 가장 중요한 시기임에도 불구하고 부모님의 관심은 가장 적은 시기라는 점은 큰 문제가 아닐 수 없다. 그래서 필자는 이들에게 올바른 길로 안내해 줄 방법이 없을까 고민하다가 알기 쉬운 동화나 만화로 이를 각색해 보고자 하였으나, 능력 부족으로 이를 포기하고 대신 선생님들이 이 책을 읽고 실천하여 풍요로운 삶을 살게 된다면 선생님들의 긍정 에너지가 학생들에게 바이러스처럼 옮겨 가지 않을까 하는 생각을 갖게 되었다. 만약 기회가 되어 중학교 선생님이 이 책을 읽으시고 삶의 양식이라 생각하신다면 동료 선생님들께 필자의 생각을 말씀해주시면 감사하겠다. 그리고 책이 필요하신 선생님이 계시다면 허용범위 내에서 무료로 송부해 드리겠다.

  이제 베니스의 구겐하임미술관 입구에 쓰여 있는 경구를 소개하며 프롤로그를 마치고자 한다.

Changing Place.
Changing Time.
Changing Thought.
And Changing Future.

결실이 무르익는 풍요의 계절 10월에 필자가

제1부

성공의 안내자, 위대한 멘토 이야기

제1장

개설

 우리는 "나는 누구인가?"라는 태초의 질문을 통해 이 무한한 우주에서 나의 존재란 무엇이며 우주의 생성과 소멸, 삶과 죽음은 어떤 관계가 있는지, 우리 존재란 죽음으로써 그냥 사라지는 덧없는 존재인지 그리고 이 우주와 생명은 어떤 과정을 거쳐 어디로 진화해가며 그 종착지는 어디일 것인지와 삶이 덧없는 것이든 아니면 영원한 것인지를 불문하고 어떻게 사는 것이 진정으로 가치 있는 삶인지 등 여러 가지 질문을 던지고 그 답을 얻으려고 각고의 노력을 해왔다. 그 결과 우리는 이 우주의 본질이 마음이라는 결론을 내렸으며, 마음이 창조주임을 확신하게 되었다. 그리고 진정한 연금술인 마음의 연금술을 갈고 닦아 우리 모두 풍요로 넘치는 이 세상을 더욱 풍요롭게 만들고 서로 도우며 살아간다면 이 지구는 풍요의 낙원이 되고 우리 모두는 진정으로 행복한 삶을 살아갈 수 있으리라는 확신도 생겼을 것이다.
 이 3편은 필자가 펴낸 성공학 지침서 1편《나는 누구인가》와 성공학 지침서 2편《풍요로운 삶의 비밀》을 모두 숙독한 독자들을 위한 심화학습서이다. 3편에서는 우리가 삶의 본보기로 삼을 수 있을 만한 멘토(주로 경영자)들의 삶을 소개하여 독자들의 새로운 출발에 불쏘시개가 되도록 하는 동시에, 그동안 성공학 지침서로서 수많은 독자들을 성공의 길로 이끈 역작들을 엄선하여 소개함으로써 이 책을 읽은 모든 독자들이 진정으로 행복하고 성공적인 삶에 한 발짝 더 다가서는 데 도움을 주고자 설계되었다.

이 책의 목적은 우리가 본받을 만한 실존인물인(이었던) 멘토들을 연구하여 그들의 삶에서 배울 것은 배우고 버려야 할 것은 버려서 성공을 위한 핵심만을 섭취하여 내 것으로 만드는 데 있으므로 우선 고려대상은 역사적으로나 현재의 유명인사들 중 어려운 환경에서도 확고한 신념을 바탕으로 부단한 노력과 용기 있는 결단을 통해 사회적인 명망을 얻고 커다란 부를 이룬 사람을 선정하였다. 이들은 앙트레프레너(entrepreneur, 혁신적 파괴자)로 혁신을 통해 기존 질서를 파괴하고 새로운 가치를 확립함으로써 이 세상을 획기적으로 진보시키는 사람들이다. 역사적으로 볼 때 이들은 소위 산업혁명, 지식혁명, 기술혁명이라는 획기적 진보의 시기에 많이 출현하였다. 이 책에서는 앙트레프레너에 해당하는 인물들 중 집필의도와 맞는 인물을 선정하여 여러분에게 소개하였다. 분명 독자는 이들 선각자들의 인생을 통해 많은 것을 배울 수 있을 것이다.

인생을 살아가면서 우리가 멘토 한 명만 만나더라도 우리들의 인생은 엄청난 도약을 이룰 수 있다고 한다. 그러나 우리 보통 사람들은 살아있는 진정한 멘토를 단 한 번도 만나지 못하거나 만나고도 이를 알아보지 못한다. 결국 우리 보통 사람들은 스스로 멘토를 만들거나 간접적 멘토를 통해 배울 수밖에 없다.

필자 자신도 인생을 살아오면서 살아 있는 멘토를 만나기를 학수고대하였으나, 결국 만나지 못했고 간접체험인 책을 통해 여러 위인들을 만나면서 가장 나에게 영향을 주었던 한 분을 멘토로 정하고 그분의 말씀과 삶을 나의 삶의 표본으로 삼고 살아가고 있다.

이 책에서는 집단지성을 통하여 사회를 변화시켰거나 변화시키고 있는 지도자나, 가문, 기업을 큰 목차를 설정하여 먼저 소개한 다음, 개인적인 역량이 뛰어나 사회를 변화시켰거나 변화시키고 있는 인물 9명을 소개하였다. 그런 다음 추가하여 자본주의 역량이 일천한 우리나라 구한말 무에서 유를 이루어 이를 모두 사회를 위해 환원한 우리의 조상 4명을 소개하였다.

우선 집단지성(集團知性)을 통하여 사회를 변화시켰거나 변화시키고 있는 멘토를 따라가 보자.

첫 번째 멘토는 '칭기즈 칸'이다.

절대군주인 그를 집단지성을 통하여 사회를 변화시킨 멘토로 선정한 이유는 이 세상을 정복한 정복자 중 칭기즈 칸은 알렉산더대왕, 시저, 진시황제, 나폴레옹 등의 정복자들과는 다른 사람이라는 판단에 따른 것이다. 그는 이들 어느 누구보다도 열악한 환경을 극복하고 칸의 자리에 오른 후 일당백이라는 기동력을 바탕으로 가장 넓은 영토를 통일했을 뿐만 아니라, 인종과 성별, 신분을 가리지 않고 인재들을 포용함으로써 그가 세운 원나라의 수도 카타코룸은 그야말로 인종, 종교, 신분, 성별을 가리지 않고 세계가 서로 융합하는 뜨거운 용광로가 되었던 것이다.

이로 인하여 일정 지역에만 머물던 상품교환과 교역, 지식인과 인종, 문화의 교류 등이 동서양을 넘나드는 활발한 세계교역의 시대로 이끌어짐으로써 우주의 본질인 '연결성'에 한 발짝 다가서게 된 것이다. 새로운 세상을 만드는 시발점이 되게 하는 데 끼친 그의 영향력은 실로 막대하다. 그러나 물론 그도 무수한 인명을 앗아갔다는 점에서는 비판받아야 마땅할 것이다. 이것이 정복자가 지고 가야 할 숙명인 것이다.

몇 년 전 워싱턴포스트지는 지난 천 년간 세계에 가장 큰 영향을 끼친 인물 1위로 칭기즈 칸을 선정했으며, 그동안 잔혹한 정복자로만 알려졌던 그에 대한 인류사에 끼친 긍정적 업적과 위대한 리더십에 대해 새롭게 조명되고 있는 것이 현실임을 우리는 알아야 할 것이다.

두 번째 멘토로는 로스차일드 가문을 선정하였다.

로스차일드 가문은 한 개인이 아니라 수백 년 이어져 내려오는 가문으로 세계에서 제일 부자라는 빌 게이츠가 가지고 있는 재산인 900억 달러와는 비교도 되지 않는 무려 5조 달러라는 엄청난 부를 소지하고 있는 것으로 추정되는 가문이다. 이 가문은 유태인 가문이며 지금도 세계 각국의 부를 좌지우지하고 있는데 이 가문이 부를 모은 그 역사를 알게 되면 그들의 엄청난 인내와 노력, 사회에의 기여와 헌신 등이 어우러져 오늘날의 로스차일드 가문이 있다는 것을 이해하게 될 것이다. 그리고 물론 여러분은 삶에 긍정적 영향을 끼칠 많은 정보를 얻을 수 있을 것이다.

세 번째 멘토는 구글로 정하였다. 개인이 아니라 회사를 멘토로 정한 이유는 대부분은 구글의 창업자가 누구인지는 잘 모르나 구글이라는 회사명은 초등학생에게도 익숙한 이름이다. 대표적 검색엔진으로 우뚝 선 구글은 이제 제4차 산업혁명의 선두주자로 탈바꿈한 기술회사이다.

구글의 창업자인 래리 페이지와 세르게이 브린은 그들이 개발한 새로운 검색엔진을 당시 잘나가던 야후 등 검색회사에 1백만 불만 지불하면 넘기겠다고 제안하였으나 모든 회사로부터 거절당했다. 그들은 회사를 창립할 생각은 꿈에도 하지 않았으나 다른 수가 없어 투자자를 모집하여 회사를 설립하고 공개를 통해 지금의 구글이 탄생된 것이다. 이를 보면서 필자는 하늘의 뜻이 아닐까 하는 생각을 갖게 된다.

네 번째 멘토는 두바이의 기적을 일군 세이크 모하메드 왕과 그의 부왕이다. 부왕은 아들 중 셋째인 세이크의 영민함을 알아보아 어렸을 때부터 그를 두바이를 이끌 지도자로 키웠고, 그는 한정된 자원(석유)과 한계 토지(사막)라는 제약조건을 놀라운 통찰력으로 극복하고 모래와 바람뿐이었던 황량한 사막 두바이(두바이는 메뚜기라는 뜻이다. 메뚜기가 훑고 지나간 황량한 사막이라는 뜻으로 붙은 이름이다)를 오늘의 세계적 교역항이자 휴양지로 만들었다. 지도자가 어떠한 생각을 품고 있느냐에 따라 국가와 민족의 미래가 어떻게 결정되는지 보여주는 좋은 본보기이다.

다음으로는 뛰어난 개인적 역량을 발휘하여 세상을 변화시켰거나 변화시키고 있는 인물들이다.

첫 번째 멘토는 벤저민 프랭클린이다.
그는 신대륙인 미국의 시대정신과 역사를 상징하는 인물이다. 이민자 가족이었던 그는 가난을 극복하고 큰 부와 각 분야에 대한 지식을 갖춰 하버드대학교 등 여러 곳의 대학에서 명예 박사학위를 받았고 주지사 등을 지냈으며, 미국 헌법초안을 작성한 인물이다. 그는 많은 기부를 통해 공적 도서관, 대학 등을 활성화시켜 미국의 시대정신으로 추앙받고 있다. 그는 100달러 화폐의 표지인물이기도 하다.

두 번째 멘토는 알렉산더 해밀턴이다.

그는 작은 섬 평민 출신이라는 불리한 신분을 극복하고 미국 연방정부 초대 재무장관이 되어 반대파의 극렬한 반대를 극복하고 국채를 발행하여 전비를 청산함으로써 건강재정을 만들었을 뿐만 아니라, 여러 가지 재정제도 등을 정비하여 '아메리칸 시스템'을 완비한 인물이다. 그는 그 당시 앙트레프래너의 출현의 토양을 마련한 선구적 혜안을 가진 지도자였다.

세 번째 멘토는 에디슨이다.

에디슨을 모르는 사람이 없을 정도로 유명한 인사이나, 그는 발명가라기보다 현명한 경영자로 보인다. 그의 연구소는 개편되어 지금의 세계적 기업 제너럴 일렉트릭이 되었다. 그도 빼어놓을 수 없는 앙트레프래너이다.

네 번째 멘토로는 미국의 철강왕 카네기와 석유왕 록펠러를 함께 다루었다.

그들은 동시대에 가난과 무학이라는 불리함을 딛고 큰 부를 이룬 후 이를 교육기관, 사회단체에 기부하는 등 사회 환원에도 노력하여 사회적 존경을 받고 있는 훌륭한 기업가이다. 물론 그들은 단점도 있었던 것은 사실이다.

다섯 번째 멘토는 아직도 미국 사회에서 큰 영향력을 가지고 있고 세계 제1의 부자인 빌 게이츠이다.

그는 마이크로소프트사를 설립하여 퍼스널컴퓨터 운영체제인 MS-Window의 대대적 성공으로 일약 41세에 세계 최고부자의 반열에 오른 인물이다. 그는 이 운영체계의 독점권을 획득한 후 엄청나게 높은 가격을 책정하여 판매하면서 세계의 돈을 쓸어 담아 구설수에 오르기도 하였다. 그래서 공유경제를 주장하는 일단의 학자와 단체들로부터 '돈만 아는 악마'라는 별호를 듣기도 한다. 그러나 그는 46세에 마이크로소프트사에서 은퇴하고 자선사업에 전념하면서 이러한 오명을 벗고 기부천사로 탈바꿈한 삶을 살아가고 있다.

여섯 번째 멘토는 스티브 잡스이다.

그는 미혼모의 자식으로 태어나자마자 양부모에 입양되어 젊은 시절 환각제에 손을 대는 등 방황의 시절을 보내다, 해커 스티브 워즈니악을 만나 애플사를 창립하여 여러 우여곡절을 거쳐 미국 최고의 회사 반열에 올려놓고 그도 일약 세계 최고의 부자가 된다. 그러나 그의 복은 여기까지였다. 그는 암 판정을 받고 2011년 56세의 나이로 서거한다. 그의 인생 역정을 보며 우리는 많은 교훈을 얻을 수 있다.

일곱 번째 멘토는 제프 베조스이다.

그는 아마존의 설립자로 그 당시 전망이 없는 것으로 보아 모두 관심이 없었던 온라인 서점을 만들어 오늘날 유통의 전 분야를 온라인으로 흡수해 나가고 있을 뿐만 아니라 누구보다도 빅 데이터, AI, 우주개척 등에 관심을 가지고 있는 대표적인 앙트레프레너이다. 그는 2017년 7월 잠시 동안이지만 그의 회사 아마존의 주가 폭등으로 그의 재산이 세계 제일의 부자 빌 게이츠를 누르고 1위에 오르는 기염을 토하기도 했다. 이에 대부분의 분석가들은 제프 베조스가 차기 세계 제1의 부자가 될 것이라 예측하고 있다.

여덟 번째 멘토는 청나라 거상 호설암이다.

그는 미천한 집안에서 태어나 무학인 채 상업에 투신하여 큰 부를 일군 사람이나 관과 결탁하여 이룬 부라는 한계를 극복하지 못하고 패망한 인물이다. 그러나 그의 인재등용방식과 처세, 사업결단 등 많은 장점을 가지고 있는 인물이었다.

이와 같이 집단지성을 통하여 사회를 변화시켰거나 변화시키고 있는 지도자나, 가문, 기업가 4명과 개인적인 역량이 뛰어나 사회를 변화시켰거나 변화시키고 있는 인물 8명 이외에, 자본주의 역량이 일천한 우리나라 구한 말 무에서 유를 이루어 이를 모두 사회를 위해 환원한 우리의 조상 4명(가문 1 포함)을 보자. 조상 없이는 우리도 없을 것이다.

첫째, 우리나라의 훌륭한 부자였던 최부잣집.

둘째, 개성 거상 임상옥.

셋째, 제주기녀 신분을 벗어나 거상이 되어 모든 재산을 백성 긍휼에 사용한 김만덕.

넷째, 무일푼 청상과부였다가 거상이 되고 모든 재산을 사회에 환원했다고 하여 이름 붙여진 백과부 백선행.

다섯째, 어린 시절 고향을 떠나 블라디보스토크에서 거상이 되어 고향에 돌아온 국제무역왕 최봉준

우리나라는 자본주의 경험이 일천하여 존경할 만한 부자를 찾기 어렵다. 그래서 우리나라에는 본받을 만한 훌륭한 부자들이 없었던 것으로 대부분 생각한다. 그러나 모든 백성이 굶주림에 허덕이던 조선 후기 및 구한말 가난을 스스로 극복하고 부자가 되거나 거상이 되었으나, 나라의 어려움에 동참하고 흔쾌히 재산을 사회에 환원하여 백성을 긍휼한 훌륭한 조상들이 있었으니 바로 위의 4인이었다. 서양의 부자에 비해서는 그리 큰 부자는 아니었으나 그 뜻만큼은 그들 못지않았던 우리 조상이 있었음을 꼭 기억하자.

    필자는 멘토의 선정 기준을 무엇으로 정할까 고심 끝에 다음과 같이 정하였다. 우선 어려운 여건을 극복하고 부를 성취한 후 이 부를 자기와 가족만을 위해 쓰지 않고, 사회적 기여를 통해 모든 사람에게 나누어 세상을 바꾸는 데 기여한 유명 인사를 멘토로 선정하는 데 중심을 두기로 하였다. 그다음 개인은 아니나 세계의 부의 분배에 막강한 영향력을 갖고 있는 세계 최고의 부자 가문인 로스차일드 가문과 4차 산업혁명을 이끌고 있는 기업인 구글은 이 책이 다루는 성공과 행복한 삶을 살기 위한 여러 아이디어를 얻을 수 있는 가문과 회사라는 점에서 멘토에 포함시켰다.
   그와 함께 성공이란 부의 축적만이 아니라는 점을 고려하여 인종의 용광로를 만든 위대한 정복자 칭기즈 칸, 두바이의 기적을 일군 세이크 모하메드 왕도 포함시켰다. 또한 멘토를 선정하면서 함께 고려한 것은 지역별 안

배였다. 유럽의 대표로는 그야말로 전 세계 최고의 부를 가진 가문인 로스차일드 가문을 선정하였고, 미국은 창의적인 인물을 세계에서 가장 많이 배출한 나라임을 감안하여 미국의 시대정신인 벤저민 프랭클린, 앙트레프레너의 배출 기반을 마련한 알렉산더 해밀턴, 발명왕 에디슨, 철강왕 카네기와 석유왕 록펠러, 마이크로소프트사의 빌 게이츠, 애플의 스티브 잡스, 제2의 스티브 잡스로 불리는 아마존의 제프 베조스 등 8명을 선정하였다.

 그리고 아시아는 알려진 부자가 그리 많지 않아 중국 청나라말의 거부 호설암과 우리나라 구한말의 부자와 거상으로 본받을 만한 가치가 있다고 판단되는 최부잣집, 개성상인 임상옥, 널리 알려지지 않았으나 구한말 최고의 국제무역왕 최봉준, 정조시대에 여성이면서 부를 이룬 제주도의 기녀 김만덕, 구한말 평양의 청상과부 백선행 등 가문 1곳, 개인 4명을 멘토로 선정하여 소개하였으니 이들의 행적과 생각을 음미해 보아 본받을 만한 것은 내 것으로 만들어 실행해 보자.

제2장

세계에 가장 큰 영향을 끼친 인물 칭기즈 칸

1. 가난하고 배우지 못한 소년 테무진, 칸이 되다

어떤 이에게는 잔혹한 폭군이었으며, 다른 이에게는 신이었던 남자. 지구의 절반을 정복한 대 몽골 제국의 창시자 칭기즈 칸(1162~1227).

그는 인류의 영웅이자 세기의 지도자라는 평가도 있고 권력욕에 도취한 잔혹한 폭군일 뿐이라는 평가도 있어 그 평가가 엇갈린다.

칭기즈 칸

13세기 격변의 시대 한가운데 자신이 사랑하는 모든 이를 잃어버린 어린 소년 테무진(鐵木眞)의 기구한 운명과 그 소용돌이 속에 점차 강인한 남자로 성장해 나가는 인류 최고의 정복자 칭기즈 칸.

자신의 빼앗긴 모든 것을 되찾기 위해, 그리고 자신이 사랑하는 모든 이들의 진정한 평화를 위해 작은 걸음을 내디디며 그 작은 꿈이 원대한 꿈으로 승화시켜 세상에서 그 누구도 본 적 없는 동서양의 모든 문화, 인종이 결합된 거대한 왕국을 지배했던 칭기즈 칸의 뜨거운 삶.

칭기즈 칸에 의해 13세기 중국 역사의 무대는 중국 대륙을 넘어 유라시아로 확장되었다. 몽골족은 테무친이 등장하기 전까지만 해도 중국 역사에서 두드러진 적이 없었다. 원래 아무르 강 유역에서 유목 생활을 하던 몽골 민족은 당나라 시대 흑룡 강 지류인 살카 강 부근에서 유목 생활을 했으며, 당나라 사람들은 이들을 가리켜 몽올이라고 불렀다. 몽골족은 11세기 거란의 요나라가 발흥할 때는 요나라에, 12세기 여진족의 금나라가 발흥할 때는 금나라에 복속되었다. 게다가 이때까지 통일을 이루지 못해 동쪽의 타타르족, 서북쪽의 메르키드족, 서남쪽의 케레이트족, 남쪽의 웅구트족, 서쪽의 오이라트족 등 여러 부족으로 나누어져 있었으며, 때에 따라 서로 돕기도 하고 전쟁을 벌이기도 했다. 하지만 부족 간의 패권 다툼은 12세기 말 테무친이 등장하면서 끝이 나게 된다.

몽골 왕족인 보르지긴족의 후예로 태어난 테무친은 아홉 살 때 아버지를 잃는다. 당시는 금나라가 중원을 지배했던 때로, 금나라는 유목 사회에서 강력한 집단이 출현하는 것을 막기 위해 부족 간 견제와 경쟁을 부추겼다. 그리하여 금나라에 복속된 타타르족이 금나라에 대한 충성의 증표로 보르지긴족을 공격하여 보르지긴족의 수장이 된 테무친의 아버지 예수게이를 독살하였다. 예수게이의 죽음으로 테무친이 집안의 가장이 되었으나, 곧 예수게이의 정적인 타이치우트 일가에게 권력을 빼앗기고 쫓겨나 늑대가 들끓는 벌판에서 어려운 어린 시절을 보낸 테무친은 생존을 위한 싸움을 반복하며 '최고의 쇠로 만든 인간'이란 자신의 이름 철목진(鐵木眞)처럼 스스로를 단련시켜 나갔다.

테무친은 당시 몽골 지역의 강력한 통치자인 케레이트족의 토그릴 완 칸의 지원을 받아 어릴 적 친구인 자무카와 동맹을 맺고, 자신의 아내 보르테를 납치했던 메르키트족을 격퇴시켰으며, 자신의 재산을 약탈한 주르킨족의 귀족들을 격퇴시키면서 점차 세력을 키워 나갔다. 1189년 그가 주변 부족들을 차례로 굴복시켜나가자 부족장들은 부족 연합회의인 '쿠릴타이'를 열어 태무진을 칸으로 추대하게 된다. 그렇지만 당시 그의 지위는 단순히 생존을 위협하는 다른 부족들로부터 부족을 지켜 주는 존재에 지나지 않아서, 아직까지는 중국 역사에서 말하는 '황제'와는 거리가 먼 부족연합체의 수장에 불과하였다.

2. 뛰어난 기동력과 개량된 무기로 세상을 정복하다

테무진은 칸에 오른 후 유목민인 그들의 장점을 최대한 살리고 무기를 개량하였다. 원거리 출정에도 지치지 않으며 쉬지 않고 달릴 수 있도록 병사들 1인당 말 2필을 주고 말 1필에는 그들이 전쟁 중 먹을 수 있는 식량을 실을 수 있도록 했다. 이 2필의 말을 1인의 병사가 함께 끌고 달리다가 그들이 탄 말이 사람의 무게에 지치면 바꾸어 타고 달려 하루에 무려 100km를 달릴 수 있도록 한 것이다. 이 속도는 서양의 전진속도의 무려 5배에 해당했다고 한다.

이렇게 빠를 수 있었던 것은 물론 말의 특성에도 기인했다. 서양의 말은 덩치가 커서 빠르게 달릴 수 있지만 쉽게 지쳤다. 반면 몽골의 말은 덩치가 작아 속도는 서양의 말보다 느렸으나 지구력이 뛰어났다. 이러한 특징을 칭기즈 칸은 적절히 이용한 것이다. 말을 타는 사람이나 올리는 물건의 무게를 최소화하고 자기가 먹을 식량을 각자 싣고 다닐 수 있도록 하여 그동안 전쟁 승패의 핵심으로 알고 있었던 병참부대를 아예 없애 버린 것이다. 보급로가 끊기면 전진할 수 없는 단점을 과감히 제거한 것이다. 병사의 식량은 양 2마리를 잡아 말린 것을 가루로 만든 것이었다. 그 가루를 양의 위를 말린 자루 속에 넣은 후 자루 두 개를 함께 묶어 말 잔등에 양쪽으로 걸어 행군하다가 배가 고프면 이를 한 줌 꺼내 물에 휘휘 저어 마시면 한 끼가 해결되었다. 이 양 두 마리는 병사 1인당 2달간 먹을 수 있는 식량이었으나 그 무게는 불과 1kg 정도에 불과했다고 한다. 이렇게 말의 특성과 그들의 식습관을 묘하게 조화시켜 짐을 최소화하여 기동력을 크게 향상시켰다. 한편으로는 그동안 일반적으로 많이 사용하던 무기인 칼을 직선 형태에서 곡선 형태로 바꾸고 그 두께를 얇게 바꾸어 그 중량을 크게 줄임으로써 병사가 오랫동안 자유자재로 칼을 휘두를 수 있게 하였을 뿐만 아니라, 칼로 상대방을 찌른 후 칼을 빼는 데 시간이 소요되어 적에게 반격당할 수 있는 종래의 칼의 단점을 제거하여 찌르고 빼는 칼이 아닌 베는 칼로 개량해 병사들의 필승의지를 북돋아 주었던 것이다.

칭기즈 칸의 본격적인 정복 전쟁은 타타르족을 공격하면서 시작됐다. 테무친은 타타르족이 금나라에게 한창 공격받고 있을 때 타타르족의 배후를 공격해 격파함으로써 아버지의 원수를 갚았다. 이후 테무친은 동맹 관계에 있던 자무카가 배신하자 적은 병력에도 불구하고 뛰어난 지략으로 이를 물리친 뒤 그의 세력을 흡수해 버렸다. 또한 토그릴 완 칸마저 자무카의 이간 정책으로 테무친에게 대항하자, 1203년에는 케레이트족을 격파해 정적이 될 만한 사람들은 모두 제거하고 나머지는 병졸과 노예로 그의 군대에 편입시켰다. 그는 그 여세를 몰아 1204년에는 나이만족을 격파했으며, 1205년에는 메르키트족을 멸망시켰다. 이로써 테무친은 몽골 전역을 통합하게 된다. 1206년 오논 강 인근에서 쿠릴타이가 소집되었고, 테무친은 나라 이름을 '예케 몽골 울루스'라 하고 비로소 진정한 의미의 황제인 '칭기즈 칸'의 칭호를 얻는다.

몽골 제국 수립 후 칭기즈 칸은 내부 안정을 도모하기 위해 봉건 제도와 유사한 새로운 조직을 만드는데, 씨족적 공동체에 기반을 둔 조직과 제도를 일소하고 십호, 백호, 천호, 만호 조직을 만들어 군사와 행정 조직을 한 번의 명령으로 움직일 수 있도록 개편했다. 그리고 천호의 수를 95개로 하고, 그중 88개 천호의 수장에 공신들을 임명했다. 또한 법전을 반포하고 몽골 문자를 창제하여 국가 체제를 완비했다.

이렇게 내부 안정과 군비를 정비한 칭기즈 칸은 이제 그의 시선을 몽골을 벗어난 밖의 다른 세계로 돌렸다. 그에게는 다른 민족의 삶에 대한 호기심과 다른 문명 중 배울 것을 배워와 몽골을 이 세상에서 가장 크고 튼튼한 나라로 만들겠다는 야심이 용솟음쳤다.

당시 중국은 서하, 금나라, 남송이 몽골과 접하고 있었다. 칭기즈 칸은 우선 상대적으로 약한 남쪽의 서하를 공격하는 것에 초점을 맞추었다. 1209년 칭기즈 칸은 대대적으로 서하 공격을 감행하였다. 서하는 금나라에 원군을 요청했으나 금나라가 이를 거절했고, 결국 서하는 몽골의 공격을 이겨 내지 못하고 굴복하여 조공을 약속한다. 서하를 정복한 칭기즈 칸은 1211년 군대를 직접 이끌고 금나라를 공격한 이후 뒤 매년 금나라를 공격해 금나라의 여러 주(州)를 점령해 나갔다.

급기야 1214년에 칭기즈 칸은 금나라 수도를 포위하기에 이르렀고, 마침 내분을 겪고 있던 금나라는 막대한 전쟁 배상금과 공주를 바치는 조건으로 강화를 요청했다. 이에 칭기즈 칸은 강화를 받아들이고 군대를 철수했다. 몽골의 공격에 제대로 반격을 못한 금나라는 쇄신을 꾀하고자 중도(中都)를 버리고 변경(汴京)으로 천도했다. 칭기즈 칸은 이를 자신에 대한 도발로 간주하고, 1215년에 금나라를 재침하여 중도를 함락시킨다.

그러나 칭기즈 칸은 다른 나라를 침범하여 그들을 몰살시킨 후 그들의 영토를 자기 것으로 취하는 대신 그들의 자치권을 인정해준 몇 안되는 정복자였다.

1218년 칭기즈 칸의 명으로 제베가 서요를 멸망시키자, 몽골 제국은 호라즘 제국과 국경을 맞대게 되었다. 칭기즈 칸은 당시 전성기를 구가하던 부유한 나라 호라즘과는 교역을 통해 평화적 관계를 유지하기를 원했다.

칭기즈 칸은 450여 명의 상단을 호라즘 제국에 보냈으나 이들은 호라즘 국왕의 묵인 아래 모두 살해당하는 사건이 발생한다. 이에 칭기즈 칸은 시비를 따지고 사과를 받고자 사절단을 파견했지만, 그들마저도 호라즘의 무장에게 무참히 살해당하는 사건이 발생한다. 드디어 칭기즈 칸은 이 모든 사건을 선전포고로 받아들이고, 1219년에 직접 대군을 이끌고 원정에 나선다. 칭기즈 칸의 호라즘 정복 전쟁은 잔인했다. 칭기즈 칸은 군사들에게 "여자와 개를 제외하고 모두 죽여라."라고 명령했고, 몽골군은 파죽지세로 공격해 호라즘의 수도 사마르칸드를 점령했다. 그런 다음 몽골군은 진격을 계속하여 1225년에는 남쪽으로 인더스 강 유역, 서쪽으로 카스피 해를 넘어 남부 러시아에 이르는 중앙아시아 전 지역을 그들의 지배하에 넣는다.

칭기즈 칸의 거침없는 진격에 많은 술탄, 칼리프, 카이사르들은 죽거나 왕좌에서 물러났다. 세계가 그의 막강한 힘에 쓰러지거나 복종하게 된 것이다.

그러나 칭기즈 칸은 1227년 여름 호라즘 정복 전쟁에 참여하기를 거절한 서하 정복을 위해 친히 출병했다가 낙마 사고에서 얻은 병을 끝내 이기지 못하고 65세의 나이로 병사한다.

그 후 그의 정복전쟁은 자손들에게 이어져 금, 송나라를 차례로 정복하여 복속시키고 주변지역의 여러 민족을 제국에 편입시킴으로써 유사 이래 동서양을 아우르는 가장 큰 제국을 이루게 된다.

3. 최근 천 년, 세계에 가장 큰 영향을 끼친 인물로 선정되다

몇 년 전 워싱턴포스트는 지난 천 년간 세계에 가장 큰 영향을 끼친 인물 1위로 칭기즈 칸을 선정했다. 그동안 잔혹한 정복자로만 알려져 있었으나, 인류사에 끼친 긍정적 업적과 위대한 리더십에 대해 최근 새롭게 조명되고 있다.

칭기즈 칸을 연구한 일부 학자들은 다음과 같이 이야기한다. "하늘 아래 인류는 한 가족이라는 큰 꿈과 이상을 갖고 대장정을 출발한 칭기즈 칸은 당시의 수많은 종교 분쟁과 전쟁, 굶주림과 폭정 속에 허덕이는 종족과 부족을 구원하고 지구상의 각종 난문제들을 해결한 세계적 지도자였다."

칭기즈 칸은 9살에 아버지를 여의고 부족에서도 쫓겨나 초원에서 들쥐를 잡아먹고 목숨을 부지했으며, 무학(無學)인 그는 온갖 난관과 역경을 극복하고 부족과 세계를 통일하여 세계 최대 최강 제국으로 만든 진정한 대왕이었다.

칭기즈 칸을 통해 당시 모든 나라의 종교가 자유롭게 번성하며 분쟁이 없었고 국경이 철폐되어 물자가 자유롭게 소통할 수 있었다. 이로써 인종 차별이 없어지고 다양한 문화가 번성하고 경제적으로도 유사 이래 가장 풍요로운 시대가 열렸다.

후대의 사학자들은 칭기즈 칸의 리더십과 성공 비결로 위대한 비전과 목표, 자신감, 열린 마음, 지도력과 부하에 대한 격려, 속도, 바른 생각, 정직함과 참을성, 동정심 등을 들고 있다. 이를 하나하나 짚어 보자.

첫째, 칭기즈 칸은 "공평한 사회를 만들겠다."라는 큰 비전을 가지고 있었고 공동의 목표를 제시했다. 그는 한 가지 공동목표가 달성되기가 무섭게 곧 다음의 새로운 공동목표를 만들어 쉬지 않고 달렸고 하나하나 실현해 나갔다. 그렇기 때문에 그의 부족은 목표를 가지고 달릴 수 있었다. 칭기즈 칸은 정복한 나라가 원수의 나라이더라도 투항하는 자와 백성들은 넓은 마음으로 받아들였으며, 피부색이나 인종의 차별을 두지 아니하고 그 사람의 인품과 능력에 따라 적재적소에 기용하여 하나의 세계국가를 건설하였다. 몽골제국의 수도였던 카라코룸은 그야말로 인종 집합소였다. 13세기 프랑스의 선교사 뤼브뤼크의 '여행기'에 따르면 계획도시였던 이곳에는 중국인, 조선인, 사라센인, 유럽인, 이란인 등 여러 민족이 사는 구역이 일목요연하게 정비되어 있었고 불교 사찰, 이슬람교 사원, 네스토리우스 사원 등이 존재했던 것으로 기록하고 있다.

둘째, 칭기즈 칸은 현지의 지휘관에게 전권을 주어 현지 왕의 임명권과 인접국가에의 전쟁 여부까지 모든 권한을 위임했다. 모든 권한은 현지에서, 그때그때의 상황에 맞게끔 현지의 지휘관이 철저히 알아서 하도록 위임했던 것이다.

셋째, 그의 리더십에서 가장 중요한 것 중 하나는 스피드(speed)이다. 그는 그들의 전투마가 서양의 말보다 크기가 작고 속도는 느리나 지구력이 뛰어나다는 점, 유목민인 그들은 병사 모두가 어릴 때부터 말을 타는 데 능수능란한 점을 이용하여 1인당 2마리의 말을 지급하고 한 마리의 말에는 그 말의 병사가 먹을 식량을 수송할 수 있도록 하고 한 마리는 병사가 탈 수 있도록 함으로써 말을 교대하여 쉬지 않고 나아가도록 하였다. 특히 그들의 식량은 양고기를 말린 후 가루를 낸 것으로 말린 양의 위장을 자루로 이용하여 그 속에 넣으면 양 한 마리는 너끈히 넣을 수 있었다. 병사 1

인당 양 위장자루 2개씩을 지급하였는데 그 양은 2개월 동안 병사 1인이 먹을 수 있는 양이었다. 그럼에도 그 무게는 1kg도 되지 않아 이를 짊어진 말은 아무것도 싣지 않고 달리는 것과 같았다. 서양은 보통 철갑으로 무장하면 수십kg이 나가 하루 진격속도가 얼마 되지 않았으나, 몽골군은 단출한 무장으로 말을 갈아타면서 진격하여 하루 진격거리가 무려 100km가 넘었다고 하니 그 속도가 어마어마하다. 그야말로 '1당 100'이었다.

넷째, 칭기즈 칸 군대의 가장 큰 위력은 조직력에 있었다. 그는 오늘날의 군대와 같이 그의 대장군 밑에는 사단과 연대, 대대, 중대 등으로 편성하였는데 그와 같은 군대의 조직 편성은 먼 훗날 나폴레옹이 등장하기 전에는 없었던 형태의 조직이라고 한다.

이러한 칭기즈 칸의 열린 시각은, 19세기 무적함대를 자랑하던 스페인과 태양왕 시대를 구가하던 프랑스가 종교통합을 구실로 무슬림과 위그로를 내몬 후 몰락의 길을 걷는 반면, 위그로와 유대인을 받아들인 영국과 독일이 부흥의 길을 걸었던 것을 보더라도 인류의 진보에 크게 기여했음이 명백하다.

4. 칭기즈 칸, 나의 극복이
   지금의 나를 만들었다고 말하다

칭기즈 칸은 많은 명언을 남겼는데 이중 전해지고 있는 아래 몇 가지는 오늘날도 우리가 이 세상을 살아가는 데 교훈으로 삼을 만한 것들이다. 누구나 나의 본질을 찾으면 칭기즈 칸처럼 위대한 인물이 될 수 있다고 필자는 생각한다.

아무리 난관에 부닥쳐도 낙담하여 포기하지 말고 앞으로 나아가라고 칭기즈 칸은 말해주고 있다.

"집안이 나쁘다고 탓하지 말라. 나는 아홉 살 때 아버지를 잃고 마을에서 쫓겨났다. 가난하다고 말하지 말라. 나는 들쥐를 잡아먹으며 연명했고, 목숨을 건 전쟁이 내 직업이고 내 일이었다. 작은 나라에서 태어났다고 말하지 말라. 그림자 말고는 친구도 없고 병사로만 10만. 백성은 어린애, 노인까지 합쳐 2백만도 되지 않았다. 배운 게 없다고 힘이 없다고 탓하지 말라. 나는 내 이름도 쓸 줄 몰랐으나 남의 말에 귀 기울이면서 현명해지는 법을 배웠다. 너무 막막하다고, 그래서 포기해야겠다고 말하지 말라. 나는 목에 칼을 쓰고도 탈출했고, 뺨에 화살을 맞고 죽었다 살아나기도 했다. 적은 밖에 있는 것이 아니라 내 안에 있었다. 나는 내게 거추장스러운 것은 깡그리 쓸어버렸다. 나를 극복하는 그 순간 나는 칭기즈 칸이 되었다."

그는 죽기 며칠 전 죽음을 감지하고 이렇게 말했다고 전해진다. "내가 다시 태어난다면 평범한 사람으로 평범한 게르(ger, 초원의 이동식 가옥인

천막)에서 살다 평범하게 늙어 죽고 싶다."

그는 타고난 영웅이 아니었다. 그의 친구이자 필생의 라이벌 자무카가 마초 기질을 지닌 전통적 영웅이었다면, 그는 소박하고 털털한 평범한 보통 사람이었다. 그러나 그가 남들과 다른 점은 온갖 난관을 성심을 다한 인내와 끈기로 극복하고 목표를 달성해 나아갔으며, 성취에 결코 도취하여 사치와 향락에 빠져들지 않고 그의 비전인 '공평한 사회'를 향해 진전을 멈추지 않았다는 데 있다. 그러나 그도 죽음에서 예외가 아니었기에 그가 살아온 파란만장한 지난날을 회고하며 평범한 보통 사람으로 태어나기를 희망했던 것이다.

제3장

이 세상을 부로 지배하는 로스차일드 가문

1. 세계 최고의 부를 가진 가문이 되다

로스차일드가를 일으킨 암셸 마이어 로스차일드(1744~1812년)는 프랑크푸르트 유대인 거주 지역인 게토의 가난한 유대인 금융가였다. 그는 13세에 아버지를 여의고 금융을 다루는 회사에 견습공으로 들어가 금융기법들을 익히게 된다. 그는 그곳에서 "돈이야말로 유대인을 구원하는 단 하나의 무기."라는 진리를 배워 이를 좌우명으로 끈질기게 노력한 끝에 유럽 금융계의 큰 '돈줄' 중 한 명이었던 헤센-카셀 백작 빌헬름 9세와 거래를 트게 된다. 그러면서 그의 사업 규모는 점차 커져갔다. 그러나 아직은 국제적 금융 거물이 되기엔 크게 모자란 수준이었다.

암셸 마이어는 슬하에 5형제를 두었는데 그는 이들을 유럽의 금융 중심지인 파리, 런던, 암스테르담 등 적재적소에 배치하여 금융을 익히게 하여 아들 대에 이르러서는 유럽에서 가문의 위상을 압도적이게 만든다. 특히 훗날 네이선 마이어 로스차일드라는 이름의 약칭인 'N.M'으로 즐겨 불렸던 암셸 마이어의 셋째아들 네이선 로스차일드는 그 당시 강국 중 강국인 영국의 런던에 자리를 잡아 로스차일드 가문을 오늘날의 가문으로 키워내는 데 결정적 역할을 하게 된다.

그는 독립성과 넓은 시야에서 형제 중에서 단연 두드러졌으며, 타고난 반항아(born to rebel)였다.

그는 키가 작고, 붉은 얼굴에 뚱뚱했으며 늘 활력이 넘치고 성질이 급했다. 야망과 상상력이 너무 커서 그 구역이 비좁고 제약이 많은 게토 생활에 만족하지 못했다. 어릴 때부터 아버지의 심부름은 물론 점원 노릇과 장부정리를 도맡았던 네이선 로스차일드는 프랑크푸르트를 떠나

네이선 마이어 로스차일드

자유롭게 새로운 사업 근거지를 찾아갔다. 그는 변방인 독일을 떠나 당대의 산업과 금융 중심지인 영국에서 사업을 시작하기로 마음먹는다. 그러나 영국 런던에서의 생활은 그리 순탄치만은 않았다. 왜냐하면 그의 신분이 비천했기 때문이다. 그 당시는 금융계도 귀족들이 장악하고 있었기 때문에 돈을 좀 모았으나 붉은 얼굴에 땅딸보였던 그를 눈여겨보는 사람은 아무도 없었다.

그런데 드디어 그에게 기회가 왔다. 영국과 프랑스 간에 전쟁이 일어난 것이다. 워털루전쟁이라 불리는 이 전쟁은 프랑스의 나폴레옹과 영국의 웰링턴 간의 치열한 싸움이었다. 오랫동안 승패를 내지 못하는 공방을 계속하고 있었고 형제들을 통해 누구보다 빠르고 정통한 정보망을 가진 네이선 로스차일드는 전황에 따라 영국국채를 사고팔면서 거액의 돈을 벌게 된다. 네이선 로스차일드는 이 전쟁에서 웰링턴에게 많은 자금을 지원하여 그의

승리에 큰 역할을 하게 되고 이를 계기로 그 당시 귀족들이 좌지우지하던 영국금융계를 일거에 장악하고 유럽의 거물로 거듭나게 된다.

네이선은 매형인 베네딕트 보름스와 함께 영국으로 건너가 처음에는 직물사업을 시작했다. 네이선이 영국으로 떠날 때 아버지가 건네줬던 2만 파운드라는 적잖은 규모의 자금으로 첫발을 내디뎠던 것이다. 18세기 말로 넘어가던 그 시절 때마침 독일계 유대인 상점들이 런던의 여기저기 생기기 시작하고 있었는데 그 이유는 수만 명의 유대인들이 게토에서의 고립된 생활과 차별 대우를 탈피하고자 유럽 대륙을 떠나 영국으로 건너왔기 때문이다. 이 무렵 영국에선 1만 2,000~2만 5,000명의 유대인이 살고 있었다고 한다.

하지만 영국에서도 유대인의 삶은 녹록하지 않았다. 대다수 유대인은 런던이나 지방의 항구도시에서 행상과 소규모 장사로 생계를 꾸려갔을 뿐이다. 헌 옷이나 싸구려 보석, 우산 등을 거래하는 가난한 상인들이 유대인이었다. 간혹 식민지 무역과 주식거래에 관여하고 금융업에도 적극 뛰어드는 경우가 있었지만 성공사례는 흔치 않았다. 극소수 자본가 영국 정부의 신임을 얻어 전쟁목적의 금융업이나 그 밖의 임시비용 대출을 행했을 뿐이다. 하지만 그런 점을 고려해보더라도 18세기 말 영국은 전반적으로 유대인에게 '약속의 땅'으로 불릴 만했다. 유럽대륙에 비해서는 차별과 박해가 적었던 것이다.

네이선이 영국에 정착하자 아버지 암셀 마이어로서도 영국에 믿음직한 중개인이 생긴 셈이기도 했다. 당시 프랑크푸르트나 유럽의 창고로 들어오는 상품은 대부분 영국에서 만들어지거나 영국 식민지에서 영국을 거쳐 들어온 것이었다. 암셀 마이어가 주로 다룬 상품도 면직물과 모직물, 설탕,

인도산 염색물감, 커피, 담배, 와인 등이었다. 여기에 주화 환전업과 골동품 거래 등이 더해졌다.

문제는 이들 대다수 물품이 '영국 상인'들의 말에 가격이 휘둘렸다는 점이다. "전쟁 때문에 상품 가격이 올랐다."는 영국 상인의 말에 프랑크푸르트 상인들은 대꾸 한번 제대로 못하고 울며 겨자 먹기 식으로 영국 상인이 부른 값을 수용해야만 했다. 독일 상인들 입장에선 당연히 중개인을 배제하고 싶어 했다. 하지만 영국으로 바로 진출해 직거래를 하는 것은 쉬운 일이 아니었다. 암셀 마이어 로스차일드가 프랑크푸르트 10대 유대인 부자로 꼽히던 1800년경에도 프랑크푸르트 상인 중 영국에서 직물을 직수입하는 업체는 15개 정도에 불과했다. 1799년에서 1803년 사이에 영국 맨체스터에 대리인으로 상주한 독일 업자는 많아야 8명이었을 뿐이었다. 그런 상황에서 물보다 진한 피를 나눈 혈육은 그 누구보다도 믿을 만한 대리인이 될 수 있었다. 네이선 로스차일드의 첫 목표는 영국 직물업계에 뛰어들어 성공하는 것이었다. 이는 영어를 모르는 외국인에겐 쉬운 일이 아니었다. 영어와 영국의 상업관습을 익히기 위해 네이선은 아버지와 정기거래 관계에 있던 훗날 장인이 되는 리바이 베어런트 코언과 몇 달간 함께 지내면서 사업수완을 익힌다.

네이선은 1799년 5월, 당시 영국에서 가장 빠르게 성장하고 있던 북부 공업도시이자 직물업 중심지였던 맨체스터로 옮겨간다.

빨강머리에 강한 독일 유대인 억양을 쓰는 네이선은 곧 맨체스터 증권거래소에서 상인들의 놀림거리가 됐다. 하지만 그는 굴하지 않았다. 훗날 네이선이 설명한 맨체스터에서의 성공의 비결은 "이윤이 발생하는 곳을 장악하고, 남다른 근면과 경쟁력으로 이를 극대화했다."는 것이었다. 네이선의 회고는 다음과 같다.

"맨체스터에 왔을 때 나는 내가 지닌 돈을 다 투자했다. 이곳에서 물건들은 매우 쌌고 나는 큰 이익을 얻을 수 있었다. 나는 직물업의 이익이 원료, 염색, 제조의 세 단계에서 생겨난다는 것을 곧 깨달았다. 그래서 직물 제조업자에게 '원료와 염료는 내가 제공하겠소. 당신은 좋은 제품만 만들어 주시오.'라고 말했다. 그래서 나는 한 단계에서 이익을 얻는 것이 아니라 세 단계 모두에서 이익을 얻을 수 있었다. 세 배의 이익을 얻으면서도 다른 누구보다 값싸게 제품을 팔 수 있었던 것이다. 짧은 시간 안에 나는 2만 파운드를 투자해 6만 파운드를 벌었다."

이후 "누군가 할 수 있는 일은 나도 할 수 있다(I can do what another man can)."는 것은 네이선의 좌우명이 됐다.

네이선은 경쟁자보다 열심히 일하고, 손님에게 알맞은 금액의 물건을 제공하며, 늘 새로운 시장 아이디어를 찾으려고 세심한 주의를 기울인 덕에 성공가도를 달렸다.

그는 특히 전통에 얽매이지 않았다. 네이선은 되도록 많은 거래장소를 직접 돌아다니고 현금거래를 하는 것으로 명성을 높였다. 당시 직물업은 주로 가내 공업으로 진행됐다. 직공들은 상인에게 신용만으로 물건을 내주곤 했고, 지불이 늦어지는 일이 잦았다. 네이선은 런던 은행 등에서 만기 3개월의 단기 자금을 빌려서 마련한 '현금'으로 시장에서 필요한 물건을 값싸게 사들였다. 직공들은 제값을 받기보다 하루라도 빨리 돈을 손에 쥐는 것을 선호했기에 15~20% 싼값에 물건을 네이선에게 넘겼다. 대금 지불방식의 '혁신'으로 그는 영국 제조업계에서 한 자리를 차지할 수 있었다. 그리고 네이선이 이렇게 생산원가를 최대한 낮출 수 있었기에 남보다 싸게 제품을 팔며 세력을 키울 수 있었다. 대신 네이선은 철저한 '박리다매(薄利多賣)' 전략을 구사했다. 현금 매입과 적은 이윤, 대량 교역, 신속한 재고회전으로 맨체스터에서의 사업은 속도를 더했고, 유럽대륙 교역에서 적지 않은 부분을 그들의 창고로 끌어들였다. 사업 분야도 직물업에 한정하지 않고 인디고, 와인, 설탕, 커피 등 돈이 되는 잡화라면 건드리지 않는 것이 없었다. 당시 네이선이 아버지인 암셸 마이어에게 보낸 편지에는 "맨체스터에서 나처럼 적은 이문을 남기고 물건을 중개하는 사람을 찾을 수 없을 것이에요."라고 적혀 있었다. 네이선의 자본은 순식간에 두 배, 세 배로 풍선처럼 커져갔다. 한마디로 고난을 두려워하지 않고 돌진하는 네이선에겐 거칠 것이 없었다.

네이선은 '정보'의 중요성에도 일찍부터 눈을 떴다.

경쟁자보다 우위에 있기 위해선 정치 활동의 중심에 있어야 했고, 멀고 가까운 지역의 최근 소식을 빨리 접해서 자신에게 유리한 방식으로 퍼뜨릴 수 있어야 했기 때문이다. 1802년이 되자 네이선은 파리와 낭시, 리옹, 리에주, 메츠, 브뤼셀, 마스트리히트, 앤트워프, 암스테르담 등 프랑스와 네덜란드 지역 주요 도시에 연락망을 갖추었다. 이어 함부르크와 뉘른베르크, 하이델베르크, 쾰른, 뮌헨, 메밍겐, 잘츠부르크, 라이프치히, 쾨니히스베르크, 바젤 등 독일어권 도시들로부터도 주문을 받기 시작했다. 1803년이 되어서는 고객망은 러시아 모스크바까지 확장됐다.

이 같은 정보 혁신은 로스차일드 가문이 성장하는 기간 동안 계속 유지됐다. 네이선은 평생 로스차일드 가문 일원을 통한 광범위한 정보망을 이용해 유럽 각지의 사건을 정확하고 빠르게 파악했다. 이 같은 형제들과의 네트워크는 그의 부를 확장하는 데 있어 핵심적인 역할을 했다.

네이선은 밤낮으로 장부를 살펴봤고, 유럽시장의 금과 상품 및 주식시세를 상세히 알려오는 형제들의 편지를 열심히 읽었다. 유럽 주요 요충지에서 아버지나 형제들과 오간 편지는 보안을 유지하기 위해 이디시어와 암호로 쓰였다. 네이선은 "나는 책도 읽지 않고, 카드놀이도 하지 않으며, 극장에도 가지 않는다. 나의 가장 큰 즐거움은 나의 사업을 하는 것이다. 그래서 나는 암셀과 잘로몬, 제임스, 칼이 보낸 편지를 읽고 또 읽는다."라고 토로하기도 했다.

그의 형제들은 "이렇게 지불하라, 저렇게 지불하라, 이리 보내고 저리 보내라."는 식으로 편지를 계속 써대는 네이선을 '총사령관(the general in chief)'이라고 비꼬아 부르기도 했다. 잘로몬 로스차일드는 "런던에 있는 동생이 총사령관이고 나는 야전사령관."이라고 비교하기도 했다. 그리고 실제로도 네이선의 사업이 빠르게 커지면서 프랑크푸르트 본가와 영국 '지사' 간 위상도 달라지기 시작했다. 네이선이 영국에 처음 건너왔을 때는 대외적으로 아버지의 '대리인'으로 일하며 돈을 벌 수 있었지만 어느덧 상황이 바뀌어서 점점 프랑크푸르트 쪽이 네이선의 지시를 받게 되었다.

네이선은 특히 전쟁 상황을 언제나 주의 깊게 살펴 필요할 경우 바닷길을 바꿔서라도 상품이 빠르게 도착하도록 힘을 썼다. '팔고 나면 그뿐'이라고 생각하지 않았고, '손님이 소중히 대우받는 듯 느끼도록' 하는 데도 총력을 기울였다. 네이선이 보낸 거래용 편지엔 상대에 대한 찬사로 넘쳐났다. 네이선은 원재료를 구하고, 상품을 유통시킬 때 어떤 길을 고르고 어떤 배를 선택할지 늘 고민했다. 일찍부터 그 같은 고민을 했던 덕에 그와 대리인들은 믿을 만한 통신시스템을 구축했다. 발 빠른 급사를 고용하고, 중요한 정보를 실어 나를 빠른 배를 확보하기 위해 돈을 아끼지 않았다. 그리고 그는 취급하는 상품 범위를 차곡차곡 넓혀갔다. 영국산과 식민지산, 아메리카산, 동양산 상품이 로스차일드가의 상업망을 통해 유럽시장으로 퍼져 나갔다.

네이선 로스차일드는 단순한 제조업자와 유통 상인에 머무는 데 만족하지 않았다. 끊임없이 변화와 혁신을 추구했다. 그 결과, 그는 금융업자로서도 기반을 다져 나가기 시작했다. 그는 사업을 키워 나가면서 대부업으로도 사업영역을 넓혀 갔던 것이다. "당신 수중에 있는 나의 돈은 마치 내 주머니 속 지갑 안에 있는 것처럼 안전하다고 생각합니다."라는 것이 네이선이 돈을 빌려주면서 한 표현이었다. 네이선은 후발주자로서 금융업에선 매우 공격적인 영업을 했다. 그는 당시 대다수 은행들이 유럽대륙 어음에 1.5~2% 수수료를 받았던 데 비해 1%의 수수료만 받았다.

그 같은 네이선을 보고 주변 사람들은 "언제나 기운과 자신감이 넘치고, 끊임없이 떠오르는 아이디어를 실현시키려 애쓰는 사나이. 위험을 무릅쓰고 다짜고짜 돌진하는 인물. 성공에 열성적이고 사업 이외의 일에는 신경 쓰지 않는 자. 꿈을 나누어 가질 수 없는 사람. 그의 말대로 일하지 않는 사람을 결코 용납하지 않는 인간이다."라고 평했다.

그러던 중 네이선 로스차일드는 사업을 한 단계 도약시킬 기회를 잡았다. 바로 아버지의 사업이 번창하는 계기가 됐던 유럽의 큰손 헤센-카셀 백작의 자금을 맡아 운영하게 된 것이다. 1808년 네이선 로스차일드는 헤센-카셀 백작의 대리인 자격으로 영국정부의 국채 15만 파운드어치를 사들였다. 헤센-카셀 백작 덕에 영국 금융가에서 네이선의 위상도 한 단계

높아졌다. 네이선은 백작의 돈 가운데 꽤 많은 액수를 백작 몰래 일시적으로 유용해 금융업에 손을 대며 자신의 자산을 불려 나갔다.

네이선은 런던 금융가인 그레이트 세인트 헬런스 거리 12번지에 새 사무소를 열었다. 사업과 행동의 중심이 맨체스터에서 런던으로 옮겨졌다. 그리고 얼마 안 돼 전 로스차일드 가문의 연합경영의 중심지도 프랑크푸르트가 아니라 런던이 됐다. 당초 맨체스터의 공장은 로스차일드 형제상회라는 이름으로 계속 돌리려 했지만 네이선은 런던으로 이주한 뒤 직물사업을 그만뒀다. 런던사무소의 정문에는 'N. M. 로스차일드 형제상회'라는 간판이 내걸렸다. 네이선의 위상은 빠르게 높아졌다. 네이선은 금융시장에서 자신의 능력을 십분 발휘했다. 그는 증권거래소에서 거래되는 모든 주식 시세를 기억하고, 그것이 어떻게 변동할지를 본능적으로 파악했다. 금융업에 손을 댄 이후 네이선의 성공가도에는 거칠 것이 없었다. 1810년 네이선 로스차일드는 런던에서 활동하는 한 명의 유망한 기업가에 지나지 않았지만, 1815년이 되면 영국의 재정을 주도하는 자본가가 된다.

그는 순식간에 런던의 금융 중심지의 유명인사가 되었다. 단기거래를 되풀이하면서 헤센-카셀 백작의 자금을 늘려 가는 방식이 사람들의 눈길을 끌었다. 금에 투자도 했다. 네이선의 판단대로 나폴레옹과의 기나긴 전쟁이 끝나갈 무렵 금값이 꽤 오르면서 수익도 짭짤하게 챙겼다. 채권도 되풀이해서 사고팔았다. 채권 거래 규모가 컸던 까닭에 채권에 손을 댄 지 두세 달 안에 네이선은 채권시장의 거물이 됐고, 대규모 국채를 보유한 채권자가 됐다. 특히 채권투자는 네이선의 부를 기하급수적으로 늘리는 밑거름이었다. 채권투자에 성공한 덕분에 로스차일드가는 유럽 전역에 41개의 대저택을 세우고도 남을 부를 축적했다.

그리고 이 같은 부를 바탕으로 네이선 로스차일드는 워털루 전투에서 영국의 승리를 일군 자금을 제공한 주역이 됐으며 워털루 전투 이후 근대적인 국제 채권시장을 만든 인물로 칭송받았다.

네이선은 금과 국채라는 당시로선 새로운 투자시장을 창의적으로 개척함으로써 한 단계 더 높이 설 수 있었다. 이들 분야는 네이선에게 꽤 많은 이익을 안겨 줬다. 당시 유럽대륙 상인들은 프랑스 나폴레옹의 대륙봉쇄령에도 불구하고 영국이 승리할 것으로 믿고 런던에서 발행된 어음을 인수하거나 영국 국채에 투자했다.

영국은 국채를 대량으로 발행했다. 1793년부터 1815년 사이에 영국 정부부채는 3배나 늘어 7억 4,500만 파운드에 달했다. 이는 영국 경제 연간 생산량의 두 배에 달하는 액수였다. 국채 발행을 통한 전비 조달은 효과적이었지만 단점이 있었다. 영국 본토에서 멀리 떨어진 유럽대륙이 주요 전장이었던 탓에 현지에서 통용될 수 있는 자금을 조달해야 하는 숙제가 있었던 것이다. 그리고 그 과제를 푸는 데 있어서 네이선 로스차일드의 창의적인 아이디어가 가장 두드러진 결실을 내놨다.

나폴레옹과 대결하고 있던 영국의 웰링턴 장군은 1808년 8월 이후 포르투갈에 군대를 보내 나폴레옹을 괴롭혔다. 이베리아 반도에 6년 가까이 대규모 부대를 보내 그곳에서 지내게 하는 것은 적잖은 자금이 소요되는 일이었다. 영국 정부로선 국채를 팔아서 적잖은 자금을 조성할 수 있었지만 영국 정부가 찍어 낸 지폐는 이베리아 반도에서는 아무 쓸모가 없었다. 웰링턴 장군으로선 현지에서 사용할 수 있는 화폐가 필요했다. 영국에서 금화를 포르투갈까지 보내는 것은 비용이 많이 들 뿐 아니라 전시라는 상황을 고려하면 매우 위험한 일이었다. 하지만 포르투갈 상인들은 금화 외에는 받으려 하지 않았고 웰링턴에게 금화를 직송하는 것 외엔 다른 방법이 없어 보였다.

이때 나폴레옹의 대륙봉쇄령에 맞서 금을 밀수했던 경험이 있는 네이선 로스차일드가 묘안을 생각했다. 프랑스 제국령 내에 있는 대량의 프랑스 경화를 확보해 사용하자는 것이었다. 네이선은 반(反, anti) 나폴레옹 연합군의 공식은행가가 됐고 영국 정부는 네이선에게 독일과 네덜란드, 프랑스에서 프랑스 금화와 은화를 징수할 비밀 임무를 부여했다.

네이선 로스차일드는 유럽 대륙 내 형제들과의 신용망(암셸은 프랑크푸르트에서, 제임스는 파리에서, 칼은 암스테르담에서, 잘로몬은 네이선이 지목하는 곳을 돌아다니면서 뱅킹 네트워크를 유지했다)을 통해 프랑스 제국령 내 대량의 경화를 모아서 옮기는 작업에 나섰다. 유럽 대륙 내 유대계 금융망을 통해 금 거래가 되는 형식을 취했지만 실상은 프랑스 핵심지를 경유해서 자금을 이베리아 반도에 있는 영국군에게 건네는 것이었다.

큰 돈벌이가 되는 일이었지만 전란으로 황폐해진 땅에서 충분한 자금을 확보하기는 어려웠다. 하지만 로스차일드의 대리인들이 "프랑스 금화를 가진 사람들은 영국에서 가져온 금괴나 런던은행 발행어음과 바꿔 준다."고 하자 금화 소유자들은 지니고 있던 돈을 쏟아내기 시작했다. 로스차일드는 성공적으로 금화를 모아 영국군에게 전달할 수 있었다. 영국 수상이었던 리버풀 경은 "네이선 로스차일드 씨는 매우 쓸모 있는 친구이며 그가 없었다면 나폴레옹과의 전쟁을 어떻게 치렀을지 알 수 없다."고 격찬했다.

영국군 병참장교들은 로스차일드의 수완 덕분에 유럽 각지에서 액수를 교섭할 필요도 없이 원하는 물건을 손에 넣을 수 있게 됐다. 이때 네이선 로스차일드가 다룬 금화의 양은 1,200만 파운드에 달했다고 한다. 당초 목표치의 두 배에 달하는 규모였다. 러시아 원정 실패 후 힘이 빠진 나폴레옹을 쓰러뜨리는 데 로스차일드가 확보한 자금이 큰 도움이 됐다. 네이선 로스차일드도 영국 정부로부터 임무 성사에 따른 대가(수수료)뿐 아니라 각 지역 시장 간 금 가격 차이, 즉 교환비율의 미묘한 변화를 활용한 수익도 짭짤하게 거뒀다.

하지만 1815년 나폴레옹이 엘바 섬을 탈출해 프랑스의 권좌를 다시 차지했다는 유쾌하지 않은 소식이 전해졌다. 급보를 접하자 네이선 로스차일드는 즉시 금 매입에 다시 나섰다. 그와 유럽 대륙에 있는 형제들은 매입할 수 있는 금이라면 금괴든 금화든지 가리지 않고 모아서 웰링턴 장군이 쓸 수 있도록 보냈다. 이때 로스차일드 가문이 제공한 금의 가치는 200만 파운드가 넘었다고 한다. 884개 대형 박스와 55개 캐스크를 가득 채우는 양이었다고 한다. 동시에 네이선과 그의 형제들은 반(反)나폴레옹 동맹군에게 총 980만 파운드 규모 자금(보조금)을 빌려줬다. 네이선 로스차일드가 취한 커미션은 2~6% 수준이었는데 그 당시로써는 그리 높지 않은 비율이었다.

결국 워털루 전투의 패배를 끝으로 나폴레옹은 권좌에서 물러났고, 더 이상 영국을 위협할 수 없게 됐다. 평화의 시기가 오게 되면서 더 이상 군인들의 급료를 줄 일도 사라졌고, 군대에 돈을 빌려줄 일도 없어졌다. 갑작스런 평화는 네이선 로스차일드의 사업에는 위기의 시작이었다. 나폴레옹 전쟁기간 치솟기만 하던 금값도 떨어지기 시작했다.

이 같은 대변혁의 시기에 네이선 로스차일드는 다시 한번 혁신적인 사고로 위기를 기회로 바꾼다.

보유하고 있던 금을, 위험하긴 하지만 더 큰 수익을 노리고 채권시장에 전격적으로 투자하는 과감한 베팅을 한 것이다. 1815년 7월 20일 자 〈런던 쿠리어〉는 "네이선이 엄청나게 큰 규모의 영국 국채를 샀다."고 보도했다. 네이선의 도박은 워털루에서 영국의 승리와 정부부채 감소 움직임으로 앞으로 국채가격이 오를 것으로 봤던 것이다. 네이선은 영국 국채를 계속해서 샀고 결국 국채가격은 상승하기 시작했다. 로스차일드가의 다른 형제들의 우려에도 불구하고 네이선은 이듬해까지 배짱 좋게 국채를 계속 사들였다. 결국 1817년이 되면서 국채가격은 40%나 껑충 뛰어서 네이선 로스차일드의 거대한 부를 일구게 된다. 이때 네이선이 얻은 이익은 오늘날 환율로 6억 파운드(1조 165억 원)에 필적한다고 평가된다. 네이선의 과감한 베팅은 오늘날에도 금융 역사상 가장 담대한 도박 중 하나로 여겨지고 있다.

워털루 전투의 결과를 네이선이 먼저 알고 국채투자로 거액을 벌었다는 유명한 '일화'에 대해선 진위 논쟁이 적지 않다. 일반적으론 "유대인이 조작과 투기를 일삼았다."는 19세기~20세기 초 유럽에서 널리 퍼졌던 반(反)유대주의 프로파간다 영향이라는 해석이 유력하다. 하지만 네이선이 워털루 전투의 결과를 가장 빨리 파악했다는 점만은 거의 이견이 없다. 네이선이 신속하게 최신정보를 획득하는 데에는 뛰어난 통신망의 덕을 톡톡히 봤다.

1815년 6월 18일 끝난 전투 결과는 그날 한밤중 벨기에 수도에 전해졌고, 발 빠른 말에 올라탄 연락원이 8~9시간 걸려 덩케르크와 오스텐데까지 급보를 전달했다. 그곳에 대기하고 있던 로스차일드 배가 순풍을 타고 달려 다음날 밤 영국 켄트에 상륙해 그 정보를 네이선에게 전달했다.

영국 안에서도 가장 빨리 정보를 받은 네이선은 '빅뉴스'를 총리에게 알리려고 다우닝가 10번지로 달려갔다. 하지만 밤이 깊은 탓에 총리실 집사가 "다음 날 오라."며 네이선을 돌려보냈고, 네이선이 다음 날 오전에 다시 소식을 알리러 갔을 때에도 총리는 "공식 보고가 아직 도착하지 않았다."며 믿지 않았다고 한다. 다만 네이선 로스차일드가 워털루의 역사적 결과를 가장 먼저 알긴 했지만 워털루 전투 직후에는 국채투자로 돈을 벌기보다는 위험에 빠졌다고 보는 것이 정확하다는 것이 니알 퍼거슨 하버드대 교수 등의 분석이다.

아무튼 이후 로스차일드가는 50년 넘게 국제 금융시장을 지배하게 된다. 로스차일드 가문이 다루는 국채의 종류도 영국 국채에서 프랑스, 프로이센, 러시아, 오스트리아, 나폴리, 브라질 국채 등으로 넓어졌다. 1830년 이후로는 벨기에 국채 독점발행자의 지위도 겸했다. 1818년 50만 파운드였던 로스차일드의 자본은 1828년이 되면 433만 파운드로 늘었다. 이는 당대의 경쟁자였던 베어링 브러더스의 자산규모의 14배에 달하는 것이었다.

이 같은 업적을 일군 네이선의 모습을 보고 독일의 작가 루트비히 뵈른은 '네이선은 금융의 보나파르트(Finanzbonaparten)'라고 명명했고, 독일 시인 하인리히 하이네는 '돈은 이 시대의 신이며, 로스차일드는 돈의 사도'라고 비꼬았다. 1828년 영국의 급진파 의원이었던 토머스 던스컴은 네이선 로스차일드를 두고 "끝없는 부의 지배자, 전쟁과 평화도 마음대로 쥐락펴락했던 인물, 그의 고개 끄덕임에 따라 한 국가의 신용이 오락가락하는 권력자, 각지에서 수많은 정보원들을 부리는 인물."로 그렸다.

내외의 긍정적·부정적 평가들이 그린 것처럼 네이선은 마침내 영국 금융가에서 가장 중요한 인물이 됐다. 배불뚝이 풍보로 두꺼운 입술에서 억

센 독일 사투리가 튀어나왔던 네이선은 영국 언론에서 풍자의 중심인물이 되기도 했다. 그리고 그는 언제나 런던 주식거래소 남동쪽 구석에 자리를 잡았다. 시장에서 가장 '큰손'이었지만 유대인이었던 그는 중매인으로 인가 받지 않은 유대인들을 위한 장소에 머물 수밖에 없었다. 그리고 그곳 도리아 양식 기둥에 기대선 네이선 로스차일드는 '시티의 살아 있는 사자', '시티의 지배자'로 불렸다.

끊임없이 사업상 혁신을 이어 왔던 네이선의 최후는 갑자기 찾아왔다. 1836년 6월 15일 고향 프랑크푸르트에서 로스차일드 집안의 결혼식이 벌어졌다. 로스차일드 일가 사람들은 모두 프랑크푸르트에 모였다. 영국에서 먼 길을 온 네이선은 등뼈 아래쪽에 심한 통증을 느꼈다. 6월 11일 이름난 독일 의사가 불려와 종양이라는 진단을 내렸다. 푹 쉬는 것이 가장 좋은 치료라는 처방도 나왔다. 하지만 네이선은 병상에서 일어나 결혼식에서 무리하게 움직였다. 결국 병세가 급격히 악화돼 영국에서 서둘러 외과 의사를 데려왔다. 의사가 '종양(좌골직장간농양)' 수술을 했지만 효과도 없이 오히려 독소만 혈관을 통해 온몸에 퍼졌다.

'일 중독자(worker-holic, 워커홀릭)'였던 네이선은 고통 속에서도 아내와 자식들에게 쉴 새 없이 이것저것 지시하고 편지를 받아쓰게 했다. 런던에 돌아와서도 그는 빠르게 쇠약해졌고 1836년 7월 28일 런던 시티에서 59살에 생애를 마쳤다.

'금융계의 나폴레옹'으로 불리던 네이선은 그렇게 갔다.

〈타임스〉는 그의 부고를 전하면서 "시티는 물론 전 유럽에서 아마도 가장 중요한 사건일 것."이라고 평가했다. 네이선이 죽었을 때 그의 개인자산 규모만 영국 연간수입의 0.62%에 해당했다. 때마침 네이선 로스차일드의 실루엣을 담은 석판화가 발행돼 사람들의 눈길을 끌었다. 런던 증권거래소 기둥에 기대선 회색 실루엣의 뚱뚱한 모습의 그림에는 '위대한 사나이의 그림자'라는 표제가 붙었다.

네이선 사후, 그는 더욱더 '신화적 존재'가 되어 갔다.

시인 바이런은 장시(長時) '돈 후앙(Don Juan)'에서 "누가 세계의 중심을 잡나?(Who hold the balance of the world?)"라는 질문을 던지고는 "유대인 로스차일드(Jew Rothschild)가 유럽의 진정한 지배자(The true lords of Europe)."라고 노래했다.

제국주의를 분석했던 학자 홉슨은 "만약 로스차일드 가문과 그 거래처들이 외면한다면 그 어느 유럽 국가가 대전쟁을 일으키거나 대규모 국가차관을 신청할 수 있으리라고 진지하게 상상조차 해볼 수 있겠는가?"라고 로스차일드 가문의 막강한 파워를 설명했다. 좌파 역사학자 부르노 바우어는 "독일의 소국에서 아무런 권한도 없었던 한 유대인이 유럽의 운명을 결정하게 됐다."고 묘사했다.

이러한 평가는 모두 네이선 로스차일드가 불굴의 혁신을 계속해 나갔기에 가능한 일이었다. 단순히 '돈이 돈을 번 것(Money makes Money)'이 아니었다. 네이선은 끊임없이 도전한 끝에 사람들 사이에서 우뚝 설 수 있었고, 세계를 뒤흔드는 위업을 이룬 것이다.

이 가문은 언론에서조차 함부로 다루지 못할 정도로 베일에 싸인 전설적인 유럽가문이다. 전 세계 자본의 30%가 로스차일드 가문에 의해 움직이며, 보이지 않지만 실질적으로 세계를 지배하고 있다는 말까지 있을 정도이니 말이다.

19세기 초부터 21세기까지 로스차일드 가문의 영향력은 전 세계에 미치지 않는 곳이 없을 정도로 광범위하고 강력하다고 한다. 그들은 미국의 남북전쟁에 관여했고 미국의 연방은행 설립에도 깊숙이 관여하였으며, 석유재벌 록펠러와 글로벌 투자은행 설립자인 JP 모건도 이 로스차일드 가문이 미국의 실물과 금융을 대리로 관리할 수 있는 관리자로 지명되어 막대한 부를 이루었다는 이야기가 돌고 있을 정도이다. 그리고 그들은 독일의 도이치뱅크, 영국의 HSBC, 캐나다의 뱅크 오브 노바스코샤 등 세계의 주요 은행의 많은 지분을 보유하고 있어 전 세계 금융계를 장악하고 있으며, 고급 와인산업, 영화산업, 자원개발 산업, 관광산업 등 수익이 나는 곳이면 모든 분야에 엄청난 투자를 하고 있다.

　이들은 유대인 특유의 신중함과 철저한 비밀의 엄수 등이 몸에 배어 있어 18세기 말부터 이중장부를 사용하고 있어 누구도 정확한 재산이 얼마인지 알 수 없다는 이야기가 있다.

　모 전문가는 2016년 현재 로스차일드 가문의 재산은 약 5조 달러 정도로 추정하고 있다. 세계 최고의 부자 빌 게이츠의 재산이 900억 달러이니 그의 55.5배 이상이 로스차일드 가문의 재산이다.

2. 로스차일드 가문의 성공과 장수 이유

2.1. 상업 이외에는 살아갈 다른 길이 없었다

　로스차일드가를 일으킨 암셸 마이어 로스차일드(1744~1812년)는 프랑크푸르트 유대인 거주 지역인 게토의 가난한 유대인이었다. 그는 13세에 아버지를 여의고 유대인이 경영하는 돈을 다루는 조그만 회사에 견습공으로 들어가 금융기법들을 익히게 된다. 그는 그곳에서 "돈이야말로 유대인을 구원하는 단 하나의 무기."라는 진리를 배워 이를 좌우명으로 끈질기게 노력한다. 유대인은 로마시대 이후 '게토'(나중에 게이트의 어원이 되었다)라는 철조망으로 구획된 구역 내에 거주하도록 제한받으면서 천 년 이상 천민 취급을 받아 왔다. 그들은 고위직은 말할 것도 없이 미천한 말직조차도 특별한 경우가 아니면 진출할 수 없었기에 천민들이 하는 일로 여겨졌던 상업 활동 이외에는 할 수 있는 일이 거의 없었다. 그래서 유대인은 대부분 상업에 종사하게 되었고 이것이 그들을 오늘날의 경제계의 거대인맥을 이루는 계기가 된 것이다. 그야말로 최고의 불운이 그들을 최고의 행운아로 만들어 준 것이다.

2.2. 거미줄 같은 정보망이 그들을 거부로 만들어 주었다

　로스차일드 가문을 일으킨 1대 암셸 마이어 로스차일드는 자신의 아들 5형제도 상인으로 키워 유럽의 중요거점을 장악하도록 만들었다. 이제 상업은 이미 가장 중요한 활동을 하는 직업이 되었고 그들은 유럽을 그물망처럼 하나로 엮어 모든 정보를 그들이 만든 빠른 연결망을 통해 유럽의 그 누구, 특히 여왕이나 황제, 귀족들보다도 빨리 파악하여 이를 상업 활동에 적극 이용함으로써 고객들에게 큰 이익을 남겨 주었다. 이는 물론 그 가문을 더욱 큰 부자로 만들어 주었다.

일례로, 영국의 호화유람선 타이타닉호가 진수하여 출항할 당시 전 영국이 들썩였고, 영국의 모든 보험사들은 타이타닉호의 출항을 앞두고 보험계약을 따내기 위해 안간힘을 썼다고 한다. 왜냐하면 보험계약 체결로 인한 수익이 엄청났기 때문이었다. 그런데 이상하게도 보험계약에 참여하지 않은 단 하나의 보험회사가 있었는데 그 이름은 '로스차일드 보험사'였다.

네이선 로스차일드는 직원들에게 타이타닉호 보험계약에 일절 관여하지 말라고 명령을 했고, 이 사실을 안 모든 보험사는 네이선을 비웃었다. 하지만 결국 타이타닉호는 빙산에 충돌하여 침몰하였고, 로스차일드 보험사를 제외한 영국의 수많은 보험사들이 막대한 보험배상금 지급으로 파산을 하게 되었다. 이 사실은 로스차일드 가문의 엄청난 정보망이 아니고서는 그 당시 누구도 결정할 수 없는 일이다. 선박의 모든 상태, 승선 인원의 적부, 출항 노선과 항로, 선장과 선원들에 대한 정보 등을 모두 가지고 있던 네이선은 위험을 예감했던 것이다. 왜 그리고 막대한 보험료 수입에 구미가 당기지 않았겠는가? 지금도 정보를 가진 자가 세상을 지배하듯 그 당시에도 정보를 가진 자가 올바른 판단을 내릴 수 있었다. 그들은 정보의 힘을 잘 이해했던 것이다.

그는 술집 작부, 귀족, 병사 등 모든 계층에게서 정보를 수집하는 체계를 가지고 있었고 파발, 전용 범선, 전서구 등을 이용해 이를 전달 시스템으로 만들어 유럽 각국의 소식을 형제들과 서로 나누어 가지고 있었다.

그들은 이런 정보망을 이용해 좋은 제품을 싸게 공급해 신용을 쌓아 다음 단계에 더 큰 거래를 장악하는 전략을 사용했다. 일례로 1대 암셸 로스차일드는 헤센공국의 윌리엄 4세의 신임을 얻기 위해 4년 동안 골동품 주화를 반값으로 공급했고, 그의 재정 관리인이 되기 위해 30여 년을 투자하며 노력하였다고 한다.

2.3. 철저한 신용이 그들을 거부로 만들어 주었다

그들은 신분이 미천하여 처음에는 성도 없었다. 로스차일드라는 성과 문장은 그들이 부를 이룬 후 여왕에게 하사받은 것이다. 그렇기에 그들은 귀족들을 위하여 온몸과 마음을 바쳐 충성하였다.

워털루 전투의 진정한 승리자는 영국이 아닌 로스차일드 가문이라는 말도 있는데 이는 웰링턴에게 네이션 로스차일드가 거액을 조달해주어 전쟁을 수행할 수 있었다는 점을 강조한 이야기이다. 전비는 전쟁에 패하면 한 푼도 돌려받을 수 없는데도 전비로 쓰일 돈을 웰링턴에게 조달해주었다는 것은 자기의 인생과 생명을 모두 건 정말로 매우 위험한 투자였다. 이런 투자를 할 수 있는 용기가 있을 자가 누구인가? 진정으로 로스차일드 가문을 지금의 수준으로 만든 네이션은 담대한 심장과 엄청난 배포의 사나이였다.

이런 이야기가 전해져 온다. 빌헬름 1세는 자신의 전 재산의 운영을 로스차일드에게 맡겼다. 정치적 이유로 망명을 하게 된 빌헬름 1세는 로스차일드의 전 재산이 프랑스의 나폴레옹에 의해 몰수되었다는 사실을 알고 나서 자신의 재산을 모두 잃었다고 크게 낙심했다고 한다. 그러나 상황이 다시 안정되었을 때 로스차일드는 즉시 빌헬름 1세에게 위탁받았던 자본을 모두 돌려주었다고 한다. 그것도 돈을 위탁받은 날로부터 돌려줄 때까지의 이자를 당시의 요율로 계산해서 말이다. 이렇게 신용이 철저한데 누가 그들을 믿지 않을 수 있었을까?

2.4. 국가에는 기여함을 원칙으로 하였고, 직원들은 가족처럼 보살폈다

워털루 전투에 네이선 로스차일드는 물심양면의 지원을 아끼지 않았고, 1차 및 2차 세계대전 시 로스차일드 가문의 남자들은 모두 각자 자기가 있는 나라에서 자원하여 군인으로 참전하였다고 하는데 이는 그들이 각자 자기가 속한 나라의 사람으로 융화되어 살아간다는 집안의 가훈을 따른 것이라 한다. 그런데 그들 중 전쟁에서 사망한 사람은 단 한 명도 없었다고 하니 참으로 운도 따르는 가문인 것 같다.

1929년 대공황 발생하여 모든 회사들에서 대규모 해고 사태가 벌어졌음에도 불구하고, 로스차일드 은행은 단 한 명의 직원도 해고하지 않았다는 일화를 보면 그들이 종업원도 가족처럼 생각한다는 것을 알 수 있는 일례이다. 이러한 로스차일드 가문의 전통은 2차 세계대전 당시 비엔나의 로스차일드 은행이 강제로 나치에 매각되면서 직원은 각지로 뿔뿔이 흩어졌으나 전쟁이 끝나고 로스차일드 은행이 재건을 시작하자 채권 등의 회사 재산을 가지고 프랑스 각지로 도피한 모든 직원들이 은행의 재산을 단 한 푼도 유용(流用)하지 않고 모두 반납하여 은행을 재건하는 데 큰 도움을 주었다고 한다. 그들은 로스차일드 가문에 보은한 것이다.

2.5. 그들은 가족끼리 단결했고, 재산을 분산시켰다

1대 암셸 로스차일드는 항상 가족끼리의 단결을 강조했고, 그가 죽은 이후에도 가문의 형제들은 여러 개의 화살 묶음처럼 똘똘 뭉쳐 위기를 극복해 나간다.

이들은 각국에 분산된 네트워크를 통하여 전체의 효율은 최대로 높이는 한편, 위험은 분산시켰다. 형제 중 누구 하나가 위기에 처해도 다른 형제들의 도움으로 다시 일어날 수 있었다.

3. 로스차일드 가문의 오늘날 위상

로스차일드가를 일으킨 암셀 마이어.

프랑크푸르트 유대인 거주 지역인 게토의 가난한 유대인이었던 그는 13세에 아버지를 여의고 친지의 소개로 금융을 다루는 회사에 견습공으로 들어가 금융에 대해 배우게 된다. 거기서 그는 오직 돈이야말로 성도 없는 가난한 천민계급에서 벗어나기 위한 '단 하나의 유일한 무기'라는 진리를 배운다. 그는 이러한 진리를 5명의 아들들에게 전수시켜 그들을 금융가로 키워 유럽의 금융가를 장악하게 된다.

그 이면에는 가족 간의 화합, 이익보다 상대방을 우선하는 신용, 직원을 가문의 일원으로 간주하는 넓은 도량, 변화를 이끄는 혜안 등이 바탕이 되어 오늘날까지 200년이 넘는 기간 동안 그 역량을 발휘하고 있는 것이다.

로스차일드 가문은 미국의 독립전쟁 승리와 세계 최대 강대국 도약에 크게 기여하였으며, 제2차 세계대전 후 1948년, 이스라엘이 지금의 영토를 확보하고 독립을 선포하는 데 지대한 영향을 미쳤다. 뿐만 아니라 지금도 미국 연방은행 및 세계 거대은행의 최대주주로 금융가에 지대한 영향력을 미치고 있으며, 각종 사업 영역에도 이들의 손이 미치지 않는 곳이 없는 가문이다. 일례로 미국은 특수한 거대사건은 반드시 유대인 변호사를 고용한 법무법인만이 사건을 수임할 수 있다는 규정을 가지고 있는데, 이는 로스차일드 가문의 영향력을 가늠해 볼 수 있는 잣대 중 하나이다.

제4장

사막의 기적, 두바이의 셰이크 모하메드

1. 시공간의 한계를 극복하고 기적을 일구다

필자는 두바이를 방문하여 신기루 같은 도시 두바이를 관찰한 후 한 나라의 지도자의 생각이 국가와 국민에게 얼마나 지대한 영향을 줄 수 있는지 그 표본을 보는 것 같았다.

끝없이 펼쳐진 사막 한가운데 우뚝 선 신기루 같은 도시 두바이.

셰이크 모하메드

두바이의 지도자 '셰이크 모하메드'는 3,000명 정도의 부족민이 해변에서 천연 진주 잡이로 생계를 연명하던 낙후된 어촌인 두바이를 불과 50년 만에 인구 250만 명의 오늘날의 두바이로 바꾼 인물이다. 낙후된 어촌 두바이를 세계 최고층 빌딩과 물 위에 떠 있는 세계 최고급 호텔, 엄청난 규모의 쇼핑몰, 규모 400m의 실내 스키장, 최고급 빌라가 즐비한 인공섬 팜비치 아일랜드 등 볼거리가 즐비한 금융과 물류, 관광허브 도시로 바꾼 것이다. 현재 이 도시의 인구의 99%는 자국민이 아니라 세계 각지에서 모여든 외국인들이다. 두바이는 우수한 인터넷망과 미디어, 인종, 남녀노소를 가리지 않는 자유로운 분위기 등에 힘입어 200여 개국 언어와 구성원이 이곳에서 활발히 활동하고 있다. 그런데 외국인에게는 전체 수익의 50%라는 아주 높은 율을 세금으로 부과하고 있다고 한다. 그러나 다른 세금 외의 추가비용(뇌물 등 통과수수료)은 전혀 없는 투명한 나라여서 실제로는 다른 나라보다 실 세율이 낮은 편에 속한다고 한다. 그에 반하여 원주민은 세율이 0%라고 하는데 이에 대해 외국인들은 두바이의 정책과 법에 아무런 불평 없이 따르고 있다. 오히려 세계에서 가장 살기 좋은 도시라는 평판으로 외국인이 속속 모여들고 있어 인구는 계속 증가하고 있는 추세이다.

두바이가 속한 아랍에미리트는 7개의 소국이 연합한 나라로 석유생산량은 세계 원유생산량의 10%라고 하니 그 비중은 다소 높은 편이다. 그러나 두바이의 석유생산량은 아랍에미리트 연방의 석유생산량의 불과 4% 정도에 불과하다. 그런데도 중동지역에서 생산되는 석유를 두바이유라고 부르는 이유는 두바이에 세계의 정유사들이 모여들어 거래를 하기 때문에 붙여진 이름이라고 한다. 이는 바로 두바이가 중계무역도시라는 증거이다.

부동산 전문가인 필자가 두바이에서 느낀 소회는 "사막(부동산)이라는 한계 토지를 한정된 자원(소량의 석유)을 이용해 최유효이용을 넘어 기적을 창조한 두바이야말로 젊은이들이 자신의 무한능력이 어디까지인지를 돌이켜 보는 계기가 되겠구나." 하는 것이었다. 우리나라 젊은이들이 두바이를 직접 보고 그 창의력을 배워 내 것으로 만든다면 앞으로의 삶에 더없는 자산이 될 것이다. 부모는 자녀와 함께 두바이를 방문하여 두바이를 살펴보고(그냥 구경꾼이 되지 말고 관찰자가 되자), 공항에서 '알라딘의 램프'를 하나씩 사서 자녀에게 선물하시길 바란다. 알라딘의 램프요정 지니는 나의 내부에 꼭꼭 숨어 있는 무의식(신 또는 순수의식의 변형)이다. 그 램프를 책상 위에 올려놓고 매일 보면서 자녀들이 지니를 불러내는 상상력을 기를 수 있도록 도와주자.

2. 두바이 프로젝트가 성공한 이유

2.1. 부왕인 '셰이크 라시드'의 미래를 보는 안목

2.1.1. 한정된 자원을 국토개발에 집중하다

두바이는 유목민족인 베두인족이 살고 있던 지역으로 19세기 초까지 해적해안으로 유명했다. 왜냐하면 그들은 바닷물을 이용한 진주양식 등 어업과 소규모 농업으로 근근이 생계를 유지하고 있었으나, 척박한 사막에서 살아남기 위해 해적질을 일삼기도 했던 부족이었기 때문이다. 두바이란 이름은 '메뚜기'란 의미로 메뚜기가 훑고 지나가면 황량한 사막같이 변한다는 데서 비롯된 이름이다. 이름에서 이곳이 종래 어떠했는지가 상상이 된다.

그토록 황량하던 이곳에 석유가 발견되면서 서구열강인 영국의 식민지가 되자, 석유채취 노동자로 취직을 위해 몰려들어 온 자국민이 수만 명으로 늘어난 작은 토후국이었다. 영국이 지배 중이던 1958년 왕위에 오른 그는 이런 두바이를 중동 최고의 허브항으로 만들기에 착수한다. 두바이가 아시아와 유럽을 잇는 전략적 위치에 있다고 판단한 라시드는 영국의 석유채취의 대가로 받은 달러로 35개의 정박소를 갖춘 거대한 항구를 개항한다. 비로소 두바이의 발전의 기초를 다지게 된 것이다.

1971년 영국의 식민지에서 독립한 소국 두바이의 왕 라시드는 영국으로부터 유전을 인수받자 자국 내 석유의 부존량은 그 당시의 채굴량으로 볼 때 수십 년이 지나면 고갈될 것이라는 사실을 인지하고 있었다. "지금 우리는 벤츠를 타고 있지만 이대로 놓아두면 후손들은 다시 낙타를 타고 다닐지도 모른다. 석유를 팔아 돈을 벌 수 있는 지금 사회간접자본에 투자하자. 그런 다음 외국인을 불러들여 두바이를 중동 제일의 국제교역도시로 만들자."고 결심한다. 두바이는 아랍에미리트 연합에 속한 7개의 소국 중 하나로 아랍에미리트(석유매장량 982억 배럴)에 부존하는 석유량 대부분은 아부다비(전체 부존량의 94%)에 부존되어 있고, 두바이(석유매장량 40억 배럴)에는 4% 정도만이 부존되어 있었다. 이는 2020년이면 완전 고갈이 우려되는 소량이었다.

그는 어떻게 하면 소량의 자원을 최대한 이용하여 후손들에게 영속적인 복지를 유지해줄 수 있을지 노심초사하면서 우선 항구의 확장, 도로개설 등 인프라 확충에 박차를 가하던 중 임종한다.

2.1.2. 사람의 중요성과 사람의 그릇을 알아보는 혜안을 발휘하다

그는 아들이 여러 명 있었으나 그들 중 특히 영특했던 셋째 왕자 세이크 모하메드를 지도자로 키우기로 결정한다. 그는 모하메드를 영국 캠브리지 스쿨과 영국군사학교에 유학을 보내 신학문을 습득하게 하는 동시에 경제 및 군사 강국 영국의 명문가의 자제들과 교분을 맺을 수 있도록 조치한다. 라시드는 아랍에미리트 연합을 만들기 위해 아부다비 국왕을 방문했을 때, 조국의 변화를 직접 체험시키기 위해 영국에서 유학 중이던 불과 17세이던 모하메드를 동행시켰다. 라시드는 모하메드에게 은행가, 건축가, 상인, 학자 등 다양한 엘리트 집단을 만나게 해주며 국제적 안목을 키워 주었다.

부왕 라시드는 모하메드가 영국 옥스퍼드대학에서 박사학위를 받은 후 학업을 마치고 입국한 22세에 그를 국방장관에 임명하여 정식으로 국가운영에 관여하도록 배려했다. 이제 삼남 모하메드는 세계 최연소 국방장관이라는 기록까지 세우게 되는 것이다.

2.2. 셰이크 모하메드 왕의 긍정적 사고와 추진력

모하메드는 부왕의 철저한 교육을 받아 무엇보다도 국민이 모두 잘 살아야 왕실도 존립할 가치가 있다는 생각을 가지게 된다.

1990년 부왕이 노령으로 사망하고 장자상속 관습에 따라 큰형 셰이크 막툼이 왕위에 올랐으나 병약하여 치료를 위해 장기간 유럽에 머무는 일이 잦아 실질적인 국정은 모하메드가 도맡아 처리하였다. 1995년에 이르러 셰이크 막툼은 명의뿐인 본인의 왕위를 실질적 지도자인 동생 모하메드에게 물려준다. 동생 모하메드는 부왕 라시드에 의해 지도자로 키워졌고, 영국에서 현대식 교육을 받았으며 그곳에서 힘 있는 친구를 많이 사귀어 국제적 감각도 가지고 있었다.

왕위를 승계받은 모하메드는 각 분야 전문가 2,000명을 씽크 탱크로 구축하고 '두바이의 21세기 비전'을 발표하여 부왕의 뜻을 빠른 시일 내에 이루겠다고 결심한다. 그는 말한다.

"미래를 바꾸려고 시도하지 않는 사람은 과거의 노예상태에 머무르게 될 것입니다. 번영은 기술과 돈이 가져오는 것이 아니라 오직 사람만이 가져오는 것입니다. 가장 유능한 팀은 1 더하기 1을 11로 만듭니다. 이 씽크 탱크를 통해 나는 과거의 경험을 되살려 보긴 하지만 누구의 것이든 복사하지는 않습니다. 두바이에서 추진되는 그 어떤 것도 복사나 복제품이 아닙니다."

이 말을 음미해 보면 그가 왜 어마어마한 인원의 씽크 탱크를 꾸렸는지 그 이유와 배포가 여실히 드러난다.

그는 씽크 탱크들의 제안을 토대로 사막이라는 공간적 한계와 석유고갈이라는 시간적 한계, 즉 시공의 한계를 극복하고 새로운 기회를 창출하는 통찰력을 발휘한다. 그는 과감하게 규제를 철폐하고 자본자유화를 신속히 단행하여 인터넷 시티, 미디어 시티 등 다양한 자유무역 존(free zone)을 만들어 세계의 기업과 전 세계 부호들을 두바이로 끌어들여 그들의 투자금으로 새로운 두바이의 비전을 착착 진행시켰다. 자국에서 생산되는 원유를 판 돈만으로는 꿈도 꿀 수 없는 일에 착수한 것이다.

그는 알래스카에서 냉장고를 팔겠다는 역발상으로 사막에 스키장을 만들었고, 자연의 원리인 프렉탈의 원리를 묘하게 이용하여 71km의 해안선을 매립, 그 길이를 무려 1,500km로 늘린 다음 바다 위의 인공 섬 '팜 아일랜드'라는 휴양지를 만들어 세계의 부호들에게 높은 가격으로 분양했다. 이어서 세계 최대의 인터내셔널 파이낸셜 센터의 건립, 높이가 무려 800m나 되는 세계 최고층 빌딩 '부르즈 두바이'의 건설, 세계 최대의 쇼핑몰과 바다에 떠 있는 돛단배 모양의 7성급 호텔 등 세계적 명소들을 만들어 공개하여 기상천외한 아이디어로 두바이를 일약 세계적인 관광, 금융, 무역, 중계, 엔터테인먼트, 컨벤션의 중심지로 탈바꿈시켰다.

모하메드는 이러한 놀라운 성과로 2005년 국제적 신문인 〈타임〉에 의해 세계를 변화시킨 100인에 선정되었고, '세계 8대 불가사의'를 만든 인물로 전 세계 리더십 전문가들이 주목하는 인물이 되었다.

2008년 IMF라는 세계 경제 위기가 불어 닥치자 세계의 이목은 두바이가 언제 주저앉을지에 대해 이야기했으나, 모하메드는 경제위기 2년 만인 2010년 이 위기를 극복해 내고 오늘도 발전을 계속해 오고 있는 도시가 두바이이다. 그는 석유의존도가 높았던 종래의 두바이를 항공, 도소매교역, 금융, 운송, 부동산, 제조업 등으로 다양화시켜 이제 석유의존도는 겨우 GDP의 10% 미만의 국가로 환골탈태시켰고, 앞으로도 그 의존도를 더욱 낮추는 방향으로 나아갈 예정이라 한다.

그는 2016년 현재 두바이의 국민 1인당 GDP도 무려 40,000달러라는 세계 최상위수준급으로까지 높였는데, 이는 아랍에미리트 연합 석유매장량의 90% 이상을 가지고 있는 이웃 토후국인 아부다비보다 높은 수준이며 중동의 다른 산유국과 비교할 때도 월등히 높은 수준이다.

평소 세이크 모하메드는 칭기즈 칸의 '속도전'을 흠모했다고 한다. 그래서 그는 아버지의 꿈과 이상을 이어받으려 노력했다면서 이렇게 말한다. "내게 가장 큰 영향을 미친 존재는 아버지이며, 그로부터 무슨 결정을 내릴 때 인내심과 신중함을 배웠습니다. 그래서 나는 먼저 상황을 지켜봅니다. 그리고 사람들의 표정을 보고 결정을 내립니다. 그러나 결정을 내리면 전광석화처럼 움직입니다."

그는 그의 시 'Challenge'에서 자신감과 불굴의 도전정신을 이렇게 읊조린다.

누구든 간구하는 자. 열심히 헌신할지니.
영광은 오늘에 있나니.
지난 날 영광은 흩날리는 모래성.
고난을 사랑하기에 어려움이 몰려올수록 난 의기양양하리라.
고난은 나의 친구이기에, 기꺼이 맞아들이리라.

인간의 계획 하나로 창조한 도시 두바이!

두바이는 지도자의 생각이 어떠한지에 따라 국가와 국민의 운명이 하늘과 땅끝 차이로 벌어질 수 있다는 사실을 보여주는 실증적 증거이다. 지도자를 꿈꾸는 사람들은 그들의 역할이 어떠한지를 통감해야 할 것이다. 우리가 공직자에게 바라는 '국가와 민족에 봉사하는 자세'가 허언이 아님을 명심해야 할 것이다.

제5장

가장 혁신적 기업으로 평가되는 구글

1. 구글, 모든 사람이 의심했던 뒤늦은 출발

'구글(Google)'이란 이름을 들어 보지 못한 사람은 아마 거의 없을 것이다. 그러나 'MS' 하면 빌 게이츠, '애플' 하면 스티브 잡스가 생각나지만 대부분의 독자들은 '구글' 하면 아마 생각나는 사람이 없을 것이다.

아이러니하게도 구글은 MS나 애플보다 혁신적일 뿐만 아니라 지구상에서 가장 혁신적인 기업으로 알려져 있음에도 구글의 창업자는 누구인지 그다지 알려져 있지 않다. 그 이유는 아마 구글이 많은 사람들이 성공을 의심했던 IT업계의 후발기업인 데다가, 창업자들이 당초 기업을 창업할 목적이 없었기 때문이지 않을까 생각한다. 그들은 그들이 개발한 기술의 라이선스를 기존의 검색전문기업에 팔려고 수소문하였으나 이를 살 기업이 나타나지 않아 할 수 없이 기업을 창업했기 때문에, 대부분의 전문가들도 성공을 의심하고 있었고 창업자들도 대중매체에 그다지 모습을 드러내지 않았다. 따라서 본서에서도 창업자의 이름보다는 '구글'이라는 기업에 대한 이해가 더 중요할 것이라는 생각하에 구글의 탄생으로 타이틀을 정하였다.

1990년 최초의 검색엔진 '아키'가 탄생한 후, 보다 진화된 고퍼, 야후, 라이코스, 알타비스타 등으로 탈바꿈을 계속하던 시절, 비교적 늦은 시기라고 생각되던 1998년 구글이 탄생하였다.

 지금의 구글은 세계 인터넷 검색의 70% 정도를 차지하는 세계 최대의 인터넷 검색사이트이나, 출발 당시에는 대부분의 전문가들이 구글은 실패할 것이라고 예측한 바 있다. 그런데 구글은 다른 검색엔진 갖추지 못한 무한한 연결성을 제공함으로써 검색 엔진으로서 대성공을 거두게 된다. 그 후 구글은 이의 성공을 발판 삼아 자율주행 자동차, 생명과학, 스마트섬유, 인공지능(AI), 우주사업 등 그 사업영역을 기술진보를 수반하는 다양한 영역으로 확대하여 4차 기술 혁명을 이끄는 선두주자가 되었다.

 지금도 세계의 전문가들은 기대 반 우려 반의 시각으로 구글을 지켜보고 있다.

 구글은 래리 페이지(Larry Page)와 세르게이 브린(Sergey Brin)에 의해 1998년 9월 브린의 여자친구 앤 보이치키(Anne Wojcicki)의 집 차고에서 그 탄생을 알렸다. IT의 선두기업 MS, 애플이 빌 게이츠와 스티브 잡스에 의해 차고에서 탄생했듯이 구글도 차고에서 탄생한 IT기업인 것이다.

 래리 페이지는 컴퓨터관련학과 교수인 아버지와 어머니의 영향으로 6세 때부터 컴퓨터를 시작했다. 그는 12살 때 니콜라 테슬라의 전기를 읽고 감동받아 그처럼 세상을 바꿀 혁신적인 발명가가 되기를 꿈꾸게 된다. 페이지는 고등학교 졸업 후 그의 집이 있던 미시간주에 소재하는 미시간대학에서 컴퓨터공학을 전공한 후 아버지처럼 교수가 되고자 실리콘밸리가 위치한 캘리포니아주의 유명한 스탠퍼드대학원 컴퓨터공학과에 진학하여 컴퓨터사이언스에 대한 연구를 시작하게 된다. 그는 여기서 평생을 함께할 친구 세르게이 브린을 만나게 되고 동갑내기인 브린과 페이지는 웹페이지에 관한 연구를 함께 진행하면서 친분을 쌓게 된다.

세르게이 브린은 러시아 모스크바 태생이었지만 유대인에 대한 차별대우로 대학교수직을 잃고 미국 이민을 선택한 아버지를 따라 6세 때 미국으로 건너온 후 초중고를 졸업하고 아버지가 교수로 있던 메릴랜드대학에서 수학과 컴퓨터공학을 복수 전공한 후 국가과학재단(National Science Foundation)의 지원을 받아 스탠퍼드 대학원 컴퓨터공학과에 진학한 이민자 2세였다.

그들은 함께 웹페이지를 연구하다 1996년 래리 페이지의 이름을 딴 '페이지랭크(PageRank)'라는 색다른 검색 기술을 개발한다. 기존 검색 엔진은 단순하게 검색 키워드가 가장 많이 포함된 웹페이지를 나열해 보여주는 수준이었지만, 페이지랭크는 웹페이지의 중요도를 따져 순위를 매겨서 보여주었다는 점에서 보다 진보된 검색엔진이었다.

그들이 페이지랭크를 개발하는 과정에서 주목한 것은 '하이퍼링크'였다. 일반적으로 사람들은 인터넷에서 좋은 정보를 발견하거나 인용할 때 링크를 걸게 되는데 이 때문에 링크를 통해 많이 인용되었다면 이는 중요한 정보라 볼 수 있다. 따라서 정보의 중요도에 순위를 부여하면 검색 키워드를 입력했을 때 중요도가 가장 높은 결과를 먼저 볼 수 있게 된다. 이에 착안한 두 사람은 하이퍼링크에 기반을 둔 검색 엔진으로 특정 키워드 출현 횟수 대신 링크 횟수에 따라 사이트를 나열하는 검색 엔진을 만들었으며 이게 바로 백럽(BackRub)이었다. 백럽은 한 웹사이트에 연결된 링크를 뜻하는 백 링크(Back Link)를 분석하는 프로세스에서 따온 이름으로 뒤로 돌아간다는 이유 때문에 백럽이라는 이름을 붙였다. 구글의 원래 이름이 '백럽(BackRub)'이었던 이유가 이 때문이다.

  페이지와 브린은 당초에는 회사를 창업할 생각이 전혀 없었다. 그들은 단지 자신들이 개발한 페이지랭크 기술의 라이선스를 100만 달러에 기존 검색회사에 팔고자 했다. 그러나 이들의 제안을 받아들인 기업은 한 곳도 없었다. 아이러니하게도 그들의 검색 기술이 너무 강력하여 광고 효과가 떨어질 것을 우려한 기존 검색회사들이 등을 돌렸던 것이다. 그래서 그들은 다른 방법이 없어 그들 스스로 구글을 창업하게 된 것이다.

  훗날 많은 기업들이 땅을 치고 후회하게 되는데, 그 가운데서 가장 큰 후회를 한 기업은 아마 야후(Yahoo)였을 것이다. 당시만 하더라도 세계 최강의 검색 엔진이었던 야후는 구글 탄생 이후 내리막길을 걷기 시작해 오늘날 사실상 거의 잊힌 기업이 되는 몰락의 길을 걷는다.

2. 극단적 단순함과 사용자 위주의 서비스로 검색엔진의 대명사가 되다

1998년 9월 회사 이름을 구글(Google)로 하여 세상에 첫선을 보인 그들은 넓은 화면 한가운데 큼지막하게 박힌 로고와 극단적으로 단순한 검색창 하나만을 둔 홈페이지를 선보였다.

이들은 회사를 창업하면서 "세상의 모든 정보를 한 곳에 집대성해서 누구나 사용할 수 있도록 하겠다(Google's mission is to organize the world's information and make it universally accessible and useful)."라는 사명 선언문을 발표했다.

이와 동시에 두 사람은 구글의 사훈도 내걸었는데 이게 바로 그 유명한 사훈 "사악하게 굴지 말라(Don't be evil)."이다. 사악하게 굴지 말라는 구글 사훈은 구글의 영향력이 크게 확장되면서 비판의 대상이 되기도 한다.

페이비와 브린은 이른바 '구글 십계명'이라는 것도 만들었는데, 구글 십계명은 다음과 같다.

하나, 사용자에게 초점을 맞추면 나머지는 저절로 따라온다.
둘, 한 분야에서 최고가 되는 것이 최선의 방법이다.
셋, 느린 것보다 빠른 것이 낫다.
넷, 인터넷은 민주주의가 통하는 세상이다.
다섯, 책상 앞에서만 검색이 통하는 것은 아니다.
여섯, 부정한 방법을 쓰지 않고도 돈을 벌 수 있다.
일곱, 세상에는 무한한 정보가 존재한다.

여덟, 정보의 필요성에는 국경이 없다.

아홉, 정장을 입지 않아도 업무를 훌륭히 수행할 수 있다.

열, 대단하다는 것에 만족할 수 없다.

구글의 철학은 오픈 소스(Open source), 사용자 위주의 개발, 엔지니어 중심의 사내문화 조성이었고 지금도 이를 견지하고 있다.

2000년대 초반 이른바 '닷컴 버블(Dot-com bubble)'이 전 세계 인터넷 업계를 강타하는 가운데서도 구글은 모두의 예상을 깨고 승승장구한다. 2000년 말에는 하루 검색 건수가 1,800만 건에 달하는 등 미국 최대 검색 사이트로 급성장했다. 그러나 구글은 가시적인 수익을 창출하지 못하고 있었기 때문에 투자자들은 이런 구글을 우려 섞인 눈으로 바라보고 있었고 당시 20대에 불과했던 창업자들이 미덥지 못해 노련한 CEO를 영입하라고 채근했다.

우여곡절 끝에 2001년 8월 IT 업계에서 잔뼈가 굵은 노련한 에릭 슈밋(Eric Schmidt)을 구글의 CEO(2001~2010)로 받아들였고, 슈밋은 그림자 리더십을 통해 젊은 창업자들의 비위를 맞추면서 구글의 성장에 디딤돌을 놓았다. 2006년 12월 미국의 경제 주간지 〈비즈니스위크〉는 슈밋이 5년 전 적자 상태의 '벤처기업' 구글의 CEO로 영입되어 1,500억 달러의 초대형 기업으로 키웠다며 그를 '올해의 CEO'로 뽑기도 하였다.

때마침 운도 구글에게 따라 주었다. 슈밋의 그림자 리더십과 함께 구글이 독보적 검색 사이트가 되는 계기로 작동한 하나의 사건이 있었다. 바로 2001년 발생한 9.11테러였다. 9.11사태 이후 한 주간에만 구글의 뉴스 관련 검색량이 무려 60배나 증가할 만큼 인기를 얻게 된다. 이와 관련해 비즈니스 2.0 칼럼니스트인 존 바텔(John Battelle)은 그의 책 《검색으로 세상을 바꾼 구글 스토리》(2005)에서 "막대하면서도 확장 가능한 네트워크 아키텍처 덕분에 9.11사태 이후 며칠 동안 구글은 세계 최대의 뉴스서비스 업체가 되었다. 앞으로 구글에 대해 연구하는 사람들은 이러한 사실을 결코 잊지 않을 것이다. 9.11사태는 구글이라는 검색 사이트의 존재와 전 세계에 구글이 검색 서비스 이상의 것을 가지고 있음을 가르쳐주었다. 다시 말해 구글은 비범한 자산, 즉 어떤 정보라도 저장해 두었다가 언제라도 요청에 따라 누구에게나 보여줄 수 있는 능력을 가지고 있었던 것이다."라고 평가하고 있다.

어떤 정보라도 저장해두었다가 언제라도 요청에 따라 누구에게나 보여줄 수 있는 능력은 구글의 위력을 말해주는 증거라 할 수 있었겠지만 바로 그런 이유 때문에 구글은 이후 프라이버시 침해에 대한 뜨거운 논란을 일으키게 된다. 이는 공산당 1당 독재를 채택하고 있는 중국정부가 구글의 도입을 꺼리며 통제하고 있는 이유를 짐작하게 한다. 지구상 국가 중 구글의 영향력하에 놓이지 않은 민주국가는 없다는 것은 구글의 영향력이 얼마나 대단한지를 보여주는 증거이다.

구글의 영향력을 시사해주는 신조어들도 본격적으로 등장하기 시작했다. 대표적인 게 바로 '구글링(Googling)'과 '구글라이제이션(Googlization)'이다.

구글링은 본래 '구글에서 검색하기'를 뜻하지만 일반적으로 '인터넷에서 검색하기'라는 의미로 쓰인다. 구글 검색 엔진의 성능이 그만큼 강력하다는 것을 시사해주는 단어로, 2003년 미국방언협회(American Dialect Society)는 Google을 '검색하다'라는 뜻의 동사로 공식 인정했다.

구글라이제이션은 세계적 검색 업체 구글에 의해 주도되는 디지털 커뮤니케이션 혁명을 이르는 말이다. "세상이 모두 구글화된다."는 의미를 담고 있다. 구글라이제이션의 저작권자는 존 바텔과 알렉스 솔크에버(Alex Salkeveer)다. 이들은 2003년 모든 종류의 온라인 정보 산업에 미치는 구글의 압도적 영향력을 가리켜 '구글라이제이션(Googlization)'이라고 표현했는데, 이후 구글라이제이션은 구글에 의해 주도되는 디지털 커뮤니케이션 혁명을 가리키는 긍정적·부정적 의미를 동시에 갖게 됐다.

2006년 1월 스위스 다보스에서 열린 2006 세계경제포럼(WEF)에서 클라우스 슈왑(Klaus Schwab) 포럼 회장은 전 세계인들이 구글 인터넷 검색 엔진을 통해 시공을 초월해 정보를 이용할 수 있게 된 현실이 세상을 뒤바꿔 놓고 있음을 가리켜 다음과 같이 말했다.

"전 세계가 이제 글로벌라이제이션에서 구글라이제이션(Googlization)으로 움직이고 있다."

3. 오픈소스의 아이콘이 되다

　구글은 2004년 8월 19일 기업을 공개하면서 나스닥에 상장했는데, 주가 시가총액은 무려 230억 달러에 달했다. 기업공개로 막강한 자금력을 갖추게 된 구글은 급속도로 영역을 확장하기 시작했으며, 기술기업의 인수합병 M&A에도 적극적으로 나서고 있다. 2004년 10월 비디오게임의 가상환경처럼 지구의 지표면을 위성사진으로 표현해주는 웹 서비스 회사인 키홀(Keyhole)을 인수했으며, 2005년 8월 17일엔 모바일 소프트웨어업체인 안드로이드(Android)를 인수했다. 2006년 10월에는 무려 16억 5,000만 달러(1조 5,800억 원)를 들여 세계 최대의 동영상 사이트인 유튜브(Youtube)를 인수했다.

　이와 함께 구글은 기술력을 바탕으로 자체적으로 신규 서비스도 속속 출시했는데 2004년 선보인 지메일(Gmail.com) 서비스, 2005년 출시하여 여러 방송 채널의 텔레비전 프로그램 속의 제목이나 문자를 검색할 수 있게 한 구글 비디오(Google Video) 서비스와 휴대폰으로 사용자들이 내비게이션 서비스뿐 아니라 가장 가까운 곳에 위치한 지역 정보를 제공받을 수 있도록 한 모바일 로컬(Google Local for Mobile) 서비스, 그리고 같은 해 8월 말에는 인터넷 전화 겸 메신저 서비스인 구글 토크(Google Talk)를 출시하여 통신 시장에까지 진출하는 기염을 토했다.

　그 결과 2006년 구글의 총수입은 100억 달러에 달해 월가의 예측을 1년 이상 앞서 나갔으며 순수익도 35억 달러를 거두어 수익률은 30%에 달했다.

　2000년대 중반 들어 구글은 검색 엔진에서 패권적 지위를 단단히 구축하였으며, 미국의 소설가 더글러스 코펄런드(Douglas Coupland)는 2006년 미국의 시사 주간지 〈타임〉과 행한 인터뷰에서 "구글 자체가 신은 아니지만, 오랫동안 구글에 접속해 검색을 하고 나면 마치 구글이 신처럼 느껴진다. 갑자기 모든 것에 대한 해답을 알게 되는 것이다. 신이라면 이처럼 모든 것을 알 게 아닌가?"라고 반문한다.

구글은 구글 세대(Google Generation)와 구글 효과(Google effect)라는 신조어를 만들어 냈는데, 구글 세대는 인터넷을 끼고 사는 1993년 이후 태어난 세대를 일컫는 말이다. 구글 효과는 구글 등 검색 엔진에서 검색으로 손쉽게 정보를 얻을 수 있기 때문에 기억하거나 노력하지 않는 증상을 말한다.

구글의 창립 10주년을 맞은 2008년 9월 9일 페이지와 브린은 인터넷에서 소외된 세계 30억 인구에게 무선 인터넷 접속 서비스를 제공함으로써 지구촌의 디지털 격차를 획기적으로 개선하겠다는 야심 찬 구상을 발표했다. 적도 주변 상공에 16기의 저궤도 인공위성을 띄워 아프리카·동남아·중동·중남미 등 상업적으로 초고속 유선 인터넷망이 보급되기 어려운 지역을 무선 인터넷이 터지는 핫스팟(hot spot)으로 바꾼다는 것이 이 프로젝트의 골자였다.

이로부터 5년이 지난 2013년 6월 14일 구글은 인터넷 오지에 있는 사람들이 인터넷을 사용할 수 있도록 한 프로젝트를 시작했다. 이른바 프로젝트 룬(Loon)으로, 하늘에 수천 개의 열기구 풍선을 띄워 지구상의 모든 사람에게 한꺼번에 인터넷 이용을 제공하겠다는 취지를 담은 프로젝트였다. 이날 구글은 회사 블로그를 통해 "많은 사람들은 인터넷으로 글로벌 커뮤니티가 형성됐다고 생각하지만 아직 지구상 3분의 2는 인터넷에 접속하지 못하고 있다."며 "프로젝트 룬은 전 세계 외딴곳까지 사람들을 연결하고 정보격차를 줄이기 위해 디자인됐다."고 말했다.

2008년 구글은 미국 전체 인터넷 검색 시장의 약 60%, 전 세계 검색 시장의 70%를 장악했다. 검색 시장에서의 구글의 위상은 이후 더욱 커졌지만 구글도 뚫지 못한 시장이 있었으니 바로 중국이었다. 중국 정부가 반정부 혹은 유해한 정보라 생각되는 검색 결과를 자동으로 차단하기 위해 2003년 구축한 중국의 인터넷 검열 시스템인 만리장성 방화벽(The Great Firewall of China) 때문이다. 만리장성 방화벽 때문에 중국 정부와 적잖은 갈등을 빚어 왔던 구글은 2010년 3월 23일 공식 블로그를 통해 "오늘부터 구글 중국 사이트의 검색, 뉴스, 이미지 등의 사전검열에 대해 받아들이지 않기로 했다."며 "구글 중국 사이트에 접속하려는 사용자들은 홍콩 사이트로 우회 접속하게 된다."고 밝히고 중국 시장에서 철수했다.

중국 시장에서의 철수는 구글의 위력에 일종의 공포감 비슷한 것을 가지고 있던 중국 정부의 대응이 불러온 것이라 볼 수도 있었다. 이른바 그런 구글포비아(Googlephobia)는 비단 중국 정부만 느끼는 게 아니다. 중국 정부가 반정부 정보의 유통을 두려워해 구글과 마찰을 빚었다면 유럽의 각국 정부는 유럽 검색 시장에서 구글이 차지하고 있는 점유율 때문에 구글에 대한 두려움을 가지고 있다. 2014년 기준 유럽 검색 시장에서 구글이 차지하는 점유율은 90%를 초과했다. 이는 70%가량인 미국보다도 높은 것이다. 유럽인이 사용하는 스마트폰 중 안드로이드 탑재 휴대폰은 74% 가량에 달하고 구글의 브라우저인 크롬의 유럽 시장 점유율도 약 50%에 달한다. 유럽인의 인터넷·모바일 생활이 구글에서 시작해 구글에서 끝난다고 할 수 있을 정도인데 어찌 유럽 국가들이 공포감을 느끼지 않을 수 있겠는가?

이 때문에 유럽 각국과 구글의 갈등도 적잖게 발생하고 있는데, 2013년 에드워드 스노든이 미국 국가안보국(NSA)의 사찰 프로그램인 프리즘을 폭로한 후 유럽의 공포는 더욱 확산했다. 구글은 검색, G메일 등 자사 서비스를 통해 수집한 정보를 분석해 맞춤형 광고를 제공하고 있는데, 이렇게 분석한 정보를 미국 정보기관이 들여다볼 경우 구글을 통한 미국의 '사찰'이 발생할 수 있다고 보았기 때문이다.

유럽연합 의회는 2014년 11월 27일 구글 분할 권고안을 찬성 384표, 반대 174표, 기권 56표의 압도적인 표차로 통과시켰다.

분할 권고안은 구글의 검색 사업과 광고를 포함한 다른 사업을 분리하도록 하는 내용을 담고 있는데, 분할 권고안이 법적 효력이 없는 '상징적 조처'임에도 불구하고 유럽연합 의회가 이를 채택했다는 것은 그만큼 유럽연합의 구글에 대한 공포감이 크다는 것을 보여주는 사례라 할 것이다.

앞으로의 구글의 대응이 주목되는 대목이다.

4. 4차 산업혁명의 선두주자가 되다

구글은 검색 엔진에서의 패권적 지위를 바탕으로 인터넷 검색 업체에서 벗어나 다양한 기술 분야로 기업을 확장하기 위한 시도를 계속하고 있으며, 2017년인 현재는 검색 업체라는 말이 무색해질 만큼 사업의 범위를 무한대로 확장하였다. 특히 구글은 IT 사업의 범주를 벗어나서 자율주행 자동차, 날아다니는 자동차, 무인기(드론) 배송, 스마트 콘택트렌즈, 생명과학, 스마트섬유, 인공지능, 우주사업 등 당장은 별로 수익이 되지 않지만 새로운 사업에 속속 진출하였다.

구글의 이러한 시도를 '미친 짓'이라고 표현하는 사람도 있을 만큼 구글은 기상천외한 사업 아이템을 속속 내놓았으며 이 과정에서 막대한 자금을 투입해 사들인 신기술 벤처기업도 빠른 속도로 증가하고 있다. 예로써 창사 이후 2015년까지 구글이 사들인 신기술 벤처기업은 총 180여 개에 달한다. 구글은 왜 이렇게 기상천외한 사업 영역까지 넘보고 있는 것일까?

그건 페이지와 브린이 추구하는 혁신과 관련이 깊다.

《구글드(Googled!)》의 저자 켄 올레타는 "구글의 창업자들은 혁신을 사명(使命)으로 생각한다. 그들은 어떤 분야든지 자신들의 재능을 발휘해 바꿔 놓을 수 있다는 자신감과 야망이 있고, 이를 실천하려 한다."고 말했다. 구글이 추구하는 혁신을 상징적으로 보여주는 곳은 구글의 비밀 연구소로 알려진 '구글X'다. '구글X'는 구글의 공동 창업자인 브린의 지휘 아래 '다양한 아이디어'를 현실화하는 연구를 진행해온 것으로 유명한 연구소다. 구글X는 지금까지 구글 글라스, 자율주행 자동차, 기구를 이용한 인터넷 보급

등 다양한 연구 성과를 내놓았으며, 구글이 내놓은 새로운 아이디어는 거의 대부분 이곳에서 탄생한 것이라 보아도 무방할 정도다. 구글X에 참가하고 있는 매사추세츠공과대학(MIT) 명예교수인 로드니 브룩스는 "구글X에서 연구되는 아이디어들은 현재로선 극단적으로 먼 미래의 일이지만 구글은 보통의 회사가 아니기 때문에 이런 상식은 적용되지 않는다."고 말한다.

구글의 추구하는 기상천외한 도전을 가능케 하는 것은 이른바 문샷 싱킹(moonshot-thinking)이다. 문샷 싱킹은 달에 로켓을 보내려는 시도와 같이 거대한 문제에 도전하는 사고 체계를 이르는 말이다. 상식을 뛰어넘는 혁신적 생각과 도전을 통해 큰 폭의 기술 발전을 이룬다는 의미로 쓰이고 있다. 아마존, 페이스북, 테슬라 등 오늘날 세계 IT산업을 쥐락펴락하는 기업들이 모두 문샷 싱킹을 하고 있지만 이 가운데서도 구글의 문샷 싱킹은 가장 유명하다. 안경 모양의 스마트기기인 구글 글라스, 나노 기술에 기반을 둔 진단용 알약, 성층권에 띄운 기구(氣球)로 무선인터넷을 서비스하는 프로젝트 룬, 비행기를 닮은 공중(空中) 발전기 '마카니' 등 구글이 내놓은 기상천외한 기술 개발은 모두 문샷 싱킹에 따른 것이기 때문이다.

이와 관련해 구글X의 메건 스미스 부사장은 "구글이 글로벌 정보기술(IT)업계에서 놀라운 성과를 연이어 낼 수 있었던 것은 단순히 생각하는 단계에 머무르지 않고 이를 곧바로 실행하는 능력이 있었기 때문."이라며 "불가능해 보이는 혁신적 사고를 실제로 만들어 나가는 게 우리 임무."라고 말했다. 스미스 부사장은 "구글은 기존 방식에서 10%를 개선하려 애쓰는 것보다 새로운 방식을 도입해 10배의 혁신을 추구한다."며 "세르게이 브린 구글 공동창업자도 강조하는 이런 사고가 진정한 혁신."이라고 강조했다.

2015년 8월 10일 구글 최고경영자 래리 페이지는 자사 공식 블로그에

낸 성명에서 지주회사 알파벳(Alphabet)을 설립하겠다면서 구글과 구글의 연구소인 구글 엑스X, 생명 연장 기업인 칼리코 등을 알파벳 산하 자회사로 편입시키는 조직 개편안을 발표했다. 구글이 주식회사로 출범한 1998년 이후 17년 만이자 나스닥에 상장한 지 11년 만에 단행한 조직 개편이었다. 이는 구글 지배구조의 혁명적 변화를 의미하는 것이었다.

검색과 유튜브 같은 기존 주요 사업들은 구글에 그대로 두지만 신사업들을 따로 분리해 신사업 투자를 더 적극적으로 하겠다는 의지를 드러낸 것으로, 그간 무한대로 확장시켜온 사업을 효율적으로 관리하고 사업화를 도모하기 위해 지배구조를 개편한 것이기 때문이다.

페이지는 이날 발표한 성명에서 "(구글 설립 초기에) 미친 일을 여러 가지 했다. 이런 미친 일들이 지금 수십만 이용자가 있는 구글 지도, 유튜브 등이다."라며 "우리는 여기서 멈추지 않을 것이다. 다른 사람들이 미쳤다고 하는 일들을 시도해 볼 것이다."라고 말했다. 페이지는 또 성명에서 "회사는 익숙한 일들을 하는 데 안주하려는 성향이 있다."며 "하지만 혁명적 사고가 성장을 이끄는 기술 산업에서 안주하는 것을 불편해해야 한다."고 말했다. 이어 페이지는 "구글은 전통적인 의미의 회사가 아니다. 우리는 그 이상을 만들고자 한다."고 강조하면서 지주회사 이름을 알파벳으로 한 이유에 대해서는 "알파벳은 인류 최고의 혁신이라 할 수 있는 언어를 상징하고 구글의 검색 방식에서 가장 중요한 요소."라고 설명했다.

구글은 2015년 10월 5일 지주회사 알파벳을 공식 출범시킴으로써 알파벳의 자회사가 된 구글에는 기존사업이었던 검색, 광고, 유튜브, 안드로이드, 지도 등의 사업만 남기고 나머지 혁신 신사업은 모두 알파벳으로 이관되었다. 이와 함께 래리 페이지는 알파벳의 최고경영자, 구글 공동 창업자

세르게이 브린은 사장, 구글 회장이었던 에릭 슈미트는 이사회 의장으로 옮겨 앉았으며 구글의 수석 부사장이었던 순다 피차이(Sunda Pichai)가 구글의 최고경영자를 맡았다. 그야말로 검색회사로 출발한 구글이 4차 산업혁명을 이끌 혁신사업 중심회사로 거듭난 것이다.

2016년 10월에는 이른바 '메이드 바이 구글(Made by Google)' 시대를 선언하면서 새로운 도전을 추가했다. '메이드 바이 구글'은 소프트웨어에서뿐만 아니라 하드웨어 분야에서도 구글 제국을 완성하겠다는 야심을 담은 선언이었다. 즉, 그간 구글은 소프트웨어와 서비스 위주의 기업이었지만 이젠 자신들이 직접 설계한 하드웨어를 만들고 여기에 각종 소프트웨어와 서비스를 담겠다는 게 이 선언의 요지였다. 구글은 이날 '메이드 바이 구글' 선언을 하면서 구글의 소프트웨어가 포함된 다섯 종류의 하드웨어를 내놓았다. '구글이 만든 폰(Phone by Google)'이란 수식어가 붙은 프리미엄 스마트폰 '픽셀(Pixel)', 가상현실(VR) 기기 '데이드림 뷰(Daydream View)', TV 스트리밍 기기 '크롬캐스트 울트라(Chromecast Ultra)', 가정용 스마트 비서 겸 스피커인 '구글 홈(Google Home)', 무선 공유기 '구글 와이파이(Google Wifi)'가 바로 그것이다.

구글의 '메이드 바이 구글' 시대 선언은 구글이 스마트홈 구현의 핵심 기술이라 할 가정용 인공지능(AI) 사업을 새로운 성장 동력으로 삼겠다는 것을 시사한 것이기도 했다. 이날 구글 CEO 순다 피차이(Sundar Pichai)는 지난 10년을 이어온 '모바일 퍼스트' 시대가 저물고 있다고 진단하면서 앞으로 10년은 '인공지능(AI) 퍼스트' 시대가 될 것이라고 선언했다. '메이드 바이 구글' 시대를 선언하고 신제품을 공개한 자리에서 AI 시대를 천명했다는 사실은 구글이 내놓은 신제품이 AI를 위한 디바이스라는 점을 명확히 한 것이다.

5. 알파고와 이세돌 바둑9단 대국의 의미 – AI와 인간이 협력하는 새로운 세상의 도래

우리는 인공지능 알파고와 바둑계의 거인 이세돌과의 대국이 열린다고 했을 때 이세돌의 절대적 우세를 점쳤으며 이세돌 프로도 조심스럽게 자기의 우세를 점쳤다. 그러나 대국결과 는 4:1로 이세돌 9단의 패배였다. 한국 국민들은 오히려 1승이라도 거둔 이세돌 9단을 격려하기에 바빴다. 인공지능이 벌써 이 수준에 왔다는 것이 믿어지지 않았으나, 애써 인간의 패배를 위로하고 있었던 것이다. 그러나 이제 이를 현실로 받아들여야 한다. 몇 년 안에 인공지능이 결합된 수많은 사물이 일상화될 것이다. 그야말로 천지개벽의 세상이 우리 앞에 성큼 다가오고 있다. 전문가들조차 인공지능이 이렇게 빨리 인간지능을 초월할 것이라고는 예측하지 못했던 일이 벌어진 것이다.

딥 러닝(deep learning)이란 알고리즘을 통해 기계가 스스로 학습하는 AI 바둑 프로그램 알파고(AlphaGo)는 지금도 계속 진화하고 있어 AI를 기반으로 한 '메이드 바이 구글'의 목표에 한발 다가가고 있다.

앞으로의 세상은 인간과 인공지능이 협력하는 세상이 될 것이다.

이세돌과의 바둑대국 참관을 위해 한국에 입국했던 구글의 공동창업자 세르게이 브린은 2017년 1월 19일 스위스다보스포럼에서 이렇게 말한다. "나는 솔직히 말해 인공지능에 대해 전혀 주의를 기울이지 않았습니다. 90년대 컴퓨터 과학자로 훈련받은 사람들은 인공지능이 제대로 작동하지 않는다는 것을 모두 알고 있었습니다. 사람들은 여러 가지를 시도해보았고 신경망도 시도해보았지만 아무것도 효과를 볼 수 없었습니다. 우리의 인공지능 프로젝트인 구글 브레인(Google Brain)은 검색에서 광고, 사진에 이르기까지 구글이 하는 거의 모든 프로젝트를 다루고 있습니다. 심층신경망 혁명은 매우 엄청납니다. 나는 바로 그 현장에 있었음에도 불구하고 매우 놀라지 않을 수 없었습니다."

AI개발에 직접 관여한 세르게이 브린조차도 인공지능의 놀라운 진화속도에 놀랄 정도로 AI의 진화가 가속되고 있다. 이제 21세기는 인간의 한계를 뛰어넘는 놀라운 속도의 기술혁명이 인간의 삶을 완전히 바꾸어놓을 것이다. 이러한 변화의 선두에는 인공지능(AI)이 자리하고 있는 것이다. 우리는 지금까지 보지 못한 엄청난 속도의 변화에 직면해 있으며, 이러한 변화에 적응하지 못하면 인생의 낙오자로 전락하게 될 것이다. 따라서 우리는 이러한 본질적 변화의 의미가 무엇인지를 파악하고 이에 대처해야 할 것이다. 그러나 누구도 이러한 변화가 무엇을 의미하는지 정확한 진단을 내리지 못하고 있다.

이에 대하여 필자의 의견을 개진하니 참고하시기 바란다. 필자는 우리 우주의 탄생과 진화, 그리고 여기서의 나의 역할은 무엇인지에 대하여 탐구하다가 그 해답은 마음에 있다는 것을 확신하게 되었다(이에 대하여는 필자의 저서 《나는 누구인가?》, 《풍요로운 삶의 비밀》에 자세히 분석하여 놓았으니 참고하시기 바람). 즉 본질계인 절대계가 "나는 누구인가?"라는 질문을 통해 상대계인 우리의 우주를 창조하면서 비로소 나의 본질을 알아가고 있다는 통찰을 얻은 바 있다. 바로 우주가 나요, 우주의 진화 방향이 나의 진화 방향이라는 것, 그 진화 방향은 나를 알아가는 분리의 세상에서 본질인 연결의 세상으로 향하고 있다는 것을 이해하게 된 것이다. 지금 일어나고 있는 소위 4차 기술혁명도 바로 이 진화의 길을 따라가고 있는 과정에서 나타나는 현상인 것이다.

　독자 여러분은 당황하지 말고 마음의 본질을 제대로 알고자 노력하기 바란다. 마음의 본질을 알면 미래의 변화에 적극 대처할 수 있을 뿐만 아니라, 그 변화를 올바른 방향으로 이끌 주류에 합류할 수 있을 것이다.

　끝으로 꿈을 향해 나아가고 있는 젊은이들을 위해 세르게이 브린이 평소 하던 이야기를 전한다. 이 말은 대부분 성공한 삶을 살고 있는 사람들의 공통적인 이야기이니 성공을 원하고 행복한 삶을 살고자 원한다면 따라 해 보시면 후회하지 않을 것이다.

　"나는 경제적 성공에 대한 꿈을 가지지 않았습니다. 하는 일에는 즐거움을 가져야 하고, 너무 큰 기대치에 짓눌려서는 안 됩니다. 젊은이는 꿈을 가지되, 그 꿈은 돈 버는 꿈이 아니라 일을 놀이로 생각하며 재미를 즐겨야 합니다. 재미있으면 저절로 창의적 생각이 떠올라 새로운 것을 시도하게 되고, 그 결과 부와 명예는 자연스럽게 따라올 것입니다."

　2017년 10월 19일 여러 매체에 따르면 구글(Google)은 이세돌 9단을 이긴 알파고 리와 커제 9단을 이긴 알파고 마스터와의 대국에서 100전 100승을 달성한 더욱 진화된 알파고를 발표했다고 한다. 알파고 제로로 명명된 이 진화된 알파고는 선배 알파고가 인간들의 기보를 배워 기력을 향상시킨 데 반하여 게임규칙만 배운 후 아무런 인간들의 기보를 배우지 않고 혼자 '독학'으로 깨우쳐 1세대 알파고인 알파고 리를 36시간 만에 100:0으로 제압했고, 스스로 배운 지 21일 만에 2세대 알파고인 알파고 마스터와 동등한 실력을 발휘했을 뿐만 아니라 배운 지 40일이 지나자 알파고 마스터를 100:0으로 제압했다고 한다. 구글은 선배 알파고가 이세돌 9단과 커제 9단을 이긴지 불과 1년 반 만에 혼자 바둑을 배워 선배 알파고를 완전 제압하는 알파고 제로를 발표하여 인공지능의 놀라운 진화속도를 세상에 알렸다.

이것은 무엇을 의미하는 것일까?

필자는 이렇게 생각한다. 인간이 고정관념이나 편견에 빠지지 않도록 마음을 비우고 백지상태가 될 때, 순수의식과 나의 의식이 합치되어 창의력이 발휘되는 것과 동일한 원리로 인공지능도 인간의 기보라는 고정관념이나 편견에 치우치지 않고 백지(신의 상태)에서 모든 가능성을 가져와 점검을 하고 그 자신의 기력을 스스로 세움으로써 엄청난 기력을 가지게 된 것이다. 필자가 전작인 《나는 누구인가?》(1권)와 《풍요로운 삶의 비밀》(2권)에서 밝힌 바와 같은 일이 현실에서 일어나고 있는 것이다.

그럼에도 필자를 당혹스럽게 하는 것은 인공지능이 인간의 지능을 초월하는 속도가 너무 빨라 소수를 제외하고는 이에 적응하지 못하여 커다란 사회적 혼란이 일어나는 사태가 오지 않을까 하는 걱정이 앞서기 때문이다.

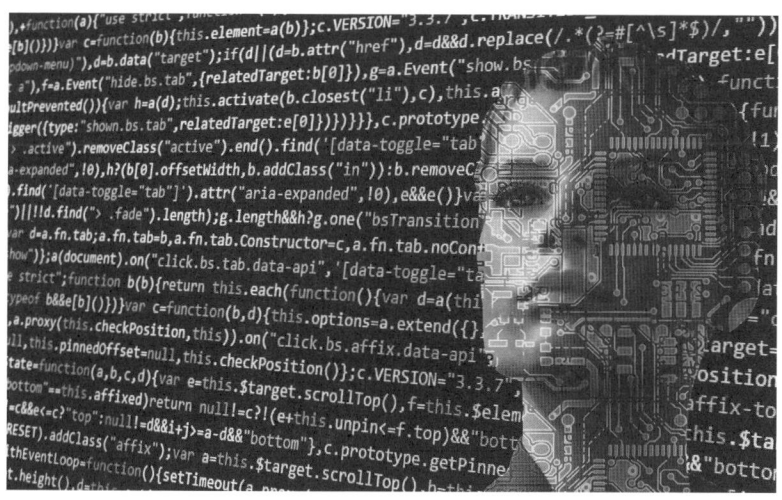

제6장

성공공식을 들려주는 인생의 멘토들

1. 벤저민 프랭클린(1706~1790)

100달러에 새겨진 벤저민 프랭클린

1.1. 가난한 견습공, 주경야독으로 부와 명예를 얻다

벤저민 프랭클린은 신대륙인 미국의 시대정신과 역사를 상징하는 인물이다. 그는 양초와 비누를 만들어 파는 조그만 가게의 주인이었던 조사이어 프랭클린의 아들로 태어났다. 어린 시절 그는 가난 때문에 변변한 교육도 받지 못하고 아버지의 가게에서 견습공으로 이 세상에 발을 내디뎠다. 그러나 17살이 되던 해 그는 이러한 일상에 더는 희망이 없다고 판단하고 무작정 집을 나와 그 당시 가장 큰 도시였던 필라델피아를 향해 떠났다. 그는 거기에서 인쇄소의 견습공으로 처음 취직을 하였는데, 낮에는 견습공으로서 힘든 노동을 하는 한편 밤에는 열심히 책을 읽으며 이 세상을 바라보는 눈을 높여 갔다. 그의 성실한 태도는 곧 주위의 시선을 끌었고 주변 사람들의 도움으로 그는 자신의 인쇄소를 차리는 쾌거를 이루었다. 그 후 그는 펜실베이니아 가제트라는 신문을 인수하여 단기간에 펜실베이니아에서 가장 영향력 있는 신문으로 키워냈다.

1732년 그는 그의 인쇄소에서 《가난한 리처드의 연감》이라는 역사적인 책을 펴냈는데, 다가올 한 해의 날씨, 생활정보, 간단한 지식, 삶의 지혜 등을 다룬 일종의 생활안내서였다. 그런데 이 책은 그 당시의 시대상과 맞물려 나오자마자 영국과 프랑스의 식민지였던 미국 전역에서 선풍적인 인기를 끄는 베스트셀러가 되었다. 그는 26년 동안이나 계속 발간되었던 이 책을 통해 큰 재산을 모음과 동시에 그의 명성을 온 세상 사람들에게 알렸다. "한 푼을 저축해야 한 푼이라도 번다.", "빈 수레가 요란하다."란 말은 이 책이 유행시킨 그 당시 유명한 경구였다.

프랭클린은 이렇게 모은 돈으로 도서관, 학교, 병원, 소방서 같은 공공시설을 짓는 데 아낌없이 투자했다. 그는 1751년 오늘날의 펜실베이니아 대학의 설립을 주도하고 초대 총장으로 부임하였다. 다른 한편으로는 그는 어린 시절부터 관심이 많았던 기계와 과학 분야에도 관심을 기울여 홀로 습득한 과학지식을 토대로 열효율이 높은 난로, 사다리 의자, 다초점 안경, 피뢰침 같은 오늘날에도 유용하게 쓰이는 수많은 물건들을 발명하는 재능을 발휘했다. 뿐만 아니라 그는 질병, 곤충, 해류의 움직임, 인구, 전기, 태양의 흑점 등을 연구해 일가를 이룬다.

정식교육도 받지 않고 그가 이룬 이러한 업적들은 하버드대학, 예일대학, 옥스퍼드대학에서 그에게 명예박사학위를 수여하게 유인했을 뿐만 아니라 그는 영국 왕립학술원의 명예회원이 되기까지 하였다.

이제 정규교육이라고는 초등학교 2년밖에 받은 바 없는 그를 '프랭클린 박사'라고 부르기 시작했다.

1.2. 미국의 시대정신이 되다

그는 1747년 인쇄사업을 접고 정치에 뛰어들어 주의회 의원이 되면서 펜실베니이아 주의 변화에 큰 역할을 수행하였다. 프랭클린은 식민지 독립을 열망하여 독립을 위해 모든 식민지들이 단결할 것을 호소하면서 '최초의 미국인'이라는 영예로운 별명을 얻게 되었다. 1775년 보스턴의 무력충돌을 시작으로 식민지 독립운동이 본격화되면서 그는 선봉에 서서 독립운동을 이끌었다. 그는 독립선언서를 기초하고 미국의 독립헌법을 기초하는 데 이바지하였다.

그는 18세기 신대륙의 역사와 정신을 상징하는 인물이었으며, 뛰어난 사업가이자 과학자, 정치가, 외교관, 문필가였다. 개인적으로는 그는 거부였으나 무척 검소했고 매사에 철저하며 종교적으로도 경건한 사람이었다. 그는 20세에 실천해야 할 13개의 덕목을 정하여 평생 매일같이 밑줄을 그어가며 이것을 실천하기 위해 노력하였다는 일화는 유명하다. 이 13개의 덕목은 오늘날에도 전해지고 있다. 오늘날 **마법의 처방**'이라고도 불리는 '13가지의 성공처방'은 **절제, 과묵, 질서, 결단, 검약, 근면, 성실, 정의, 중**

용, 청결, 침착, 순결, 겸손이다.

그는 사후 워싱턴, 제퍼슨과 함께 미국이 가장 추앙하는 인물이 되었으며, 달러화의 최고액 지폐인 100달러의 배경인물이 되었다.

문필가 월터 아이작슨(1952~?)은 그를 "미국 사회의 미래상을 제시했던 위대한 인물."이라고 평했다.

사후 달러화 인물 중 대통령이 아닌 인물은 벤저민 프랭클린(100달러)과 알렉산더 해밀턴(10달러) 단 두 명뿐이다.

2. 알렉산더 해밀턴(1757~1804)

10달러에 새겨진 알렉산더 해밀턴

2.1. 한 시대의 풍운아

그의 일생은 한 편의 드라마 그 자체였다. 미국 건국의 아버지(Founding Fathers) 중 한 명으로 1787년 미국 헌법의 제정에 공헌하였고 1789년 33세에 미국의 초대 재무장관을 지낸 그는 철저한 연방주의자로서 연방은행 설립, 뉴욕포스트지 설립, 해안경비대 창설, 국채상환 등을 통해 재정을 회생시키는 등 그동안 분리주의자들의 주장에 눌려 국력이 분열되어 있던 미국을 오늘날의 강대국의 반열에 오를 수 있도록 연방의 초석을 놓은 사람이다.

해밀턴은 신생국이 살아남기 위해서는 농업, 공업, 상업이 균형 있게 발전해야 하며, 자급자족적인 경제체제가 이루어져야 한다고 생각했다. 이를 위해서 연방정부가 적극적인 역할을 담당해야 한다고 그는 믿었다.

그가 1790~1791년 사이에 제출한 〈공신력에 관한 보고서〉를 보면 "연방정부는 외국에 약 1천 2백만 달러, 국내에 4천 2백만 달러의 부채를 가지고 있고, 각 주의 채무 총액은 약 2천 1백만 달러나 된다. 그러므로 신생 공화국 정부가 공신력을 갖기 위해서는 무엇보다도 먼저 이러한 부채를 청산해야 한다. 이를 위해 연방정부는 우선 각 주의 채무를 포함한 모든 채무를 동액의 국채와 교환해야 하며 이 모든 부채는 공동의 목적을 위해 일하던 과정에서 생긴 것이니만큼 그 이자까지도 연방정부가 지불해야 한다."라고 주장하여 연방정부의 역할을 강조했다. 그는 또 〈제조업에 관한 보고서〉에서 다음 사항을 역설했다. "미국의 장래는 상공업을 얼마만큼 보호, 육성할 수 있느냐 하는 것에 달려 있다. 이를 위해서는 중앙정부의 강력한 권위에 의해 통일된 경제 정책을 일관성 있게 추진하는 것이 필요하다."

이러한 주장에는 워싱턴 정부의 정치적인 목적도 있었다. 해밀턴은 새로운 연방정부가 지속적으로 유지되려면 여러 계층 가운데에서도 가장 영향력이 큰 유산 계급의 지지를 받는 것이 반드시 필요하다고 생각했기 때문이다. 그러므로 해밀턴은 강력한 중앙정부의 수립을 바라고 있었고, 상공업의 육성·발전이라는 자신의 경제 정책과 직접적인 관련이 있는 금융가들의 요구를 따르려 했다. 그들의 이익이 곧 국가 전체의 이익이 된다고 생각했기 때문이다.

그러나 해밀턴의 주장은 처음부터 커다란 반발을 샀다. 각 주들의 채무를 연방정부가 인수해야 한다는 그의 주장에 대해 농민들과 그 대표들이 완강히 반대했다. 왜냐하면, 만약 해밀턴의 주장대로 전쟁 당시 대륙회의와 각 주들이 팔았던 채권을 연방정부가 액면가 그대로 다시 사들인다면, 농민들이 피해를 보기 때문이다. 채권이 처음 발행되었을 때 그것을 샀던 사람들은 주로 농민들이었다. 그러나 시간이 경과하면서 채권은 채권 수집가인 부유층들에게 헐값으로 넘어갔다. 그러므로 연방정부가 현재의 채권 소유자들에게 액면 그대로 상환하려는 정책은 재산가와 금융가들에게 유리한 것이었다.

농민들은 곧바로 반발했다. "우리는 연방정부가 그것을 갚는 데 필요로 하는 만큼의 세금을 또 내야 한다. 그러면 결국 우리에겐 이중 부담이 되는 것이니 결사반대다." 특히 농업 지대의 남부 주들은 일방적으로 세금 부담을 안겨 줄 채무 인수 정책을 극렬히 반대했다. 이러한 반대에도 불구하고, 해밀턴의 채무 인수 법안은 의회에 제출되었다. 그러나 이 법안은 남부 세력과 농업 세력이 강한 하원에서 찬성 29표, 반대 31표의 2표 차이로 부결되고 말았다.

하지만 해밀턴은 쉽사리 포기하지 않았다. 모자라는 2표를 얻기 위해 남부의 농업 세력을 대변하는 제퍼슨 측에게 흥정을 제의했다. 그것은 연방의 수도를 둘러싼 흥정이었다. 당시 해밀턴의 채무 인수 법안을 반대하는 선봉에 섰던 펜실베이니아와 버지니아는 명예와 실리 때문에 수도를 제각기 자기 주에 끌어가려고 하였다. 이것을 이용하여 해밀턴은 제퍼슨과 저녁식사를 하게 된 자리에서 이렇게 제의했다.

"만약 버지니아 대표가 채무 인수 법안에 찬성한다면 수도를 남부에 가까운 포토맥 강변에 설치한다는 안에 북부가 찬성토록 하겠소."

거래는 성립되었고 남부 측은 연방의 수도를 뉴욕에서 워싱턴으로 옮긴다는 조건으로 채무 인수 법안에 동의하였다. 이제 부유한 채권 소유자들은 연방정부로부터 채무에 대한 상환금과 이자를 받게 되었고, 그것을 다시 기업자금으로 활용할 수 있게 되었다.

한편, 재무장관 해밀턴의 상공업 육성 정책은 영국의 잉글랜드 은행과 같은 중앙은행을 합중국에 설치하려는 시도에서 구체화되었다. 이것은 반드시 필요한 일은 아니었다. 기존의 사설은행을 정부가 지원해도 될 일이었으나 해밀턴은 상업자금과 장차 소요될 공업자금을 중앙의 국립은행에 의존하게 되면 연방정부의 권한이 훨씬 강화될 수 있다고 생각했으므로 계속 이 계획을 밀고 나갔다.

여기에도 반대가 따랐다. 헌법상 연방정부가 은행을 설립할 수 있는 권한이 없다는 점을 들어 제퍼슨 측에서 중앙은행 설립에 제동을 걸었다. 그러자 해밀턴은 헌법에는 은행 설립에 관한 구체적인 문구는 없지만 권한에 관한 사항에 그 내용이 포함되어 있다는 이론을 제기하였다.

"합중국 헌법은 헌법에 열거된 권한을 행사하는 데 필요한 모든 법률의 제정을 연방정부가 할 수 있도록 규정하고 있다."

이 이론은 편리했지만 위험천만한 일이었다. 누구나 원하는 대로 헌법을 확대해석하는 결과를 초래할 수 있기 때문이었다.

제퍼슨은 강력히 항변했다. "중앙은행이 설립·운영되면 편리할지 모르나 그 성과는 불확실하므로 토론의 여지가 있소. 그러니 그것이 꼭 필요하다고 단정할 수 없을 뿐 아니라 헌법에 위배되는 것이 분명하오."

그러자 해밀턴은 반박하고 나섰다. "필요하다는 것은 반드시 없어서는 안 된다는 것을 뜻하는 것이 아니라, 그것이 유용하다는 것을 뜻합니다."

이런 논쟁 속에 초대 대통령 워싱턴은 해밀턴을 지지하는 결재를 내려, 1791년 2월 25일, 1천만 달러의 자본금으로 중앙은행인 합중국 은행이 설립되었다. 설립자본의 5분의 4는 민간투자로 이루어졌고, 설립허가 기간은 20년으로 정하였다. 이에 미국의 상인과 금융가들은 상호 간에 지속적이고 믿을 수 있는 신용 제도를 확립할 수 있는 기틀을 마련한 셈이었다.

2.2. 미국 건국의 아버지가 되다

건국의 아버지들 가운데 알렉산더 해밀턴만큼 신분이 낮은 사람도 없었다. 심지어 미국의 2대 대통령 존 애덤스는 해밀턴을 스코틀랜드 행상인에게서 태어난 사생아라고 부르기도 했다. 하지만 해밀턴은 뛰어난 머리와 담대함, 뚝심으로 이런 비난과 조롱을 견뎌내고 미국 건국의 아버지로 우뚝 설 수 있었던 입지전적인 인물이다.

해밀턴은 1757년(일설엔 1755년) 영국령 서인도 제도에서 사생아로 태어났다. 아버지는 곧바로 세상을 떠났고 열세 살 때 어머니마저 사망하여 불우한 어린 시절을 보낸다. 해밀턴은 열 살 무렵부터 가게 점원 일을 해야 했지만 어릴 때부터 워낙 책 읽기를 좋아하고 뛰어난 머리를 가져서 일찌감치 그의 재능을 알아본 섬의 유지들이 돈을 모아 그를 뉴욕 킹스칼리지(현재의 컬럼비아대학)로 유학시켰고 그는 인재로 자라난다.

해밀턴은 독립전쟁 때 조지 워싱턴 장군의 보좌관으로 두각을 나타냈고 워싱턴이 초대 연방대통령이 되면서 그를 초대 재무장관으로 발탁한다. 해밀턴은 재임 5년 반 시기에 국채를 액면가로 상환하고 주채(州債)를 연방정부가 인수해 신용을 회복시키고 빚더미인 재정을 회생시킴으로써 금융·자본시장 토대를 다지게 된다. 그의 이러한 공로는 미국민을 감동시켜 대통령이 아니면서도 달러화(10달러) 지폐 인물이 되었고, 미재무부 앞에 그의 동상이 세워졌다.

그러나 그의 정치일생은 순탄치 않았다. 해밀턴은 강력한 중앙정부를 지향하는 연방파로서 북부 도시와 상공인들의 지지를 받은 반면, 분리파 토머스 제퍼슨을 중심으로 한 남부, 농촌에 기반을 둔 농민들의 타도 대상이 되었다. 결국 두 당파의 대립은 50년 뒤 남북전쟁으로 연결됐고 훗날 공화

당과 민주당 양당체제를 형성하게 된다.

해밀턴의 죽음은 허망했다. 1804년 같은 연방파였으나 의견이 달라 사사건건 대립하던 애런 버 부통령과의 결투에서 치명상을 입고 이튿날 사망했다. 200년이 지난 2004년에는 양가 후손들이 결투를 재연하고 화해했다고 한다.

오늘날 해밀턴의 업적은 재평가를 받고 있다. 슘페터가 말한 '창조적 파괴'를 이루어낸 수많은 앙트레프레너(entreprener)를 배출하여 미국을 오늘날의 세계 최강국의 반열에 올려놓는 데 반석을 마련한 사람이 알렉산더 해밀턴이라고 재조명되고 있는 것이다. 그가 마련한 재정과 경제제도가 없었다면 오늘날의 미국도 존재하지 못했을 것이라는 평가가 이어지고 있다.

몇 해 전 풍운아 해밀턴의 전기에 감명을 받은 극작가 겸 배우 '린 마누엘 미란다'는 뮤지컬 〈해밀턴〉을 2014년 오프브로드웨이에 올린 이래 전회·전석 매진이라는 놀라운 기록을 경신하고 있다.

사후 달러화 인물 중 대통령이 아닌 인물은 알렉산더 해밀턴(10달러)과, 벤저민 프랭클린(100달러) 단 두 명뿐이다.

3. 토마스 에디슨(1847~1931)

3.1. 발명왕이 되다

토마스 에디슨은 평범한 가정의 일곱 자녀 중 막내로 태어났다. 미시간 주 포트휴런 근교의 군사기지에서 등대지기 겸 목수생활을 하던 토마스의 아버지 새뮤얼 에디슨 2세는 상당히 가정적이었고, 가족들은 그곳에서 비교적 유복한 생활을 보내고 있었다. 에디슨은 초등학교 시절 본

토마스 에디슨

인이 알을 품어 병아리를 부화시키려 하는 등 이런저런 기행을 많이 하여, 당시 매우 보수적인 초등학교 선생은 이러한 에디슨을 더 이상 감당하지 못하고 초등학교 3학년 때 퇴학시켰다. 그러자 에디슨의 어머니가 스스로 선생님이 되어 에디슨에게 온갖 지식들을 가르쳤다. 그는 상상력이 풍부하고 호기심도 많았으나, 틀에 박힌 학교 교육과 청각장애 때문에 학교공부를 싫어했고 문제아로 낙인찍혀 있었다. 그러나 그는 학교공부에는 관심이 없었으나 많은 책을 읽는 어린이였다.

학교를 그만둔 몇 년 후 에디슨은 디트로이트와 포트휴런 간의 철도 급사로 일하기 시작했다. 그때는 이미 상업적으로 전신을 이용하기 시작했고 에디슨은 전신을 배울 기회를 잘 이용하여 1863년 견습 전신기사가 되었다.

초기 모스 전신에서는 메시지가 긴 종이 위에 일련의 점과 짧은 선으로 새겨져 해독되고 읽혔으므로 에디슨의 부분적인 청각장애는 아무런 문제

가 되지 않았다. 그러나 전신기사가 '찰깍' 소리를 들으면서 메시지를 받아 쓰도록 하는 장치가 수신기에 장치되는 등 점차 전신이 청력을 요구하는 기술로 변모해가자 그는 점점 불리한 어려움에 처하게 되었다.

그러나 발명의 재능과 통찰력이 풍부한 에디슨은 불완전한 기구를 개량하고 육체적 장애 한계로 인해 어려워진 작업을 더욱 손쉽게 할 도구를 발명하는 데 많은 노력을 기울였다. 그가 어렸을 때 입은 청각장애가 그를 발명에 더욱 집착하도록 이끈 동인이 된 것이다.

하나의 전선을 통해 2가지 메시지를 동시에 전달할 수 있는 2중 전신기와 전기신호를 문자로 찍어내는 인쇄기의 개발을 눈앞에 둔 1869년 초 에디슨은 전신기사직을 그만두고 발명과 사업에만 전념하기로 한다. 그의 나이 22세였다.

에디슨은 뉴욕 시로 이주하여 처음에는 저명한 전기 전문가인 F.L.폽과 손을 잡고 에디슨 만능주식인쇄기(Edison Universal Stock Printer)와 그 밖의 전신 인쇄 기구를 생산하는 등 여러 사람과 동업을 통해 사업과 연구개발을 병행한다.

그러나 에디슨은 장사에는 수완이 좋았으나, 재정관리 면에서는 그렇지 못했다. 그뿐만 아니라 에디슨이 24세 무렵 결혼한 에디슨의 처 메리 스틸웰은 부모로부터 사랑만 받아 절약할 줄도 모르는 16세 어린 나이의 철부지 소녀였다. 1875년이 채 끝나기도 전에 그들은 경제적인 난관에 봉착하게 되어, 에디슨은 비용을 줄이고 돈을 쓰려는 유혹을 억제하기 위해 뉴욕을 떠나 뉴저지 주의 멘로파크 근교에 실험실과 기계공장을 지어 이사했다. 에디슨은 그곳에서 압력 계전기, 축음기 등 가장 뛰어난 발명을 했으며, 가정 형편도 넉넉해져 그의 생애 중 가장 눈부신 시기를 보낸다. 이 축음기를 상업적으로 생산하는 데는 10여 년을 더 기다려야 했지만, 에디슨은 일약 세계적으로 유명해졌고 '멘로파크의 마술사'로 불리게 된다.

이어서 1879년 10월 에디슨과 그의 연구진들은 백금 필라멘트가 든 진공 전구를 사용해서 매우 고무적인 결과를 얻었으나 백금의 가격이 비쌌기 때문에 실용화에 문제가 있었다. 그러던 중 그들은 진공상태가 더 개선되면 탄소 필라멘트를 백금 대신 사용할 수 있다는 것을 알게 되었고, 이때부터 같은 해 12월 3일 에디슨전등회사의 후원자들 앞에서 처음 시범실험을 실시하여 모두를 놀라게 하였다.

1879년 드디어 백열전구가 세상에 그 모습을 드러낸 것이다!

1881년 가을 에디슨은 맨해튼 남쪽에 착공되어 그 다음 해 9월에 가동되기 시작한 세계 최초의 영구적인 중앙전력 체계의 설립을 직접 감독하는 등 이제 그 누구나 인정하는 전기의 1인자가 된다.

그는 80세에 웨스트오렌지에서 사망할 때까지 발명을 계속하는 노익장을 과시했으며, 그 숫자는 자그마치 2,332개에 이른다. 특허를 얻은 발명만도 1,093종이며, 축음기, 현대 전화기의 전신인 탄소송화기(炭素送話器), 백열전구, 가장 효율적인 혁신적 발전기, 최초로 상업화된 전등과 전력 체계, 실험적 전기철도, 가정용 영사기 등 유명 발명품도 다수 있으며, 세계 최초의 공업용 실험실인 '에디슨연구소'도 설립하여 연구개발에 혼신의 노력을 다하였다.

그의 발명품의 종류와 수는 그 당시뿐만 아니라 오늘날까지도 1인이 발명한 종류와 수로는 세계에서 가장 많다고 알려져 있다. 오늘날 그의 업적을 기려서 보통 '발명왕 에디슨'이라 불리며 어린이들에게도 존경받고 있다.

3.2. 세계 최초의 공업용 실험실 '에디슨연구소'를 세우다

　1884년 그의 첫 번째 아내가 사망한 후 에디슨은 1886년 2월 오하이오 주의 부유한 제조업자의 딸인 20세의 M. 밀러와 재혼했다. 그는 그의 새로운 신부를 위해 뉴저지 주 웨스트오렌지의 언덕에 있는 땅을 구입해서 근처에 크고 새로운 실험실을 만들었는데, 그는 그곳을 세계 최초의 진정한 연구시설로 만들고자 했다. 거기에서 그는 초기에는 백열등에 사용할 백금을 얻고자 광석분리기에 관심을 가졌으나 이를 접고 상업적인 축음기를 생산하고자 노력하였다. 그는 축음기를 '회전요지경'(Zoetrope)과 일치시켜 대중화시키고자 사진술에 관심을 가진 W.K.L.딕슨을 고용하여 함께 작동 카메라와 보는 기구인 '키네토그래프'(Kinetograph)와 '키네토스코프'(Kinetoscope)를 만들어 냈다. 그러나 소리와 사진의 움직임을 일치시키는 일에는 결국 실패했고, 절반의 성공으로 무성영화가 탄생하게 된다. 그러나 에디슨은 이에 굴하지 않고 1893년 연구소에 '검은 마리아'라는 별명을 가진 세계 최초의 무성 활동사진 극장을 설립한 후, 그 다음 해에는 한 사람씩 구멍으로 활동사진을 구경하도록 하는 키네토스코프를 도입하여 소리와 사진의 움직임을 일치시키는 데 성공을 거두었다. 비로소 지금의 영화가 시작된 것이다.

　그는 축음기에서 파생된 또 하나의 발명품인 알칼리 내장 전지를 만들어 냈다. 이 전지는 아직 가정용 전기가 보급되지 않았을 때 축음기의 전원으로 사용하려고 개발한 것이다.

　1909년에 이르러 에디슨은 잠수함과 운반 기구에 사용하는 대부분의 전지를 공급하게 되었고 급기야 전기자동차 제조회사를 차리기도 한다.

3.3. 에디슨, 유명한 명언을 남기다

천재는 1% 영감과 99% 노력으로 이루어진다(Genius is one percent inspiration and ninety-nine percent perspiration).

이 말은 1929년 기자회견에서 한 말로 알려져 있으며 1932년 하퍼스 매거진에 원래 올라온 이 문장의 전문은 "None of my inventions came by accident. I see a worthwhile need to be met and I make trial after trial until it comes. What it boils down to is one percent inspiration and ninety-nine percent perspiration."으로 "내 발명 중 우연으로 만들어진 것은 없다. 충족되어야 할 가치가 있는 요구를 발견하고 그것을 위해 실험하고 또 실험하는 것이다. 요약하자면 1퍼센트의 영감과 99퍼센트 땀이다."란 말이다.

필자는 이 말이 모든 것을 축약한 명언이라고 생각한다. 천재는 타고나는 것이 아니라 만들어지는 것이다. 타고난 천재보다 끈기와 열정으로 무장한 보통사람이 마지막 인생의 승자가 되는 것이다.

천재의 최하기준인 IQ 130이라는 기준을 겨우 충족하는 뉴턴은 오늘날 우리가 알고 있는 무수한 물리법칙을 발견한 위대한 천재이다.

뉴턴이 에디슨의 이 말을 증명해주고 있는 것이다.

3.4. 에디슨은 발명가라기보다 경영자(CTO&CEO)였다

19세기 후반에 처음 석유램프가 나왔을 때 사람들은 열광했다. 경뇌유를 이용한 양초보다 20배는 더 밝았기 때문에 사람들은 밤에도 책을 읽을 수 있었기 때문이다. 신문 산업도 이때 태동하게 된다. 그전에는 날이 저물면 잠을 자야 했지만 이젠 밤에도 글을 읽거나 쓸 수 있게 된 것이다. 하지만 석유램프는 불꽃을 내며 폭발하기도 해서 이 때문에 해마다 수천 명이 목숨을 잃고 있었다.

그런데 이 모든 불편을 한방에 해소해준 것이 바로 전구였다. 전구의 발명으로 인류는 전혀 새로운 시대로 접어들게 된 것이다. 요즘도 어떤 천재적인 아이디어를 이미지로 표현할 때 '전구'에 불꽃이 튀는 장면을 묘사하는 경우가 많은데 이처럼 '전구=천재'라는 등식이 성립하게 된 것은 그만큼 전구의 발명이 혁신으로 받아들여졌기 때문이다.

1840년대부터 이미 무수히 많은 백열전구가 선을 보였으나, 그 기능상 문제점으로 대중화되지 못하다가 에디슨이 1882년 필라멘트를 사용한 새로운 백열전구를 발표하자 비로소 대중화가 되기 시작한 것이다. 에디슨이 전구를 처음 발명한 것이 아니라 개량한 것이다. 에디슨은 자신이 만든 전구를 세상에 알리고 싶었다.

하지만 전구는 이미 40년 전부터 있던 물건이었기에 그의 전구가 아무리 성능이 더 좋다고 해도 그것으로 특별히 관심을 끌 일은 없었다. 이에 자신의 발명품을 전혀 새로운 제품으로 널리 알리기 위해 그야말로 그는 쇼를 벌인다. 그는 백열전구가 그 전의 전구와는 전혀 다르고 월등한 성능을 가지고 있다는 것을 알리기 위해 맨해튼의 펄 스트리트에 전구를 설치해 거리 전체를 환하게 밝힐 계획을 세운다. 이런 이벤트를 벌이려면 전구뿐만 아니라 전원, 전류 분배 시스템, 전구 연결망, 전력량계 등 전기에 관한 다양한 기술과 지식이 있어야 했기에 그가 그동안 축적한 기술이 아니고서는 누구도 엄두도 못 낼 일이었다. 에디슨은 그야말로 밤거리를 휘황찬란하게 수놓은 지상 최대의 쇼를 펼쳐낸 것이다. 이후 펄 스트리스는 조명기술이 새롭게 발명될 때마다 가장 먼저 설치되는 조명기기의 각축장이 됐다.

앞서 언급했듯이 에디슨은 보통 발명가로 알고 있지만 그는 뛰어난 CEO였다. 첫째, 그는 뛰어난 사업수완을 갖춘 사업가였다. 그는 뉴욕의 신문사 기자들에게 구두닦이도 이해할 수 있을 정도로 단순한 새로운 백열 전구등을 곧 선보이겠다고 보도 자료를 돌렸다. 하지만 그때는 이제 막 전구의 발명에 착수하여 시제품을 시험하고 있을 때였다. 그리고 그는 자신의 혁명적인 전구를 보여주겠다며 기자 한 명을 그의 연구소로 초대했다. 당시 그의 전구 시제품은 채 켠 지 5분을 넘기지 못할 정도로 기술 개발 초기였는데 에디슨은 이 전구를 3~4분 정도 구경하게 둔 뒤 서둘러 기자를 데리고 연구실을 나가면서, "이 불빛은 거의 영원히 지속됩니다."라고 자신 있게 말했다. 요즘 같으면 사기로 지탄받을 일이겠지만 에디슨은 장담을 한다. 이 소식을 전해 들은 경쟁자들은 아예 개발에 뛰어들지도 못하고 툴툴대기만 하였다.

그런데 신기한 것은 이런 허세에도 불구하고 그는 이후 꼭 마법같이 제품을 만들어내어 기자는 물론 일반대중, 투자자들을 놀라게 했다. 그는 놀랍게도 아무리 좋은 제품도 타이밍이 맞지 않으면 돈이 되지 않는다는 사실을 꿰뚫어 보고 모험을 감행한 것이다. 그의 인생은 이처럼 허세와 호언장담 그리고 실제 발명에 따른 대중의 찬사와 금전적 보상으로 이어지는 과정에서 계속 줄타기를 했던 것으로 보인다. 물론 그가 시도했던 모든 일이 성공한 것은 아니나 많은 부분 대중의 편의에 기여하고 성공도 이룩한 것은 분명한 사실이다.

둘째, 발명가들은 보통 혼자 일하고 발명에 집착하는 데 반해 에디슨은 연구소에 다방면의 인재를 모아 팀을 만들어 일했다. 요즘 말로 팀워크로 시너지효과를 거둔 것이다. 1876년에 그는 전신기 특허로 번 돈으로 그가 살던 캘리포니아의 멘로파크에 연구소를 차렸다. 그는 연구팀을 결성해 이를 '패거리(mucker)'라고 불렀는데 패거리들의 면면은 화려하고 다양해서 영국인 기계 기술자 찰스 배첼러, 스위스인 기계 제작자 존 크루에시, 미국인 물리학자 프랜시스 업턴 등 10여 명에 달했다고 한다. 따라서 에디슨의 발명은 혼자 이루어낸 것이 아니라 공동 작업에 의한 결과물이었다. 에디슨은 정규교육을 받지 못하며 자라 이론적 틈이 많았는데 그 빈틈을 이런 우수한 인재들이 채워주었다. 그의 연구소에서 이루어낸 협업방식은 이후 벨연구소와 제록스파크 같은 민간 연구소의 뿌리가 된다.

이처럼 그는 개발팀을 이끌고 독려하며 마케팅을 하는 데도 탁월한 수완을 발휘했지만 정작 투자사업의 실패로 주 기업인 에디슨연구소도 위기에 처하게 된다. 그는 광산사업 등 몇 개의 투자 사업에서 실패하였고 자신이 설립한 회사에서도 물러나야 했다. 에디슨은 탁월한 최고기술경영자(CTO)였고 최고경영자(CEO)로서도 역량을 발휘했지만 너무 많은 분야에 뛰어든 것이 독이 된 것은 아닐까?

셋째, 놀라운 것은 그가 이미 요즘 미국에서 유행하고 있는 '스톡옵션'을 직원에게 행했다는 점이다.

1879년 전구를 개발하고 있던 에디슨은 그의 직원인 업턴에게 연봉 대신 에디슨전기회사의 주식 5퍼센트를 주겠다고 제안한다. 당시 업턴의 연봉은 600달러 정도였는데 1년 후엔 그가 받은 주식의 가치가 1만 달러에 달할 정도로 폭등하며 업턴은 거부로 올라서게 된다. 그는 팀을 창조적으로 돌아가게 하는 방법을 이미 알고 있었던 것이다. 그의 연구소는 다양한 배경을 가진 각 분야의 뛰어난 인재들을 모아놓았고 그래서 분야별로 의견이 일치하지 않는 일이 많았으나, 그는 개의치 않고 이들에게 실험을 독려했다. 그리고 그는 직원들이 실패해도 개의치 않았다. 반면에 이들이 성공할 때는 돈으로 보상해주었다. 한편 그는 이미 다른 곳에서 시작된 아이디어라도 더 큰 발전을 이룰 수 있겠다는 생각이 들면 과감히 매입해 더 크게 키웠다. 오늘날로 말하면 스타트업 기업을 인수하여 키우는 것이다. 그의 실패를 감수하는 직원 독려, 성공에 걸맞은 금전 보상, 발전 가능성 있는 스타트업 기업인수 등은 19세기 말에 벌써 요즘 구글이나 페이스북 등 IT기업이나 인터넷기업이 하는 방식으로 연구소를 운영해 대성공을 거두게 된 것이다.

넷째, 그는 여러 분야의 발명품을 특허 취득하여 특허의 중요성을 기업에게 각인시키면서 새로운 산업을 창출한 선구자이다. 그러나 특허는 특정한 기술을 특정인에게만 부여함으로써 누구나 연구하여 기술발전을 이룩하는 데 저해 요소로도 작용했던 것으로 보인다.

그의 발명품은 백열전구부터 축음기, 축전기, 전화송화기, 광석분리기, 발전기, 전력시스템, 주식상장표시기, 영사기, 믹서, 건조기, 전기철도까지 다양해서 그가 개인 또는 공동으로 얻은 특허만도 1,093개에 달했다.

에디슨은 이런 말을 남겼다. "어떤 발명에 나보다 앞서려고 애쓰는 사람들의 명성에 나는 크게 개의치 않는다. 내가 관심을 두는 것은 그들의 아이디어다. 나를 정확히 표현한다면 발명가보다 스펀지가 더 어울린다." 그는 스펀지처럼 당대 인재들을 흡수하고, 아이디어를 수용해 더 큰 발명이라는 업적을 남겼다.

경영학자 피터 드러커는 에디슨은 단순한 발명가가 아니라 산업을 창출한 사람이라고 평했다. 그는 《미래사회를 이끌어가는 기업가 정신》에서 "에디슨이 발명한 전구는 자신도 일부 자금을 조달한 바로 그 전력회사에 적합하게 설계되었고, 자신의 전구를 사용할 고객에게 전력을 공급하도록 전선을 가설할 권리도 확보했으며, 배전 시스템도 완료해 두었다. 요컨대 에디슨은 산업을 창출했던 것이다."라고 썼다.

에디슨은 직접 뭔가를 처음 발명해낸 사람이라기보다는 다른 사람의 발명품을 개량하거나 상용화시킨 사람이다. 사업가적 측면이 매우 강하다. 물론 직류전기를 상용화하는 데 기여했지만 대량 공급을 위해서는 교류전기가 더 효율적이라는 그의 조수 니콜라 테슬라의 주장을 묵살하여 교류전기가 일상화될 때 배제되는 서러움도 맛보았다는 점은 다소 아쉽다.

그가 세운 에디슨 전광회사는 결국 슈타인메츠라는 기업가에게 넘어가 몇 차례의 분열과 재합병을 거쳐 오늘날에도 건재하고 있는 유명한 그룹기업인 제너럴 일렉트릭(GE; General Electric)사가 된다.

에디슨은 말년에 영혼과 영계에 심취하여 영계와 접촉을 위한 몇 가지 발명품들을 만들었다고 하는 말이 있지만 실제로 남아 있지는 않다. 이때 발명했다고 하는 것 중 가장 유명한 것이 '영계통신기'라고 한다. 하지만 사실은 이마저도 에디슨이 만우절을 맞이해서 어수룩한 대중잡지 기자한테 했던 농담이라는 이야기가 전해진다. 그 시절 아서 코난 도일을 비롯해서 당시의 유명인사 중에서 오컬트에 심취하는 사람들의 수가 적지 않았고 그중에 상당수가 사회고위층이거나 과학자이기도 했다는 점이 무척 이채롭다.

4. 철강왕 카네기와 석유왕 록펠러

4.1. 열정이 만들어 낸 결과물

철강왕 카네기와 석유왕 록펠러가 부를 축적한 비결과 그들의 삶을 들여다보면 우리가 배워야 할 점과 버려야 할 점이 있다는 것을 알 수 있다.

근대 역사에서 부자의 상징이라고 할 만한 인물인 록펠러와 카네기는 각각 석유 산업과 강철 산업을 주도하며 막대한 부를 축적했지만 그들은 원래 재산도 인맥도 없는 가난한 시골 소년에 불과했었다. 그런 그들이 어떻게 부의 사다리를 올라갈 수 있었을까?

그것은 가난했지만 부자가 되겠다는 강렬한 열망이 그들의 마음속에 끓어 넘쳤기 때문이었다. 그래서 이들은 젊은 시절 그들은 부를 모으는 데 너무 몰두하여 수단방법을 가리지 않는 악한이라는 평도 받았다. 그러나 그들은 이러한 오명을 현명하게 극복하고 자선사업과 교육 사업 등 사회 사업에 많은 부를 환원하여 오늘날 미국의 기부문화를 만드는 데 크게 기여하였다. 이러한 점이 오늘날 그들을 배우고자 하는 청소년들이 존재하는 이유이다.

4.2. 앤드루 카네기(1835~1915)의 삶

앤드루 카네기

그는 19세기 후반 미국의 철강 산업을 거대하게 성장시킨 장본인이며, 당대 최고의 자선사업가로 당대 록펠러와 함께 미국의 가장 유명한 인사가 되었다.

가난한 베틀직공의 아들로 태어난 카네

기는 어린 나이였던 1848년 가족과 함께 스코틀랜드에서 미국으로 이민을 와서 펜실베이니아주 피츠버그에 정착했다. 카네기가 10대였을 때 하루는 숙부 호건이 그의 집에 찾아와서 어머니에게 말하기를 "카네기가 부둣가에서 행상을 하게 되면 틀림없이 돈을 많이 벌 수 있을 것."이라고 말했다. 그때 뜨개질을 하고 있던 어머니는 두 손을 흔들면서, "뭐라고요! 내 자식을 행상꾼으로 만들어 부둣가의 중간상을 시키란 말입니까? 그것보다는 차라리 하천에서 고기잡이를 하는 것이 낫겠습니다. 이제 그만 돌아가 주세요!"라고 크게 외치며 현관을 손으로 가리켰다.

두 아들에게 행상을 시킬 바에야 차라리 한 손에 하나씩 끌어안고 죽는 것이 낫다고 생각했던 어머니의 마음이 카네기에게 전해져 그는 아무리 어려운 상황에서도 자기 자신을 낮은 곳으로 내려놓지 않겠다는 결심을 굳히게 된다.

그는 집안 형편 때문에 미국으로 건너와서도 학교에는 다니지 못하고 여러 공장을 전전하며 잡일을 하다가 열다섯 살이 되었을 때 마침내 첫 번째 기회를 맞는다. 그가 일을 마치고 집에 돌아왔을 때 전신국 지배인이 그의 숙부에게 전보를 배달할 적당한 꼬마가 있느냐고 물었다는 얘기를 들은 것이다.

카네기는 그 일을 반대하는 아버지를 설득하여 함께 전신국으로 갔다. 그리고 "언제부터 일할 수 있느냐?"는 물음에 "지금 당장이라도 시작할 수 있다!"라고 확실히 못을 박았다. 카네기는 배달부 일을 하면서도 "나에게는 무한한 가능성이 있기 때문에 뭔가 변화가 올 것이다."라고 되뇌었고, 정신만 똑바로 차리면 어떤 어려움도 극복할 수 있다는 신념과 각오를 굳게 다졌다.

전보 배달부 카네기는 자신의 능력을 드러내어 기회를 포착하는 남다른 능력을 발휘하였다. 그는 다른 전보 배달 소년들과 매일 아침 기술실을 청소해야 했는데, 다른 소년들과 달리 호기심이 많아 전신 기계를 이리저리 만져 보곤 했다. 어느 날 빈 사무실에서 전신기가 울리자, 카네기가 전신기를 들어 전보를 받아서 전달해주었다.

이를 기회로 카네기는 전신 기술자로 발령을 받았고, 전보 배달원과 전신기사로 일하던 중 펜실베이니아철도회사 사장인 토머스 스콧의 눈에 띄어 1853년 그의 개인비서로 고용되었다. 펜실베이니아 철도 회사에 근무할 때 열차 선로에 중대한 사고가 벌어지자 그는 상관이 자리를 비워 일처리를 지시한 사람이 없었음에도 이 일을 깔끔히 처리했고, 그 이후에는 열차를 움직이는 일이 카네기에게 일임되었다. 카네기는 뛰어난 업무 수행 능력을 인정받아 계속해서 고속승진을 거듭하여 마침내 1859년에는 이 철도회사의 서부지역 총책임자가 되었다.

이때 그는 침대차를 발명하는 성과를 거두기도 했다. 이렇게 철도회사의 책임자로 열심히 일하는 한편 개인적으로는 투자에도 능력을 발휘하였는데 여러 산업과 금융계통의 회사에 현명하게 투자하기 시작해 30세쯤에는 연 소득이 5만 달러에 이르는 성과를 거두게 된다. 1865년 그는 당시의 나무다리는 영구적이지 못해 철교로 바뀔 것이라는 생각에 철교 제조 회사를 설립했다. 철과 강철에 대한 미래수요를 예견한 것이다. 그리고 그는 이 회사를 확장하여 1872년 카네기철강회사의 전신이 된 J. 에드가 톰슨 철강공장을 설립한다. 당시의 철강 산업은 제철에 화학 재료를 거의 사용하지 않고 있었다.

용광로 기술자들은 용광로의 상태를 경험이나 감각으로 진단하는 비과학적인 방법을 사용했다. 그때 카네기는 제품의 품질 향상을 위해, 화학 물질을 이용한 과학적인 방법을 시도했다. 이로 인해 그의 회사는 저가의 원료를 사용하여 고품질의 강철을 생산하게 됨으로써 많은 이익을 남길 수 있었다. 다른 동업자들이 사용할 수 없다고 돌보지 않는 산에서 채석된 광물을 사들여 많은 이익을 남기기도 했다.

그는 영국에서 베세머 제철 공정이라는 신규기술을 도입했으며, 효율적인 생산-비용 회계처리 방식을 도입하는 등 지속적인 기술혁신을 이루어 그의 회사가 당시의 어떤 제조업체보다 더 높은 능률을 올릴 수 있도록 했다. 그리고 한편으로는 철강의 원료를 제공해주는 코크스 광산과 철광산뿐만 아니라 원료품들을 공장으로 수송할 배와 철도를 구입하여 생산비와 운반비를 최소화함으로써 생산성을 대폭 향상시켰다. 이러한 수직적 결합은 미국 제조업계에서 또 하나의 이정표가 되어 오늘날 많은 기업들이 이를 본받아 수직계열화에 노력하고 있다.

1889년 카네기 소유의 모든 회사가 카네기철강회사로 통합되었는데 이 회사는 당시 세계 최대의 철강 트러스트로서 미국 철강 생산의 4분의 1 이상을 차지하고 있었다. 1890년에 이르러서는 미국의 철강 생산량이 처음으로 영국을 능가하게 되었으며 이에는 카네기가 매우 큰 역할을 하였다. 그의 철강회사는 1892년의 격렬했던 홈스테드 파업이 불러일으킨 불황기에도 계속 번창하였다.

1901년 카네기는 이 회사를 4억 4천만 파운드에 J. P. 모건의 제강회사와 합병하여 미국 철강시장의 65%를 지배하는 US 스틸사를 탄생시켰다. 이제 카네기의 재산은 미국 경제의 0.60%에 달했다. 이 합병을 계기로 카네기는 실업계에서 은퇴하고, 교육사업과 자선사업에 전심전력을 기울이게 된다.

바로 그의 위대성이 여기에 있는 것이다. 평생을 자기 이익을 위한 사업에 바치고 사라지는 다른 사업가와 달리 그는 말년을 사회에의 기여로 전환한 것이다. 카네기는 미국과 영국을 비롯한 여러 영어권 국가에 수많은 공공도서관을 설립하는 한편 1900년에는 피츠버그에 있는 카네기 멜런대학교에 카네기공과대학을 설립했고, 1902년에는 워싱턴 D. C.에 워싱턴 카네기연구소를 설립한다. 이 연구소는 과학기술과 산업교육분야에 큰 기여를 하게 된다.

그는 1901년 홈스테드 노동자들을 위해 기금을 내놓아 연금제도를 마련하게 했다. 1911년에는 지식보급을 위해 1억 3천 5백만 달러를 내어놓아 뉴욕 시에 설립한 카네기재단을 통해 미국 대학교수들을 위한 연금기금도 마련했다. 그 후 뉴욕 여러 카네기재단들은 사회 변화를 위한 혁신적 사고의 인큐베이터로서의 역할을 하며 교육과 문화의 발전을 위해 지금까지 계속 상당한 자금을 기부해 오고 있다.

그의 인생은 2기로 나눌 수 있는데, 전기에서는 부(富)를 축적하고, 후기에서는 축적된 부를 사회복지를 위하여 환원하였던 것이다. 이러한 신념은 어릴 적 부모님의 교육과 스스로 사업을 하면서 깨달은 자연의 이치에 바탕을 두고 싹트기 시작하였고 종국에는 신념이 되었으며, 그는 이를 실천한 위대한 인물이었다. 그는 책도 저술하여 미국민에게 많은 영향을 주었는데 주요저서는 《승리의 민주주의 Triumphant Democracy》(1886), 《사업의 왕국 The Empire of Business》(1902), 《오늘의 문제 Problems of Today》(1908) 등이 있다. 그리고 그의 사후인 1920년 그의 자서전이 J. C. 밴 다이크에 의해 출판되었다.

4.3. 존 록펠러의 삶

록펠러의 부모는 어린 록펠러에게 검약과 신용의 중요성을 심어 주었다. 이는 사업가로 성장하는 록펠러에게 물려준 유일한 유산이었다. 록펠러는 가난에 대한 열등감이 있었지만, 언젠가는 좋은 옷을 사 입을 수 있을 만큼 돈을 많이 벌겠다고 친구들에게 늘 장담했다.

"십만 달러를 벌고 싶어. 꼭 벌고 말 거야. 미래는 어떻게 될지 아무도 모르지만, 나는 꼭 큰 인물이 되고 말겠어."

존 록펠러

가난한 시골 소년이었던 록펠러는 돈을 벌기 위해 열여섯 살에 학교를 그만두었지만 일자리를 쉽게 구할 수가 없었다. 아무리 해도 일자리를 구하지 못하자 아버지는 록펠러를 시골로 내려보내겠다고 했다. 다시 시골로 내려가는 것은 그로서는 꿈을 땅에 파묻는 것과 같았다.

다음 날 아침 록펠러는 비장한 각오로 잠자리에서 일어났다. 그리고 그 전에 몇 번이나 거절당했던 회사를 찾아가 일자리를 주면 분골쇄신 열심히 일하겠다고 다시 한번 간청했다. 그리고 놀랍게도 그는 일자리를 구할 수 있었다.

록펠러는 그 회사에서 열심히 일했으나 월급이 너무 적어 여기서는 그의 꿈을 이룰 수 없다고 판단하고 친구와 함께 돈을 모아 회사를 차렸다. 얼마 후 서부에 유전이 개발되면서 골드러시를 방불케 하는 오일러시가 벌어졌다. 그러자 스물네 살의 록펠러는 두 명의 동업자를 끌어들여 정유 회사를 설립했다. 그는 전략 전술에 능해 재능을 유감없이 발휘했다. 그는 늘 "성공하려면 귀는 열고 입은 닫아야 한다."고 입버릇처럼 말했다. 그는 철도 회사와 리베이트 계약을 맺어, 자사의 석유를 수송하게 해주는 대신, 다른 회사의 석유를 수송할 때는 높은 요금을 물리도록 했다. 또 경쟁사 스물여섯 개 가운데 스물두 개를 헐값에 인수해 정유 산업을 평정했다. 그 과정에는 협박과 압력이 동원되었다.

록펠러는 돈이 되는 것이라면 수단방법을 가리지 않았다. 그는 석유 정제에 만족하지 않고 원유의 생산과 석유의 소매 판매도 장악했다. 원유 산출, 정제, 판매의 일체 과정을 통제하게 된 것이다. 록펠러가 석유왕으로 불리면서 막대한 부를 축적할 수 있었던 것은 바로 석유 산업에 관련된 모든 사업을 수직·수평적으로 통합하여 계열화를 이룬 덕분이었다. 이렇게 석유로 부를 이룩한 록펠러의 재산은 미국 경제의 1.53%에 달했다. 특히 록펠러의 재산은 연방 정부의 1년 예산을 상회할 정도였다.

록펠러는 이야기한다. "기회가 찾아오지 않음을 원망하는 사람은 바로 자신의 무능력을 시인하는 사람과 같습니다. 행운이란 진실로 그것을 원하는 사람에게 찾아오는 것입니다. 절실함이 더욱 애절할수록 성공 가능성도 높습니다. 따라서 지금 현 상황이 절실한 사람은 앞으로 성공할 가능성이 가장 높은 사람입니다. 또한 인내만큼 성공에 필수적인 요소는 없습니다. 그것은 거의 모든 것, 심지어 천성까지도 극복하게 만듭니다."

4.4. 카네기와 록펠러의 성공 요인

카네기와 록펠러는 상황에 따라 흘러가는 강물이 아니라, 강물을 거슬러 올라가는 연어와 같은 존재였다. 암울한 상황은 그들을 바닥으로 내몰고 있었지만, 그들은 기회의 끈을 어떻게든 붙잡을 준비가 되어 있었고, 아무도 말릴 수가 없었다. 그들은 어릴 적부터 "성공하기 위해서는 아주 열심히 일해야 한다."고 생각했다. 직장 생활을 하는 동안 그들은 누구보다 열심히 일했고, 인정도 받았다. 그리고 시간이 흐르면서 그들은 그 자리에 머물지 않고 비상을 꿈꾼다. 카네기는 철도 회사에 다닌 지 9년이 지난 스물일곱 살에, 록펠러는 직장 생활 5년만인 스무 살에 자기의 사업을 시작했다.

카네기와 록펠러는 각각 철강왕과 석유왕이 되었다. 그들은 당시 골드러시에 의한 동서의 연결망의 확보 필요성과 서부의 유전개발이 가져올 미래의 변화를 꿰뚫어 봄으로써, 이들 산업에 각각 뛰어들어 각각 그 분야를 엄청나게 성장시키면서 막대한 부를 축적했던 것이다.

이들의 성공 요인은 크게 네 가지로 압축할 수 있다.

첫째, 그들은 돈을 따라 기웃거리지 않고, 있는 자리에서 최선을 다했다. 그들은 사업을 시작하기 전에는 직장에서 그 누구보다 충실하게 일했다. 카네기는 철도 회사에서 시키지도 않은 일까지 해가며 인정을 받았고, 록펠러는 첫 직장에서 아침 일찍 일어나 밤 11시까지 일에 매진했다. 돈이나 인맥이 없을 때 그들은 현재 자기 위치에서 최선을 다했다.

둘째, 한 분야를 파고들어 일인자가 되었다. 카네기는 여러 곳의 철도 건설에 투자하고 있었으나 그 사업에서 차례차례 손을 떼어, "좋은 알을 하나의 광주리에 담아두고 그 광주리를 소중하게 지킨다."는 원칙에 충실했다. 록펠러는 석유 사업을 하면서 오직 석유만 생각했다. 옷에서는 항상 석유 악취로 가득했으며, 집에 돌아와서도 사업 구상으로 밤을 꼬박 새우곤 했다.

셋째, 사람 관리에 뛰어난 자질이 있었다. 카네기는 자신이 남보다 재능이 뛰어나기보다는, 뛰어난 사람을 발굴하는 데 소질이 있다는 사실에 자부심을 가졌다. "나는 증기 기관에 대해서 아무런 지식도 없다. 그러나 나는 그보다도 훨씬 복잡한 기계인 인간을 알려고 노력했다."라고 그는 말했다. 록펠러는 경쟁사에 대해서는 잔혹할 정도로 무자비하게 대했지만, 자사 직원들에게는 아버지와 같은 존재였다. 그는 스탠더드 오일 초기 시절만 해도 입사를 지원한 사람을 모두 면담했고, 이름을 기억했다. 그의 말이 법이나 다름없었던 임원 회의에서 그는 반드시 상석이 아니라 테이블 중간에 앉았다.

넷째, 앞을 내다보는 통찰력이 있었다. 카네기는 나무로 지어진 다리들을 보면서, 앞으로는 모든 다리가 철로 만들어질 것이라고 생각했다. 록펠러는 유전을 보면서, 원유를 생산하기보다는 그것을 정제하고 또 저렴하게 수송하면 큰 이익이 있을 것이라고 생각했다. 그리하여 그들은 떠오르는 산업을 완전히 장악해 버렸다.

그들이 20세기 말에 태어났다면 틀림없이 인터넷으로 엄청난 돈을 긁어모았을 것이다. 처음에 그들은 그저 가난한 시골 소년에 불과했고, 다른 소년들처럼 평범한 삶을 살아갈 수도 있었다. 누군가가 그들에게 손짓하여 부자가 되는 길을 일러 준 것이 아니었다. 하지만 그들은 기어코 큰 부자가 되고 말겠다는 강렬한 열망을 갖고 있었다. 그래서 그들은 당면한 위치에서 할 수 있는 것은 뭐든지 했다. 직장에서는 누구보다 열심히 일했고, 사업의 기회가 왔을 때는 주저하지 않고 도전적으로 뛰어들었다. "큰 부를 이룩하고 말리라."라는 가슴 깊이 타오르는 뜨거운 열망이야말로 그들이 부의 제국을 건설하는 든든한 초석이 되었던 것이다.

5. 빌 게이츠(Bill Gates, 1955~현재)

5.1. 40세에 세계 1위의 억만장자가 되다

빌 게이츠, 그는 창업 후 10년이 지난 1995년 불과 마흔 살에 〈포브스〉지가 선정한 세계 억만장자 순위 1위에 오르는 기염을 토했다. 그 후 그는 13년 연속 세계 1위를 기록한 후 몇 년 동안 순위가 다소 밀렸으나, 2016년에 900억 달러의 재산을 가진 세계 최고 갑부의 지위에 다시 복귀한다.

그의 이름에 항상 찬사만 따라다녔던 것은 아니었다. 1997년 〈타임〉지와의 인터뷰에서 "우주는 오직 나를 위해 존재할 수도 있다. 만약 그렇다면 내가 잘되는 건 당연하며, 나는 그것을 받아들여야 한다."는 다소 건방져 보이는 말을 하여 구설수에 오르기도 했다. 또 '공유사회'를 주장하는 일단의 학자와 단체들은 빌 게이츠가 MS95에 대한 저작권을 가지고 판매하는 것을 두고 누구나 사용할 권리가 있는 전파사용권을 특허라는 제도를 악용해 이를 독점한 악덕업자라고 주장한다.

반면에 많은 학자와 단체, 기관들은 빌 게이츠의 MS라는 소프트웨어는 기술혁신을 이끌어 엄청나게 삶의 질을 끌어올리고 있다는 측면에서 그를 기술혁신의 선구자라고 말한다.

그의 인생 여정을 잠시 살펴보자.

1955년 10월 미국의 시애틀에서 태어난 그는 초등학교 3, 4학년 때까지 반 친구들과 보조를 맞추지 못해 부모가 유급을 생각할 만큼 지진아였다. 다른 점이 있었다면 천재들 대부분이 그러하듯 한번 매력을 느낀 분야에선 '끝을 본다는 것'이다. 여섯 살 때 시애틀에서 열린 세계박람회 전시관에서 매일 살다시피 할 정도로 새로운 세계에 대한 호기심이 많았고, 여기서 만난 컴퓨터의 미래상은 그의 인생에서 나침반이 되었다. 더구나 아홉 살 때 세계대백과사전을 독파해낼 정도로 지독한 '독서광'이었다. 그의 독서열은 훗날 '빌 게이츠'를 있게 한 상상력을 키우는 데 결정적인 역할을 했음은 물론이다.

빌 게이츠가 처음 컴퓨터를 만져본 것은 중학교 2학년 때인데 당시 직접 프로그램을 짜서 사용해야 했던 컴퓨터는 빌 게이츠의 지적 호기심을 최대한 자극했다. 고교 2학년이 되면서 학교 학사일정 프로그램을 짤 정도의 실력을 보유하게 된 그는 국가장학생으로 하버드대학에 입학했다. 그러나 컴퓨터 소프트웨어를 본격적으로 개발하기 위해 1975년 2월 하버드대학을 자퇴하고 컴퓨터에 대한 관심으로 세 살의 나이 차에도 불구하고 친구가 된 고교 동창생 폴 앨런(Paul Allen)과 함께 마이크로소프트사를 창업한다.

이후 그는 MS-DOS, 퍼스널 컴퓨터 프로그램인 알테어 8800과 윈도우 프로그램의 원리인 그래픽 사용자환경(GUI)을 갖춘 운영체계를 개발한 데 이어 1990년에는 마이크로소프트사의 첫 작품인 윈도우(Window) 3.0을 내놓아 세계적인 히트를 하게 되고, 이는 후속작인 윈도우 95와 윈도우 98의 잇따른 대성공에 밑거름이 된다.

사실 창업 초기 빌 게이츠는 IBM이 퍼스널 컴퓨터를 구동하는 운영체제(OS)를 필요로 하고 있다는 사실을 알았으나, MS는 아직 이를 개발할 만한 역량이 모자랐다. 마침 PC의 운영체계인 CP/M-86을 개발한 디지털 리서치와 IBM 간의 협상이 결렬되자, 빌 게이츠는 놀라운 사업가적 기질을 발휘한다. '컴퓨터 산업은 하드웨어 산업'으로만 여겨지던 그 당시 누구도 진정한 가치를 몰랐던 '퍼스널 컴퓨터 운영체계'인 QDOS를 게이츠는 5만 달러를 주고 통째로 라이센스를 인수한 것이다. 그런 후 이름을 MS-DOS로 바꾸어 이를 세상에 내어놓았다. 그런데 때마침 세계 모든 기업은 물론 개인의 가정에 퍼스널 컴퓨터가 놓이게 되는 'PC의 시대'가 도래되자, MS-DOS는 무려 80% 이상의 PC에 깔림으로써 MS의 도약에 커다란 역할을 하게 된다.

　빌 게이츠는 초기제품이 다소 조악하다는 평판에 이를 계속 개량해 보다 나은 프로그램으로 업그레이드해 갔다. 그는 다른 회사에서는 유사한 제품은 없으나 아직 개발이 완료되지 않은 신제품을 시장에 대대적으로 내어놓은 후 소비자의 불만을 들어 이를 단계별로 해결해 나아가는 방식인 '베이퍼웨어(Vaporware)' 전략을 선택했다. 이는 일찍이 에디슨이 저작권 특허와 함께 사용하여 성공한 방법이었다. 이런 전략 덕분에 윈도우 3.0의 후속작인 윈도우 95와 윈도우 98은 90% 이상의 PC에 운영체계로 자리 잡게 된다. 이에 빌 게이츠는 MS-DOS가 큰 성공을 거두었음에도 불법 복제로 인하여 큰 수익을 올리지 못한 것을 떠올리면서 운영체계에 대한 저작권을 얻는 데 집중하여 마침내 이를 얻어내었고 판매가격도 크게 상승시킴으로써 엄청난 수익을 얻게 된다. 사실 MS-DOS 시절까지만 해도 소프트웨어는 돈을 주고 구입해야 한다는 인식 자체가 없었다. 마침내 MS는 소프트웨어 분야에 저작권 개념을 도입해 새로운 시장을 창출한 것이다. 이후 MS는 반드시 컴퓨터당 한 개씩 사용권을 얻어야 한다는 정책을 밀고 나갔고, 기업들은 직원 수보다 라이선스를 적게 구입할 수 없게 되었다. 그리고 개인 사용자들은 새 버전이 나오면 어쩔 수 없이 돈을 지불하고 이를 사야 했다.

　이후 엑셀 등 오피스 프로그램에도 같은 전략을 적용했다. 윈도우 최신

버전은 날로 비싸졌지만, 이미 MS 프로그램으로 사무자동화 환경을 구축한 기업들은 다른 선택권이 없었다. 결국 PC가 한 대씩 늘어날 때마다 MS는 그만큼 수익이 나는 구조를 갖추게 된 것이다. 바로 황금알을 낳는 거위를 갖게 된 것이다.

스마트폰 시대가 된 지금도 MS의 베이퍼웨어 전략은 계속되고 있다. 애플의 iOS와 구글의 안드로이드 운영체제가 인기를 얻자, 부랴부랴 '윈도우 폰'이라는 모바일 운영체제를 발표한 것이 바로 그것이다. 윈도우 폰 운영체제는 iOS를 모방한 것이 분명해 보이는 안드로이드에 비해 전혀 다른 모양새라 참신해 보였으나, 실제로 이를 제대로 구동하는 스마트폰이 출시된 것은 훨씬 뒤의 일이었고 그다지 큰 성공은 거두지 못하고 있는 것으로 보인다.

MS는 경쟁자를 가차 없이 제거했다. 현재의 인터넷인 월드와이드웹(WWW)이 처음 보급될 때만 해도 '넷스케이프(Netscape)'라는 웹브라우저가 대세였다. 그러나 MS가 윈도에 '인터넷 익스플로러(이하 익스플로러)'를 끼워 넣자, 수년 만에 익스플로러의 시장점유율은 90%를 넘어섰다. MS는 경쟁사가 MS를 위협할 것으로 생각되는 소프트웨어를 개발한다는 정보를 입수하면 압력을 가해 개발을 중단시키기도 했다.

빌 게이츠는 '공공의 적'이 된 것이다. 프로그램 소스코드를 공개하는 오픈 소스 진영의 개발자들은 MS를 돈밖에 모르는 회사라고 비난했다. 심지어 로터스와 오라클 등 세계 유수 소프트웨어 업체의 CEO들마저 "내가 빌 게이츠를 싫어하는 모임의 대표."라고 자청할 정도로 MS와 빌 게이츠의 악명은 높았다. 빌 게이츠는 분명 컴퓨터 발전을 가능케 한 천재 기업가인 동시에 무자비한 독점 기업가였던 셈이다.

1998년 미국 상원 법사위원회 청문회에서 MS가 독점 제국을 만들려 한다는 주장에 빌 게이츠는 윈도우 95에 익스플로러를 설치하지 못하게 막는 것은 컴퓨터를 편리하게 사용하려는 소비자의 욕구를 가로막는 것이라 맞섰다. 그러나 결국 재판부는 MS의 독점 혐의를 인정한다.

5.2. 좌절을 딛고 세계 최고의 자선사업가로 변신하다

2000년 빌 게이츠는 인생 최대의 좌절을 겪는다. 새 천년이 시작된 2000년은 게이츠의 인생에서 특별한 한 해였다. 그해 4월 MS는 법원으로부터 기업분할 명령을 받았다. 정부로부터 독점자본가로 낙인찍히고 기업을 쪼개라는 명령까지 받은 것이다. 마치 한 세대 전 존 록펠러(John Davison Rockefeller)의 스탠더드오일이 전 독점 체제를 구축하자 엄청난 비판에 직면하고 반독점법까지 만들어진 것과 유사한 상황이 벌어진 것이다.

이에 빌 게이츠는 사회에의 기여를 통해 오명을 떨쳐내기로 마음을 바꾼다. 그는 부인 멜린다(Melinda Gates)의 조언으로 총자산 200억 달러 규모의 '빌 앤 멜린다 게이츠 재단'을 설립하면서 자신이 삶의 지표를 바꾸게 된다. 이 재단의 주된 관심 분야는 AIDS나 말라리아, 풍토병 등 질병 퇴치를 위한 연구와 교육이다.

하지만 독점사업가가 소송을 벌이는 와중에 천문학적 기부를 한 것을 두고 일각에선 '고도의 홍보작전'이란 비판도 나왔다. 2001년 기업분할 항소심에서 승리한 뒤에 빌 게이츠는 꾸준히 사재를 재단에 기부했다. 그의 진정성이 받아들여지면서 빌 게이츠의 냉혈적 자본가 이미지는 따뜻한 기업인으로 바뀌어 갔다. 마침내 2005년 〈타임〉은 록밴드 U2의 리더 보노와 함께 빌과 부인 멜린다 게이츠를 인류를 위해 인도적 노력을 아끼지 않는

'올해의 인물들'로 선정했다.

2006년 빌 게이츠는 "앞으로 2년 뒤 MS 경영에서 완전히 손을 떼고 자선사업가로 살겠다."고 발표하였으며, 얼마 후 오바마의 현인이라 불리는 워런 버핏이 20년 동안 총액 300억 달러에 이르는 거금을 빌 앤 멜린다 게이츠 재단에 기부하겠다고 발표해 세계를 놀라게 했다. 당시 버핏은 "멜린다가 없었다면 게이츠 재단에 재산을 기부하지 않았을지도 모른다."고 밝혔다.

약속대로 2008년 재단 일에만 몰두하기 시작한 빌 게이츠는 그해 초 다보스포럼 연설에서 '창조적 자본주의'라는 개념을 주창한다. 그는 부유한 사람뿐 아니라 가난한 사람들을 위해서도 자본주의가 기여할 수 있도록 하는 새로운 시장 시스템을 설계하고, 기업들도 이를 염두에 둔 사업모델을 찾아야 한다고 말했다. 시장 경제 체제를 무너뜨리지 않으면서 세계적으로 자본이 빈민들을 외면하고 이미 부유한 쪽으로 쏠리는 것을 막는 방안을 찾자는 얘기다. 독점으로 막대한 재산을 모은 사람이 해도 되는 말인가 싶기는 하지만 많은 사람들이 그의 말에서 순수함과 진정성을 느끼고 있는 것 같다.

한때 '돈밖에 모르는 냉혹한 독점자본가'로 여겨졌던 빌 게이츠는 10여 년간의 노력을 통해 이 같은 이미지를 완전히 벗었다. 〈포브스〉는 억만장자들의 실제 기부 현황을 집계해 종종 발표하는데, 게이츠는 2위와 큰 격차로 1위 자리를 지키고 있다. 막대한 기부에도 불구하고 끝까지 순수성을 의심받던 록펠러와 달리, 게이츠는 천문학적인 규모의 재산을 자녀에게 물려주지 않고 자기가 번 돈을 죽기 전에 거의 모두 기부하겠다고 밝힘으로써 '노블레스 오블리주 정신의 실천가'로 인정받게 되었다.

분명 빌 게이츠는 부를 축적한 방법 때문에 일부로부터 비난을 받고 있으나, 남의 것을 무력으로 뺏거나 권력과 협잡하여 얻은 것이 아니라 법이 인정하는 테두리에서 자신의 능력을 발휘하여 얻은 것임에 틀림없다. 그는 젊은 시절 혈기로 다소 건방진 듯한 발언을 하여 비난받은 적도 있으나 나이가 든 지금 그는 세계 제1의 부자라는 호칭이 부끄럽지 않은 사람으로 바뀌었다. 그야말로 '노블레스 오블리주 정신의 실천가'가 된 것이다. 현재 빌 게이츠 재단의 재산은 미국 전체 기부재단 재산의 무려 40%에 달하는 세계 최고의 재단이다.

5.3. 빌 게이츠의 성공요인

첫 번째, 분명한 비전과 목표가 있었다.

어느 날 기자가 빌 게이츠에게 물었다. "세계 제1의 갑부가 된 비결은 무엇입니까?" 그 답은 간단하고 명료했다. "나는 날마다 내 자신에게 두 가지 최면을 겁니다. 하나는 '오늘도 행운이 나를 찾아올 것이다.' 그리고 또 하나는 '나는 뭐든지 할 수 있어!'라고 최면을 겁니다." 빌은 13세 때부터 프로그래밍을 하기 시작했으며, 하버드 대학에 입학했으나 중도 포기하고 사업에 매진했다. 장차 개인용 컴퓨터가 모든 사무실과 가정에 중요한 도구로 자리 잡게 될 것을 예견하고, 마이크로소프트라는 컴퓨터 기업을 창업한 것이다.

그는 비전을 세웠고 목표도 분명했다.

두 번째, 넘치는 호기심과 탐구정신을 가지고 있었다.

빌 게이츠는 학창 시절 해커였다. 그의 아버지는 밤마다 동네 컴퓨터 센터로 가서 날밤을 지새우는 아들이 정말 걱정스러웠다. 학교 선생님들에게 빌 게이츠는 골칫덩어리였다. 일반적인 시선으로 봤을 때 빌 게이츠는 문제아였지만, 개의치 않고 자신만의 끼를 잘 살려 나갔다. 어린 빌은 호기심이 대단했고 밤새 컴퓨터와 씨름했을 뿐만 아니라 수시로 도서관에서 며칠씩 틀어박혀 있던 아이였다. 자신이 잘할 수 있는 것, 자신의 능력을 찾아내어 긍정적으로 발전시킨 것이 빌 게이츠의 성공요소였다.

세 번째, 그는 전략적 사고를 가진 경영자였다.

빌 게이츠는 많은 경영세미나에서 "프로젝트를 신중히 선정하라. 자신의 창의성을 적시에 사용하라. 목표를 세분화하고 순차적으로 도전하라."라고 주문한다. 실제로 그는 회사에서 가능하면 팀원들이 가진 기본기를 발휘해 진행시킬 수 있는 현실적인 아이템들을 골랐다. 그렇게 아이템이 결정되면 현실성 있게 단계별로 실행 계획을 짰다. 빌 게이츠가 전략을 짜는 시간은 바로 '생각 주간(Think Week)'을 통해 이루어진다. 인터넷 브라우저 시장 1인자인 넷스케이프(Netscape)를 제칠 수 있었던 것도, 온라인 비디오게임 시장에 진출했던 것도 모두 'Think Week'을 통해 얻은 아이디어를 실행에 옮겼기 때문에 가능했다.

네 번째, 팀의 시너지효과를 최대한 이용할 줄 알았다.

스티브 앤서니 발머(Steve Anthony Ballmer) 없는 빌 게이츠는 상상할 수 없다. 빌 게이츠는 스티브 발머라는 경영천재를 삼고초려를 통해 오른팔로 만든다. 그리고 많은 구성원들을 끌어들여 창조적인 팀을 만들었다. 이 팀에서 많은 아이디어가 나왔고 토론을 통해 다듬어진 아이디어는 성공의 버팀목이 되었다. 사실 많은 사람들은 빌 게이츠가 마이크로소프트(Microsoft)를 거대하게 만든 것으로 알고 있지만 사실은 스티브 발머와 그의 팀이 있기 때문에 가능했다는 것을 전문가들은 모두 알고 있다. 빌 게이츠도 인터뷰에서 자신의 성공비법은 직원들이 'Smart People'이기 때문이라고 말하고 있다.

다섯 번째, 충만한 배짱과 용기를 가지고 있었다.

빌 게이츠는 다양한 강연에서 "실행하면서 자신의 꿈을 실현하라. 머뭇거리지 말고 목표를 향해 달려가라."라고 말한다. 그는 하버드 대학에 입학했으나 컴퓨터의 시대를 예견한 후 사업에 정진하기 위하여, 미련 없이 과감하게 학교를 그만두었다. 스무 살 어린 나이에 마이크로소프트사를 설립할 만큼 그는 실천적이었고, 설립 이후 사업에 일로매진하여 큰 성공을 거두게 된다.

5.4. 성공하기를 원하는 사람들에게 그가 전하는 조언들

그가 평소 이야기한 여러 가지 말 중에 젊은 학생들에게 전하는 충언들을 정리해 보았다. 이 충언을 읽고 곰곰이 생각하여 내 것으로 만들면 여러분도 성공한 인생을 살 수 있을 것이다.

첫 번째, 세상은 당신 자신이 어떻게 생각하든 상관하지 않는다. 세상이 당신들한테 기대하는 것은 당신이 스스로 만족스럽다고 느끼기 전에 무엇인가를 성취해서 보여주는 것이다. 항상 배우고 도전하라. 당신이 스스로 만족할 때까지.

두 번째, 인생은 등산과도 같다. 정상에 올라서야만 산 아래 아름다운 풍경이 보이듯 노력이 없이는 정상에 이를 수 없다. 요즘 노력은 하지 않으면서 너무 쉽게 정상에 오르고자 하는 사람들로 넘쳐난다. 그들은 정상에 오른 사람을 존경하기보다 헐뜯는다. 그것은 자기를 비하하는 행동이고 자기를 망칠 뿐이다. 정상을 향해 목표를 세우고 정진하자. 올라가다 어렵다면 잠시 땀을 닦고 시원한 바람도 즐기면서 포기하지 말고 정상을 향해 진전하자. 그 산은 처음부터 높으면 올라가기가 매우 어렵고 그래서 포기하기가 쉽다. 낮은 산, 내가 오르기 만만한 산을 우선 오르고 난 후 보다 높은 산을 오르면 아주 높은 산도 쉽게 오를 수 있다. 왜냐하면 모든 것은 자신감이 승패를 가르기 때문이다.

세 번째, 때론 노력해도 안 되는 일이 있지만 노력조차 안 해 보고 정상에 오를 수 없다고 말하는 사람은 폐인이 된다. 노력하라. 실패하면 그 실패원인을 분석해보고 재도전하라. 그러면 언젠가는 그 목표를 달성할 수 있을 것이다.

네 번째, 네 인생을 망치는 것은 네 자신이다. 부모와 남을 탓을 하지 마라. 불평만 일삼을 것이 아니라 잘못된 것에서 교훈을 얻어라. 이 세상을 부정적으로 보고 남을 탓하는 사람들은 남을 해하는 것이 아니라 매일 스스로를 해하고 있는 것이다.

다섯 번째, 인생은 학기처럼 구분되어 있지도 않고 여름 방학이란 것은 아예 있지도 않다. 스스로 알아서 하지 않으면 아무도 가르쳐주지 않는다. 학생으로 사는 시간은 너에게 휴가라고 생각하라. 휴가를 받았을 때는 쓸데없이 시간을 낭비할 것이 아니라 이 세상에 나올 준비를 하여야 한다. 이 세상은 그렇게 만만한 곳이 아니다. 준비된 자에게만 기회가 주어지는 냉정한 곳이다. 학교는 승자나 패자를 뚜렷이 가리지 않을지도 모른다. 그러나 사회 현실은 이와 다르다는 것을 명심하라.

여섯 번째, 공부밖에 할 줄 모르는 '바보'에게 잘 보여라. 사회에 나온 다음에는 아마 그 '바보' 밑에서 일하게 될지 모른다. 무엇을 탐구한다는 것은 호기심의 발로이고 호기심은 넘치는 에너지이다. 에너지가 충만하여 이를 충분히 쓸 때 더 많은 에너지가 그 빈 곳을 채워준다. 이 세상의 원리가 바로 이것이다.

 일곱 번째, 학교 선생님이 까다롭다고 생각되거든 사회에서 직장 상사의 진짜 까다로운 맛을 느껴 봐라. 아르바이트를 통해 이 사회의 실상을 터득하라.

 여덟 번째, 사람은 자신의 목숨을 걸 만한 것을 찾지 못하면 죽게 된다. 학생 시절이 이를 찾기 가장 적합한 시기이다. 멘토를 만나려고 노력하고 만약 멘토를 만나지 못하면 옛날의 위인이나 자기가 관심 있는 분야의 책을 읽어 목숨을 걸 만한 것을 찾아라.

 아홉 번째, 태어나서 가난한 건 당신의 탓이 아니지만, 죽을 때도 가난한 건 당신의 잘못이다. 화목하지 않은 가정에서 태어난 건 죄가 아니지만, 당신의 가정도 화목하지 않은 건 당신의 잘못이다. 남을 탓하지 말고 환경의 노예가 되지 마라. 주체는 주변 사람들, 환경이 아니라 바로 당신이다. 탓하고 싶다면 자신을 탓하라. 탓하다 지쳐 죽고 싶다면 그 정도의 결심을 살아서 당신이 할 수 있는 것으로 대체하라.

 열 번째, 우리는 평등하다고 배웠다. 그러나 인생이란 원래 공평하지 못한 것이다. 그런 현실에 대하여 불평할 생각을 하지 말고 받아들여라. 그리고 지금 내가 서 있는 위치에서 할 수 있는 일부터 찾아 도전하라. 그리고 이를 이루면 보다 큰 것을 찾아 도전하면 된다.

 열한 번째, 대학교육을 받지 않는 상태에서 연봉 4만 달러가 될 것이라고는 상상도 하지도 말아라. 이 말은 내가 차별주의자처럼 비춰질 것이다. 그러나 이 말은 정규 대학을 이야기하는 것이 아니다. 대학을 졸업하고도 자기가 무엇을 배웠는지도 모르고 자기가 가야 할 길을 찾지 못하는 젊은

이가 얼마나 많은가? 그들은 진정한 대학 졸업자가 아니다. 그냥 의무적으로 다니고 졸업장을 받았을 뿐이다. 그들이 받은 졸업장은 하나의 굴레에서 벗어났다는 명예롭지 못한 증명서일 뿐이다. 진정한 대학은 스스로 좋아서 공부하고 토론하고 즐기는 곳이다.

열두 번째, 햄버거 가게에서 일하는 것을 수치스럽게 생각하지 마라. 너희 할아버지는 그 일을 기회라고 생각하였다. 작은 일도 그것에서 배울 점이 있다. 긍정적으로 접근하라. 그러면 당신은 그곳에서 많은 것을 배우고 다른 사람에게도 눈에 띄게 될 것이다. 그러면 당신의 향후 진로는 탄탄대로를 만나 원하는 곳을 향해 힘차게 출발할 것이다.

5.5. 빌 게이츠의 부모와 빌 게이츠에게서 배울 점들

지금의 빌 게이츠가 있게 해준 부모의 교육방법은 남달랐다고 한다. 현명한 부모 밑에서 현명한 자식이 나오는 것은 어찌 보면 당연한 일이 아닐까. 빌 게이츠 부모의 교육방침을 살펴보자.

첫 번째, 자녀에게 재물보다 재능을 물려준다. 진짜 부자 아빠는 자녀에게 큰돈을 주지 않는 대신 이 세상을 경험할 수 있는 기회를 부여한다. 부모가 부자인 아이들은 열심히 일하지 않아도 되고, 부모에게서 재산을 물려받아 풍족하게 살아갈 수 있다고 생각하기에 십상이기 때문이다. 후손들의 무능함과 허영심, 낭비가 독이 된다는 사실을 우리 모두는 꼭 알아야 할 것이다. "나의 재산은 너에게 남겨줄 유산이 아니라, 사회에 환원해야 하는 이 세상의 것이다."라고 가르쳐야 한다.

두 번째, 이 세상의 본질은 연결이다. 아직 아이는 이를 모른다. 이것은 부모의 역할이다. 부모가 나서서 아이의 인맥 네트워크를 넓혀 주자. 빌 게이츠를 세계 최고 갑부로 만든 것은 명문학교를 나온 유능하고도 창의적인 친구들이 많기에 가능했다. 그는 레이크사이드 중, 고등학교를 다니고 하버드 대학을 중퇴했다.

세 번째, 어머니나 아버지의 선물이 때로는 아이의 인생을 바꾼다. 아이에게 선물을 줄 때도 아이가 조른다고 무조건 사 주면 안 된다. 빌 게이츠는 어머니가 사주신 컴퓨터로 지금의 갑부가 되었다. 빌 게이츠의 '미래로 가는 길'에서 그와 컴퓨터는 죽이 잘 맞았다. 아이는 새로운 물건에 주눅 들지 않고 호기심에 가득 차서 무엇이든 건드리고 그 무엇이 즉각 반응하는 것을 바라본다. 이것이 아이들이 사물을 대하는 법을 배우는 방식이다. 자녀들이 무언가에 푹 빠져 있는 것을 보고 걱정스러워 하는 부모가 많겠지만, 무언가에 아이들이 매료되는 것은 너무나 당연한 것이다. 그러기에 올바른 무엇을 안내해주고 그 사용법을 알려주면 전혀 삶에 도움이 되지 않는 것에 아이가 몰입하는 피해를 막아줄 것이다.

네 번째, 어릴 때에는 꿈을 가질 수 있도록 위인전과 공상과학소설을 많이 읽히자. 그는 아직도 공상 우주과학 영화인 〈스타트렉〉에 열광하는 팬이다. 일곱 살 때부터 시애틀에서 열린 세계박람회는 그에게 과학의 세계를 동경하기 시작하는 계기를 만들어 주었다. 그는 어려서부터 부모님의 충고로 백과사전을 외우고 위인들의 이야기를 빠짐없이 읽었다.

다섯 번째, 부모가 자선에 앞장서면 아이들은 자연스럽게 본을 받는다. 훌륭한 부모님을 역할 모델로 삼으면서 살아간다. 시애틀의 이름난 은행가와 변호사 집안이었지만 그의 부모는 부자가 사회적으로 어떻게 처신해야 하는지에 대해 모범을 보여줌으로써 부자의 의무를 다한 가문으로 평가받는다. 그의 아버지는 거의 갑부 수준이었지만, 돈에 대한 철학만큼은 매우 명확했다. "현재 미국의 빈부 격차는 사상 최고 수준인데 부자들이 계속 욕심을 부리면 미국 자본주의와 민주주의는 망한다."면서 이를 반대했다는 이야기는 우리 모두에게 많은 교훈을 준다.

다음에는 빌 게이츠의 행동을 보자.

첫 번째, 그는 친구를 사귈 때 그와 흥미가 같으면서도 그의 단점을 보완해주고 뜻이 통하는 평생 친구를 사귀었다. 평생의 재산이 될 인간관계는 학교에서부터 시작된다. 빌 게이츠는 레이크사이드 고등학교와 하버드 대학에서 폴 앨런과 스티브 발머라는 두 친구를 만나 세계 최고의 소프트웨어 회사를 키웠다. 두 친구에게는 어떤 고민도 털어놓을 정도로 매우 가까운 친구이다.

두 번째, 그는 어렸을 때부터 신문을 보며 세상 보는 안목과 관심 분야를 넓혔다. 그는 지금도 일주일 동안의 신문들을 처음부터 끝까지 빼놓지 않고 읽는 습관이 있다. 그 이유는 한번 보고 사라지는 TV의 영상과 달리 신문은 분야별로 편집되어 있어 자신의 관심 분야를 찾아 읽을 수 있을 뿐만 아니라 스크랩도 가능하고 기억에도 오래 남기 때문이라고 한다. 아무리 컴퓨터가 모든 일을 다 한다고 해도 책만큼은 완전히 대체하지 못할 것이다. 그 이유는 책은 사람으로 하여금 애착을 느끼게 만드는 장점을 지녔기 때문이다.

그래서 그도 자신의 두 아이들에게 컴퓨터보다는 책을 먼저 사주었다. 이는 우리나라 부모들이 마음에 꼭 새겨두어야 할 대목이다. 컴퓨터 황제가 컴퓨터보다도 책을 먼저 가까이하도록 아이들을 유도한다는 것은 매우 인상적이며 많은 것을 생각하게 한다.

세 번째, 그는 어린 시절 다양한 경험을 했는데 이것이 자라서 든든한 사업의 밑천이 됐다. 그는 숙제나 악기 연주 등 그날 해야 할 일은 반드시 그날 해치웠다. 남에게 지는 것을 싫어한 그는 네다섯 장이면 되는 리포트를 서른 페이지가 넘는 논문으로 제출하기도 했다. 아침형 인간인 빌 게이츠는 새벽 3시에 일어나 두세 시간 정도 책을 읽는 습관을 아직까지도 실천하고 있다고 한다.

네 번째, 그는 기회가 왔을 때 머뭇거리지 않고 과감하게 도전했다. 그는 정확한 예측과 한발 앞선 실행으로 오늘의 그를 만들었다. 그는 결심이 섰을 때 하버드대학을 과감히 그만두고 창업을 시도했고 유능한 친구들의 도움과 그의 신속한 판단 그리고 자신감으로 세계 최고의 갑부가 되었다. 그리고 그는 2008년 비교적 젊은 나이인 53세에 MS의 CEO를 그만두고 지금은 자선사업에 전념하고 있다. 그는 은퇴 후 자선재단에 매년 35억 불씩 기부를 계속하고 있다.

다섯 번째, 그는 그의 자녀들을 부잣집 아이라고 결코 곱게 키우지 않았다. 그것은 그가 부모님에게서 받은 교육 탓이었다. 그가 초등학교 6학년일 때 그는 학교 성적도 부진했고, 가족과의 관계도 원만하지 않아 그의 어머니는 그를 아동 심리학자에게 데려가 상담을 받기도 했다. 그의 부모님은 외골수로 빠지기 쉬운 아들을 위해 보이스카웃 캠프에도 보내고, 테니스와 수상스키도 가르쳤다. 요일에 따라 다른 색깔의 옷을 입히는 것은 물론 식사도 규칙적으로 하도록 가르쳤고, 모든 일을 계획적으로 실행하여 시간 낭비를 최소화하는 습관도 가르쳤다. 이러한 교육을 받은 그도 자신의 자녀들을 여러 가지 일들을 보통 사람들과 함께 겪고 생생한 느낌을 느끼도록 교육하여 그의 자녀들의 부자 냄새를 제거했다.

6. 스티브 잡스(1955~2011)

6.1. 반항아 스티브, 혁신의 아이콘이 되다

"죽음은 최고의 발명품이다." "늘 갈망하고, 우직하게 나아가라." 세계를 변화시킨 스티브 잡스의 화두는 "다르게 생각하라."이다. 스티브 잡스. 그는 이 시대의 반항아이자 혁신가였다.

그는 출생부터 남달랐다. 미혼모인 어머니는 그가 태어나자마자 양부모 폴과 클라라에게 입양시켰다. 스티브 잡스가 3살이 되었을 때 그의 가족은 아버지의 직장을 따라 사우스 샌프란시스코의 산업단지에 들어선 주택가로 이주하였고 주변 전자회사에 다니는 사람들과 어울리며 성장했다.

이때 전자분야에 관심이 많은 동년배 빌 페르난데스, 5살 위인 스티브 워즈니악과 만나 교류하였는데 이들은 잡스에게 매우 긍정적인 영향을 주었던 것으로 보인다. 그들은 모두 학교에서는 낙제생이자 문제아였지만 전자적인 지식과 집념 그리고 유쾌한 성격을 가지고 있었다. 그는 자신이 입양되었다는 사실을 알게 되었고 당시 유행하던 히피문화에 흠뻑 빠져들었다고 한다. 그는 홈스테드고등학교를 마친 뒤 오리건주 포틀랜드에 있는 리드대학교에 입학하였으나 입학금을 대주느라 고생하시는 부모님을 생각하여 1년 만에 학교를 그만두고 캘리포니아로 돌아가 '아타라'라는 전자회사에 취직한다.

그러나 잡스는 오래 지나지 않아 그 회사를 그만두고 인도로 여행을 떠나 수개월간 히말라야 일대를 여행하였으나 그가 기대했던 내면의 정신적인 만족감을 얻지 못한 채 미국으로 돌아가 다시 아타라사에 복직하였다.

그는 전자분야에 지식이 해박했던 워즈니악의 도움을 받아 컴퓨터 게임을 만들었다. 1976년 마침내 잡스와 워즈니악은 컴퓨터 회로기판을 제조하는 회사 '애플'을 공동으로 창업하였다. 기술개발은 전자분야 지식이 뛰어났던 워즈니악의 책임이었고 기발한 창의력을 갖춘 스티브 잡스는 마케팅과 판매를 맡았다. 그들은 애플Ⅰ, Ⅱ를 발표하면서 마침내 퍼스널 컴퓨터 시장의 도래에 힘입어 성공을 거두게 되었다. 1980년에는 주식을 공개하면서 그는 미국의 억만장자 반열에 들어서게 된다.

1984년에는 매킨토시 컴퓨터를 선보여 대대적 성공을 거두는가 했으나, 그의 고집은 워즈니악을 회사에서 떠나게 했고 판매는 부진의 늪에 빠지게 되면서 그는 1985년 5월 경영 일선에서 쫓겨나는 신세가 되었다. 그러나 그는 이에 굴복하지 않고 넥스트(Next)사를 세워 세계 최초의 객체지향 운영체제인 넥스트스텝(NextStep)을 개발하여 동사가 애플에 인수되면서 다시 애플로 복귀하였고, 픽사(Pixar)를 인수하여 애니메이션 영화〈토이 스토리(Toy story)〉를 제작 발표하여 성공함으로써 빈털터리였던 그를 다시 억만장자의 반열에 올려주었다. 2006년에는 픽사가 디즈니사에 인수되면서 그는 월트 디즈니사의 임원이 되는 쾌거를 이루게 된다. 다시 애플에 복귀한 그는 경영능력을 한껏 발휘하여 적자기업이었던 애플을 2년 만에 흑자 기업으로 바꿔 놓으면서 계속 아이튠즈, 아이팟, 아이폰, 아이패드를 내어놓아 애플을 세계 최고의 기업이 되도록 만들었다.

그러나 그러는 사이 그의 건강은 급속히 악화되어 2004년 췌장암으로 수술을 받았으나 재발하여 2011년 10월 안타깝게도 향년 56세로 사망한다. 이렇게 한 시대의 풍운아는 세상을 놀라게 하고 다시 그 자리로 돌아간 것이다.

오랜 기간 병마(病魔)와 싸워 왔던 스티브 잡스는 죽음을 두려워하지 않았다. 죽음은 삶이 만든 최고의 발명품이라고 그는 말했다. 창의적인 천재 스티브 잡스는 암(癌)에 시달려 왔다. 완치율이 낮다는 췌장암이었다.

그는 2005년 미국 스탠퍼드 대학 졸업식 강연에서 죽음에 대한 나름의 생각과 결론을 말했다. 이 강연은 프레젠테이션의 귀재(鬼才)인 스티브 잡스의 명연설로 손꼽힌다. 수술을 받은 이듬해 그는 스탠퍼드 강연에서 "곧 죽을 거란 사실을 안다는 것은, 인생에서 커다란 선택을 내리는 데 도움을 주는 가장 중요한 도구."라면서 "죽음 앞에서 외부의 기대나 자부심, 좌절과 실패 등은 덧없이 사라지고 정말로 중요한 것만 남는다."고 말했다.

"제가 아는 한, 여러분이 언젠가 죽는다는 사실을 기억하는 것은 뭔가를 잃을지도 모른다는 생각의 함정을 피하는 최고의 방법입니다."라고도 했다.

죽음에 대한 잡스의 초연한 태도는 선불교(禪佛敎)의 영향을 받은 것으로 보인다. 대학생 시절 잡스는 동양종교에 심취, 인도로 가기 위해 다니던 학교를 중퇴했다. 특히 일본 선불교에 빠져 한때 일본에서 승려로 살겠다고 마음먹기도 했지만, 일본 스승의 만류로 진로를 바꿨다. 그 일본 스승은 후에 잡스의 결혼식 주례를 진행했다고 한다. 잡스가 경영철학으로 종종 언급하는 '직관의 힘'과 '초심(初心)'은 이때의 영향으로 보인다.

발명을 거듭해온 잡스는 죽음조차 '발명품'이라고 했다. 그는 이 강연에서 자신이 암 진단을 받았다는 사실을 공개하면서, "죽음은 우리가 모두 공유하는 운명이고, 누구도 이를 피할 수는 없다."고 했다. 그러면서 "아마 죽음은 삶이 만든 유일한 최고의 발명품이다. 죽음은 삶을 변화할 수 있게 하는 동력이다. 죽음은 낡은 것을 없애고 새로운 것에 길을 내어준다."고도 했다.

6년 뒤인 2011년 10월 5일, 그는 조용히 세상을 떠났다. 잡스의 유족들은 이날 성명을 통해 "가족들이 지켜보는 가운데 잡스는 평화롭게 세상을 떠났다."고 밝혔다.

2004년부터 췌장암을 앓아온 스티브 잡스가 56세로 사망했다는 소식이 알려진 2011년 10월 6일 오전. 젊은이들은 스마트폰을 집어 들고 문자메시지로, 트위터로, 인터넷 댓글로 그의 죽음을 애도했다. 같은 시각 미국·유럽·남미에서 비슷한 일이 일어났다. 문장은 짧았다. '아이 새드(iSad·슬퍼).' 당연히 그의 히트작 아이패드(iPad)에서 따온 말이다.

하버드대를 다닌 천재이자 기부·선행의 대명사인 빌 게이츠가 '모범답안' 천재라면, 미혼모에게서 태어나 망나니짓을 하고 대학을 중퇴한 스티브 잡스의 시작은 삼류였다. 자기 회사에서 쫓겨나기도 했고, 대드는 직원은 가차 없이 잘랐다.

그런데도 세계는 이 괴팍한 창조자에게 열광했다.

스티브 잡스는 소문자 'i'면 충분하다는 걸 증명했다.

애플의 아이맥(iMac), 아이폰(iPhone), 아이팟(iPod), 아이패드(iPad)엔 모두 'i'가 붙는다. 대문자가 아니라 소문자다. 죽은 그가 'iHeaven(천국)'에 있을 것이란 농담도 그래서 나온다.

"나는 세상을 이분법적으로 본 적이 없다. 나는 룰을 만드는 사람이다." 당돌한 비주류 선언이다. 이에 대해 젊은이들은 이렇게 받아들였다. "그래, 나(i) 별거 없는 인간이다. 그런데 나는 나다."

그가 40대였을 때 이렇게 말했다. "외부 세계는 당신을 특정한 이미지로 규정하고 그걸 더 공고히 만들려 할 것이다. 예술가로 살아가기란 점점 더 힘들 수밖에 없다. 그럴 때 '잘 있어, 나는 벗어나고 싶어.'라 말하고 박차고 일어나야 해."

잡스 제품은 오만하고 낯설었다.

아이폰·아이패드는 배터리를 교체할 수 없다. 매끄러운 디자인을 위해서다. 소비자가 싫어할 것이라 예상했지만 결국 성공했다. 이런 뜻이다. "좀 깨지면 어때, 네가 하고 싶은 대로 해."

그런 잡스에게 '대세'란 의미 없고 따분한 것이었다. "나는 세계 최대가 아니라 최고 기업을 만드는 게 꿈이다." 잡스는 애플2로 PC 시장을, 다시 아이패드와 아이폰으로 포스트 PC 시장을 만들었다. 그는 경쟁자와 아등바등하는 대신 쿨(cool)하게 시장을 새로 창조했다. 청바지와 검은색 티셔츠로도 충분히 멋지다는 것, 커다란 회사명 대신 '애플' 마크 하나로도 디자인이 멋질 수 있다는 것, 전화기로 전화만 거는 건 아니라는 것을 알려준 것도 스티브 잡스였다.

2011년 10월 6일 지구인들이 그의 죽음을 안타까워한 것은 그가 '다르게 생각하기(Think Different)'라는 새로운 복음을 전파했기 때문일 것이다. 우리는 그걸 잡스 스타일이라 부른다.

스티브 잡스는 최고의 아메리칸 혁신가들 중 하나였다. 다른 생각을 하는 용감함을 지녔고, 세상을 바꿀 수 있다는 대담한 믿음을 가졌으며, 그것을 해낼 수 있는 재능이 있었다. 차고에서부터 이 세상에서 가장 성공한 기업을 만들어 내면서, 그는 미국의 독창성, 창조성이라는 정신의 전형이 되었다. 컴퓨터를 개인화시키고, 인터넷을 주머니에 넣을 수 있도록 함으로써 정보혁명을 단순히 접근성의 증대가 아닌 직관적이고 재밌는 것으로 만들었다.

그리고 그의 스토리텔링의 재능을 통해, 그는 수백만의 아이들과 어른들에게 즐거움을 선사했다.

스티브 잡스는 매일을 마지막 날처럼 산다는 말을 하곤 했다. 그렇게 함으로써, 그는 우리의 삶을 변화시키고, 전 산업을 재정의했으며, 전 인류 역사상 아주 중요한 족적을 남겼다. 그는 우리가 세상을 보는 방식을 바꾸었다.

그는 기술혁명의 선지자였다. 전 세계가 그의 부고를 그가 발명한 기기를 통해 전해 들었다는 사실만큼 그의 성공을 대변해주는 것은 없을 것이다.

잡스는 말했다. "우리는 앞을 바라보면서 점들을 연결할 수는 없다. 오로지 뒤를 바라볼 때만 우리가 찍어온 점들을 연결할 수 있다. 그러니 (내가 찍는) 점들이 미래에 어떤 식으로든 연결된다고 믿어야만 한다."

지금까지 당신이 살아온 인생이 비록 볼품없을지라도 하나하나 인생에서 찍어온 점들이 미래에 연결될 때 당신의 인생도 잡스의 인생처럼 위대한 작품이 될 수 있다는 사실, 잡스가 우리에게 남긴 희망의 메시지다.

인생의 점들을 멋지게 이어나갈 당신을 위해 잡스는 지금 당신에게 속삭인다.

"다른 사람의 삶을 대신 사느라 시간을 허비하지 마십시오. 스스로 위대하다고 생각하는 일을 하십시오. 항상 갈망하고 끝없이 (배울 것이 남아 있는) 어리석은 사람으로 살아가십시오(Stay Hungry. Stay Foolish).″

인생의 절정기를 달리던 잡스에게 찾아든 건 병마였다. 2004년 어느 봄날 잡스는 병원에서 시한부 선고를 받는다. 그러나 스티브 잡스는 병마를 극복하고 2007년 1월 9일 미국 샌프란시스코 맥월드 콘퍼런스에 청바지와 검은색 긴 팔 셔츠를 입고 나타나 병마를 극복했음을 과시했다. 그의 등 뒤에 설치된 스크린에는 아이팟과 닮은 제품 하나가 떴다. 잡스는 "혁신적인 제품은 모든 것을 변하게 한다."며 아이폰(iPhone)을 선보였다. 이날 애플은 회사 이름을 '애플컴퓨터'에서 '애플INC'로 바꾼다. 더 이상 컴퓨터로 자신의 정체성을 한정시키지 않고 영역을 넓혀 가겠다는 의미였다. 애플이 아이폰을 내놓기 전까지만 해도 전문가들은 아이폰의 성공 가능성을 낮게 보았다. 애플은 이동통신에 대한 기술도, 기술자도, 생산시설도, 판매자도 갖고 있지 못한 기업이었다. 애플이 아이팟을 히트시키며 컴퓨터 이외 분야에서도 성공했지만, 휴대폰은 아이팟과는 전혀 다른 제품이었다. 좋은 품질과 잘 갖춘 유통망이 있으면 팔리는 컴퓨터나 아이팟과는 달리 휴대폰은 이동통신 회사라는 파트너가 있어야 했다. 그리고 그 파트너는 제조업체에 있어 '울트라 갑'의 위치에 있었다.

하지만 잡스는 미국 최대 통신사인 AT&T와 협상을 벌여 좋은 조건으로 계약을 맺는다. 개발의 모든 권한은 애플에 있으며, 로고나 디자인, 시장 가격, A/S 방식, 광고까지 애플이 결정하되, 아이폰 판매대금과 통신료 매출액은 애플과 AT&T가 적절히 배분한다는 조건이었다. AT&T는 애플의 요구를 거의 다 들어주는 굴욕에 가까운 계약서에 도장을 찍었다. AT&T는 미국 최대 통신회사였지만 1위 이미지는 그다지 높지 않았다.

새로운 기술이나 서비스로 업계를 이끌어 온 회사는 2위인 버라이즌이었다. AT&T는 아이폰으로 혁신이라는 이미지를 높여 젊은이들에게 다가서고 싶었던 것이고, 잡스는 이를 알아채고 최대한 자기의 요구사항을 관철시킨 것이다. 이제 아이폰은 PC와 인터넷 중심의 세상을 모바일 중심으로 바꾸어놓았다. 애플은 거대한 자본과 오랜 노하우가 필요한 통신시장에 혈혈단신으로 들어가 무혈 입성하듯 간단히 휴대폰 회사들을 제압했다.

"혁신은 앞서가는 자와 뒤따르는 자를 구별시킨다."는 그의 말처럼, 전 세계 IT업체들은 애플을 뒤쫓아 가기 바빴다. 휴대폰 개발 경험도 없고 생산시설도 없는 상황에서 잡스가 아이폰을 성공시킬 수 있었던 핵심은 무엇일까?

그의 '창의적인 관점'이 성공의 핵심이었다.

기존 휴대폰 회사들은 휴대폰의 통화품질과 화상통화 같은 각종 기능에 집착했지만, 잡스는 휴대전화가 아닌 PC를 휴대폰처럼 들고 다닌다는 역발상을 했던 것이다. 자신의 컴퓨터에 소프트웨어를 깔 듯 휴대폰에 각종 애플리케이션을 까는 재미를 넣어준 것이 히트의 원동력이었다.

또 다른 성공요인은 고객이 참여할 수 있는 장터를 마련해준 데 있었다. 바로 아이폰의 소프트웨어를 다운받을 수 있는 앱스토어(App Store)다. 애플 앱스토어는 고객 참여를 유도하고 응용 소프트웨어와 콘텐츠가 풍부해 아이폰의 인기를 높이는 데 일익을 담당하고 있다. 이것은 잡스가 창조한 새로운 비즈니스 모델이었다. 앱스토어엔 컴퓨터를 만들었던 애플의 DNA도 녹아 들어가 있었다. 전통적 컴퓨터 회사들은 제품만을 내놓는 게 아니라 지속적으로 소프트웨어를 개발하고 업그레이드를 계속하는 것이 관행이었는데 앱스토어 역시 팔고 나면 그만이라는 보통의 제조업과는 다른 접근방식을 택한 것이다.

아이폰의 성공신화가 계속되던 2009년, 잡스에게 병마가 다시 찾아왔다. 병이 다시 재발한 것이다. 그는 간이식 수술을 받은 후 생사가 오가는 상황에서도 병실에서 아이패드 개발을 점검하는 투혼을 불살랐다.

2010년 잡스는 아이폰의 성공에 안주하지 않고 아이패드를 선보여 태블릿PC 시대를 열었다. 휴대폰 업체들이 스마트폰을 내놓으며 애플을 따라붙자 아이패드로 전선을 넓혀나간 것이다. 잡스는 가정(애플 TV)이든 사무실(아이패드)이든 이동할 때(아이폰, 아이팟)든 모든 사람이 애플 제품을 쓸 수 있게 만들었다. 이른바 디지털허브 전략인 셈이다.

애플은 2010년 5월 26일 뉴욕 증시 종가 기준으로 2천 221억 달러(당시 환율로 약 278조 원)를 기록해 시가총액에서 마이크로소프트를 제치는 기염을 토한다.

그 뒤 애플은 3분기에 203억 달러의 매출을 기록해, 마이크로소프트(162억 달러)를 다시 한번 추월했다. 그해 12월 영국 〈파이낸셜타임스〉가

'올해의 인물'로 스티브 잡스를 선정하기도 했다.

6.2. 풍운아 스티브, 암으로 죽음을 기다리며 그의 삶을 회고하다

2011년 10월 그는 췌장암으로 병상에서 죽음을 기다리며 그의 삶을 다음과 같이 회고했다고 한다. 다만, 이 말이 진정 스티브 잡스가 병상에서 회고한 말인지 의심스럽다는 의견도 일부 있으나 필자가 문장의 흐름과 내용을 읽어볼 때 고인의 명예를 훼손하거나 읽는 사람의 감정을 해치는 내용도 없는 그야말로 죽음을 앞둔 초연한 사람의 언어임이 분명하여 이를 전제하니 참고하고 읽어주시기 바란다.

"나는 사업에서 성공의 최정점에 도달했었다. 다른 사람들 눈에는 내 삶이 성공의 전형으로 보일 것이다. 그러나 나는 일을 떠나서는 기쁨이라고 거의 느끼지 못한다. 결과적으로 부(富)라는 것은 내게는 그저 익숙한 삶의 일부일 뿐이다. 지금 이 순간에 병석에 누워 나의 지난 삶을 회상해보면, 내가 그토록 자랑스럽게 여겼던 주위의 갈채와 막대한 부는 임박한 죽음 앞에서 그 빛을 잃고 그 의미도 다 상실했다. 어두운 방 안에서 생명 보조 장치에서 나오는 큰 빛을 물끄러미 바라보며 낮게 웅웅거리는 그 기계소리를 듣고 있노라면 죽음의 사자(使者) 손길이 점점 가까이 다가오는 것을 느낀다.

이제야 깨닫는 것은 평생 굶지 않을 정도의 부만 축적되면 더 이상 돈 버는 일과 상관없는 다른 일에 관심을 가져야 한다는 사실이다. 그건 돈 버는 일보다 더 중요한 뭔가가 되어야 한다. 그건 인간관계가 될 수도 있고 예술일 수도 있으며, 어린 시절부터 가졌던 꿈일 수도 있다. 쉬지 않고 돈 버는 일에만 몰두하다 보면 결과적으로 비뚤어진 인간이 될 수밖에 없다. 바로 나같이 말이다. 부에 의해 조성된 형상과는 달리 하나님은 우리가 사랑을 느낄 수 있도록 감성이라는 것을 모두의 마음속에 넣어주셨다.

평생에 내가 벌어들인 재산은 가져갈 도리가 없다. 내가 가져갈 수 있는 것이 있다면 오직 사랑으로 점철된 추억뿐이다. 그것이 진정한 부이며 그것은 우리를 따라오고 요동치며 우리가 나아갈 힘과 빛을 가져다줄 것이다. 사랑은 수천 마일 떨어져 있더라도 전할 수 있다. 삶에는 한계가 없다. 가고 싶은 곳이 있으면 가라. 오르고 싶은 높은 곳이 있으면 올라가 보라. 모든 것은 우리가 마음먹기에 달렸고 우리의 결단 속에 있다. 어떤 것이 세상에서 가장 힘든 것일까? 그건 병석(病席)이다. 우리는 운전수를 고용하여 우리 차를 운전하게 할 수도 있고 직원을 고용하여 우리 위해 돈을 벌게 할 수도 있지만 고용을 하더라도 다른 사람에게 병을 대신 앓도록 시킬 수는 없다. 물질은 잃어버리더라도 되찾을 수 있지만, 절대 되찾을 수 없는 것이 하나 있으니 바로 삶이다. 누구라도 수술실에 들어갈 즈음이면 진작 읽지 못해 후회하는 책 한 권이 있는데 이름하여 건강한 삶의 지침서이다. 현재 당신이 인생의 어떤 시점에 이르렀던지 상관없이 때가 되면 누구나 인생이란 무대의 막이 내리는 날을 맞게 되어 있다.

가족을 위한 사랑과 부부간의 사랑, 그리고 이웃을 향한 사랑을 귀히 여겨라.

자신을 잘 돌보기 바란다. 이웃을 사랑하라."

6.3. 스티브 잡스가 말하는 성공의 지혜

첫 번째, 저는 흠집이 난 스테인리스를 좋아합니다. 그것은 마치 우리들과 비슷한 모습이거든요. 저도 내년이면 이제 50세가 되는데 제 인생도 흠집이 난 아이팟의 스테인리스하고 많이 닮았습니다.

두 번째, 우리는 수많은 실수를 합니다. 그것이 바로 인생이죠. 하지만 최소한 그것들은 새로워지고 창조적이게 됩니다. 실수를 두려워하지 마세요.

세 번째, 저는 셀 수도 없이 수많은 돈을 잃었습니다. 만약에 애플Ⅲ가 성공했다면 IBM은 개인용 컴퓨터 시장에 들어오는 데 큰 어려움을 겪었을 겁니다. 하지만 그것이 인생이지요. 우리는 그 실패의 경험으로부터 더 강해졌다고 생각합니다.

네 번째, 나는 바보 멍청이가 된 기분이었습니다. 나는 기회를 놓쳤다고 생각했습니다. 우리는 이를 만회하기 위해서 정말 열심히 일해야 했습니다. 그 결과 우리는 해냈지요. 우리가 원하던 것을.

다섯 번째, 우리는 수많은 혁신을 시도하였고 수많은 실수도 했습니다. 그럴 때면 우리는 재빨리 실수를 인정했지요. 그리고 다른 문제들을 개선하는 데 매진했습니다.

여섯 번째, 우리는 뒤를 돌아보는 일은 그만해야 했습니다. 우리에게는 내일이 중요하니까요. 뒤를 돌아보면서 "해고당하지 않았으면 좋았을 텐데. 내가 거기 있었으면 좋았을 텐데. 내가 그것을 했어야 하는데…."라는 말은 아무 소용이 없었습니다. 아니 그 말은 우리가 앞으로 나가는 것을 막아서는 장애물이었습니다. 우리는 어제 있었던 일들을 걱정하기보다 내일을 새롭게 창조하여 나가야 했습니다.

일곱 번째, 어떤 기능은 제품을 더 좋게 만들어 주지만 어떤 기능은 제품을 더 나쁘게 만듭니다. 시장이 우리에게 잘못된 선택을 했다고 말한다면,

우리는 그때 그것을 바꿀 것입니다. 우리는 우리가 시장을 만들어 낸다고 자부합니다. 그러나 시장과 싸우지는 않습니다. 시장은 옳으니까요.

여덟 번째, 무엇인가를 잘하는 방법을 배우기 위해서 우리는 많은 실수를 반복했습니다. 그리고 많은 실패도 했죠. 그러나 그 실패에 실망을 한 적은 있지만 절망은 안 했지요. 왜냐하면 또 새로운 기회가 기다리고 있다는 희망이 나를 어루만져 주었으니까요.

아홉 번째, 롤링 스톤스의 믹 재거는 "당신이 원하는 것을 항상 얻을 수는 없다. 때로는 당신에게 필요한 것이 대신 들어온다."라고 말했습니다. 5년 전의 저라면 힘들었겠지만 이제는 경험을 통해서 지혜를 얻을 수 있다고 생각합니다. 원하는 것이 아닌 다른 사건이 발생하면 그것은 나에게 필요한 일이라고 생각하세요. 그리고 심사숙고하다 보면 길이 보입니다. 이 세상에서 그냥 일어나는 일은 없지요. 모두 연결되어 함께 돌아가는 것이지요.

열 번째, 여러분은 과거를 뒤돌아봤을 때에 비로소 점들을 연결할 수 있습니다. 그러므로 모든 점들은 당신의 미래와 어떻게든 결국은 이어질 것이라는 것을 믿어야만 합니다. 본능, 운명, 삶, 업보 등 무엇이든 간에 점들이 결국 연결되어 하나의 길을 이루게 될 것이라 믿는다면 여러분은 당신의 가슴이 움직이는 대로 따르는 자신감을 가지게 될 것입니다. 설사 당신의 마음을 따르는 것이 잘 닦여진 길에서 벗어날지라도 당신은 인생에 변화를 가지게 될 것입니다.

6.4. 스티브 잡스와 빌 게이츠의 다른 삶

빌 게이츠와 스티브 잡스는 동년배인 데다 IT계열의 천재, 프로그래머,

IT회사 창립자이자 CEO, 벤처신화를 이뤄낸 장본인 등 공통점이 많아 묘한 라이벌 관계를 형성하고 있었다.

　2017년 애플이 시가총액 세계 1위를 차지하고 있지만 잡스의 살아생전에는 실제 빌 게이츠의 마이크로소프트와 잡스의 애플은 미국 상장회사 중 시가총액 1위 자리를 수없이 엎치락뒤치락하며 세계 최고의 IT기업 자리를 다투고 있었다. 파격적이고, 혁신적인 제품과 직접 본인이 시연하는 프레젠테이션 퍼포먼스로 인하여 혁신의 아이콘이라는 이미지는 스티브 잡스에게 더 강했다. 그러나 탁월한 프로그래머, 세계 최고의 부호, IT의 상징성은 빌 게이츠가 더욱 앞선다는 평이 많다.

　이 둘의 말년은 상당히 대조된다. 스티브 잡스는 자선활동에는 그다지 관심이 없었고 그 자신이 회고한 대로 최고에 올랐다고 생각했을 때 갑작스럽게 찾아온 췌장암은 결국 그를 이 세상에서 일찍 데려갔다. 무엇인가를 이루기 위해 모든 것을 바친 그는 결국 몸의 건강을 담보로 성공의 최고봉에 오른 불행한 사람이 된 것이다. 그는 불교와 선 수행을 경험했지만 그의 불타는 열정이 '마음 비움'이라는 화두를 받아들이지 못한 것으로 보인다. 작은 행복이 쌓여 큰 행복이 되고 매일 매일 행복하면 성공은 자연스럽게 다가오건만 그는 너무 성공에 목말라 자학하면서 심신의 건강을 상실하고 만 것이다.

　일찍 요절한 천재라는 스티브 잡스에 대한 평가와는 달리, 빌 게이츠는 은퇴 후 엄청난 자선활동으로 부의 화신이란 종전의 다소 부정적인 이미지에서 벗어나 이젠 자선의 상징으로 제2의 삶을 살아가고 있다. 빌 게이츠는 마이크로 윈도우(Microsoft Windows)의 대대적 성공을 통해 엄청난 부를 축적함으로써 40대 초반에 이미 세계 제1위의 부자가 되었다. 그는 '부의 제국'의 지배자, 어둠의 군주, 세계를 뒤에서 조종하는 사람 등으로 비유되곤 했지만 우여곡절을 겪은 후 49세라는 젊은 나이에 일찍 은퇴한 후 파격적인 자선사업으로 그간 쌓여 있던 모든 부정적인 이미지를 긍정적인 이미지로 바꾸고 있다.

스티브 잡스가 살아 있을 때, 빌 게이츠는 모바일 시장에 적용이 늦었던 탓에 한때 세계 1위 부자 자리를 스티브 잡스에게 빼앗겼었다. 많은 사람들이 빌 게이츠의 시대는 지나갔다고 쑥덕거리기도 했었다. 그러나 빌 게이츠는 크게 신경 쓰지 않았다. 그는 자선 규모를 크게 키워 그의 자선재단을 전 세계에서 가장 큰 자선단체로 만들었으며, 자녀들에게는 본인 재산의 0.1% 미만만을 물려준다는 선언을 하는 등 수많은 화제를 뿌렸다. 그는 오바마의 현인으로 불리는 워런 버핏과 함께 전 세계 부호들에게 기부에 동참할 것을 호소하며 설득하는 캠페인을 벌여 전 세계에 크게 화제가 되고 있다. 이제 그는 기부의 상징이자 노블레스 오블리주를 실천하는 부호의 상징으로 존경받고 있다. 그는 지금도 열정적으로 전 세계의 어려운 곳을 찾으며 해결사 역할을 하고 있다.

7. 제프 베조스(1964~현재)

7.1. 전도양양했던 펀드 매니저 베조스, 미래를 선택하다

제프 베조스(Jeffrey Preston Bezos, 1964년~)는 미국의 기업가이며 투자자로, 아마존닷컴의 설립자이자 CEO이다.

제프의 어머니는 고등학생이던 10대 때 그를 낳고 곧 남편과 이혼했다. 그의 어머니는 제프가 다섯 살 때 쿠바 출신의 이민자와 재혼했는데 '베조스'라는 성은 바로 양아버지에게 물려받은 것이다. 어릴 때부터 과학에 뛰어난 자질을 보였던 제프는 과학영재학교를 다녔고, 마이애미 팔메토 고등학교 재학 중에는 어린 학생들의 창의력을 촉진하기 위한 드림인스티튜트 센터를 설립하는 등 남다른 재능을 보이면서 고등학교를 우등으로 졸업하였다. 10대 시절에는 공부에 방해가 될까 봐 여동생이 자신의 방에 들어오지 못하도록 방문에 전자 벨을 만들어 달았다는 일화가 있다.

1986년 프린스턴대학교에서 전기공학과 컴퓨터과학 학위를 받고 최우등으로 졸업한 그는 벨 연구소와 인텔 등 최고 기업들의 입사 제안을 받았으나, 그는 '안정'이 아닌 '성장 가능성'을 최우선 가치에 두고 첫 직장으로 벤처기업 피텔을 선택했다. 그 후 4년 동안 그는 여러 일을 전전하다가, 1990년 미국 월가의 투자은행 디이쇼(D.E.Shaw)사에 입사하여 4년 동안 펀드매니저로 활동하기도 했는데 그는 나이 서른에 월가의 펀드매니저이자 최연소 부사장에 올라 100만 달러의 연봉을 받을 정도로 실력을 인정받기도 했다. 그러나 제프는 1994년 성공이 약속된 월가를 미련 없이 떠난다. "인터넷 이용자가 매년 스물세 배씩 급증한다."는 기사 한 줄을 읽고, 전자상거래의 잠재력에 마음을 빼앗겼기 때문이다. 그는 "80세에 내 삶은 어떨까? 적어도 월스트리트에서 보너스를 못 받았다고 후회하진 않을 것 같다."라고 결론 내리고 바로 월스트리트에 퇴사를 하고 사업을 시작한다.

1995년 제프는 서적 유통 업체 잉그램(ingram)이 있는 시애틀로 가서 자신의 집 차고에서 '아마존'이라는 서적유통회사를 차린다. 제프는 인터넷에서 팔 만한 물건이 무엇이 있나 고민하고 6가지 기준에 의하여 책을 선정했다고 한다.

첫째, 재고의 확보 가능성, 둘째, 상품의 친근성, 셋째, 커다란 시장규모, 넷째, 경쟁의 용이성, 다섯째, 배송비용, 여섯째, 온라인의 잠재력이다.

제프는 이렇게 생각했다고 한다.

"일단 책은 다른 물건보다 재고의 확보가 용이하다. 그리고 당시 경쟁사는 오프라인의 반스 앤드 노블과 보더스 그룹뿐이며, 둘이 합쳐서 시장 점유율이 25% 정도이고 나머지는 기타 많은 오프라인 서점들이 나누어 점유하고 있어 새로운 경쟁자로 뛰어들어 승리할 가능성이 충분하다. 또 책은 그 자체로 가치가 있고, 책이 뭔지 모르는 사람은 없어 매우 친근한 상품이다. 특히 당시 미국의 소프트웨어나 음반 사업하고 비교해보면 도서시장의 규모가 이들보다 훨씬 더 크고, 책은 가볍기 때문에 배송비용도 적게 든다. 뿐만 아니라 나는 컴퓨터공학에 조예가 깊고, 그에 따라서 책을 분류화해서 데이터베이스 해서 100만 종의 책도 쉽게 찾아볼 수 있도록 인터넷을 활용해서 시스템을 구축할 자신이 있다."

이 시점에서 제프가 평생을 함께할 동료를 만나게 되는데 그들이 바로 쉘던과 허브이다. 당시 그들도 프로그래머로서 사업아이템을 구상 중이었는데, 제프 아이템의 성공 가능성을 크게 보고 동참하게 되었다고 한다. 스티브 잡스에게 스티브 워즈니악이 있었다면, 제프 베조스에게는 쉘던이 있었다. 사업에 있어서 믿을 만한 동업자를 구하는 것은 필수이다.

7.2. 세계 최초 온라인 서점의 탄생

제프가 D.E.쇼앤컴퍼니와 결별하게 된 결정적 계기는 '온라인 서점'에 대한 견해차였다. 당시 쇼는 제프에게 온라인 신규 사업 개척 프로젝트를 맡겼다. 웹의 가능성에 매혹된 제프는 전자상거래의 잠재력을 분석했다. 책은 전자상거래에 가장 적합한 상품이란 결론을 얻었다. 지난 10년간 출판계의 데이터베이스 정리 작업이 끝난 데다 보관과 운반이 쉽고 비용도 싸게 들기 때문이었다. 하지만 쇼는 그의 제안을 현실성 없다며 거절했다.

"온라인으로 책을 팔겠다는 생각은 대단하지만, 이미 7자리 숫자의 수입을 올리고 있는 사람이 할 일은 아니네."

1994년 제프는 연봉 100만 달러짜리 직장을 미련 없이 떠났다. 아내 매킨지와 미국을 동서로 횡단하는 여행을 떠나며, 자동차 안에서 사업계획서를 썼다.

"오프라인 서점 중 가장 큰 서점보다 열 배 이상 큰 규모의 초대형 온라인 서점을 만든다."

최종 목적지를 정해놓지 않고 떠난 여행. 부부는 시애틀에 정착하기로 합의했다. 아마존의 전신인 '카다브라'가 탄생한 것은 1994년 7월. 제프는 시애틀에 집을 한 채 구해 '카다브라'의 사무실로 삼았다. 전자상거래가 가능한 소프트웨어를 만들고, 함께할 최고의 인재를 구하는 데 시간을 보냈다. 경영학에서 퍼스트 무버(최초 진입자)는 실패할 확률이 높다고 말한다. 신규 시장을 창출하면서 수많은 시행착오를 겪기 때문이다. 후발주자가 모방하기 쉬운 비즈니스 모델을 내놓을 경우 더욱 그렇다.

이를 염두에 둔 것일까. 1995년 2월 회사 설립 등록을 한 제프는 그 이름을 '아마존닷컴'이라고 붙였다. 세계에서 가장 큰 강인 아마존 강은 아마존 다음으로 큰 강보다 10배나 크다. 제프는 차등 경쟁자보다 10배 이상 큰 회사를 만들고 싶었던 것이다.

창업 자금 모금은 제프에게 가장 큰 도전이었다. 난생처음 창업하겠다고 100만 달러를 구하는 20대 중반의 젊은이에게 벤처투자자들이 지갑을 열리 만무했다. "동네 서점에서 구하기 어려운 책은 주문하면 된다.", "성공하더라도 미국 의회 도서관보다 더 큰 물류 창고를 지어야 한다." 1995년만 해도 인터넷의 상업성에 대해 부정적인 인식이 많았다.

하지만 서류 한 장 보지 않고 10만 달러를 투자한 사람도 있었다. '창업 아이디어를 보지도 않고 창업자의 뛰어난 자질을 높이 산' 부모님이었다. 그는 실패 가능성을 대비해 가족에게 "10만 달러를 모두 날릴지 모른다."고 미리 경고했다. '리스크 테이킹(risk-taking)'의 자질은 지금의 제프를 있게 한 원동력 중 하나였다. 높은 연봉의 안정된 직장을 떠나 성공이 불확실한 사업에 도전할 수 있는 '강심장'은 많지 않다.

그러나 그는 투자자들을 설득할 자신이 있었다. 그 비결은 바로 객관적인 자료에 대한 믿음이었다. 그는 존 쿼터먼의 인터넷 사용 연구 조사 자료를 인용하며 "매년 200~300%씩 인터넷 사용인구가 성장하고 있다면, 비록 오늘은 보이지 않더라도 내일은 코앞에 닥쳐옵니다."라고 투자자들을 설득했다.

회사를 설립한 1996년부터 1997년까지 아마존의 성장세는 폭발적이었다. 이를 바탕으로 1997년 5월 아마존은 1주당 18달러로 상장했다. 아마존은 상장한 지 채 1년도 안 돼 주식은 1주당 100달러에 거래돼는 쾌거를 이루었다.

　제프는 출판업계 평정에 만족하지 않고, 1997년 6월 CD와 DVD를 파는 음악 사이트를 시작했다. 1999년 제프는 모든 자금을 투자해 전자상거래에서 1위 브랜드를 구축하는 데 집중했다. 판매 영역을 장난감과 게임, 소프트웨어, 스포츠용품, 보석과 가죽제품 등으로 늘려나갔다. 이베이(eBay)에 대항해 옥션 사업까지 시작했다. 그해 미국 시사주간지 〈타임〉은 제프 베조스를 '올해의 인물'로 선정했다. 〈타임〉은 커버스토리에서 그를 일컬어 "사람들의 삶의 양식은 물론 미래로 가는 길을 닦고 있는 인물."이라고 평가했다.

　이렇듯 아마존이 승승장구할 수 있었던 까닭은 무엇일까?

　가격경쟁력은 아마존이 후발주자를 따돌릴 수 있는 요인 중 하나였다. 1999년 최대 규모의 오프라인 서점 반스앤노블(Barnes&Noble)이 온라인 서점을 개통하며 역공에 나섰다. 여기에 맞선 아마존의 전략은 '베스트셀러 50% 할인 판매'였다. 뒤늦게 온라인서점을 연 반스앤노블과 보더스닷컴이 아마존의 할인 전략을 따라 했다. 그러나 최후의 승자는 고객 웹페이지 구축에 꾸준히 투자하고 온라인 서점에 맞는 효율적인 물류시스템을 구축한 아마존이었다. 결국 경쟁자인 보더스닷컴도 항복을 선언했다. 2001년 아마존과 브랜드를 공유하고 물류 시스템을 빌려 쓰는 협력 관계로 돌아선 것이다.

　"고객은 항상 옳다."는 제프의 말은 아마존을 관통하는 철학이다.

　아마존의 이용자라면, 자신의 구매 이력에 따라 관심 있을 만한 책이나 CD, DVD를 알려주는 '추천' 메뉴에 감동받은 적이 있을 것이다. 국내 인터넷 서점 대다수가 고객의 취향에 대한 고려 없이 일률적으로 신상품을 추천 메뉴에 올리기 때문이다. 아마존의 개인 맞춤형 서비스는 '고객 중심 사고'와도 맞닿아 있다.

제프는 80세 넘은 할머니 고객이 "포장을 뜯기 어렵다."며 e메일을 보내자 곧바로 포장재 디자인을 바꾼 실천가였다. 아마존은 불평 많은 시끄러운 고객도 참을성 있게 응대하는 직원을 선호했다.

제프는 우수하고 똑똑한 인재를 고용하는 일의 중요성을 D.E.쇼앤컴퍼니에 근무하던 시절 배웠다. 그는 가장 우수하고, 목표를 달성하고자 하는 욕구가 강한 인재를 원했다. 2003년 그가 '블루 오리진'을 설립하며 웹사이트에 남긴 구인광고는 강렬한 인상을 남겼다.

"우리의 고용 과정은 단언컨대 극단적으로 어려울 것이다. …어떤 지위에 해당하는 사람이든 각자가 속한 영역에서 기술적으로 천부적인 능력을 보여줘야 한다."

7.3. 유통기업에서 플랫폼기업으로

승승장구하던 아마존에도 위기는 있었다. 2000년 인터넷 사업의 거품이 꺼지면서 주당 100달러에 이르던 주가가 6달러로 추락했다. 한때 100억 달러에 육박하던 그의 재산도 2002년에는 15억 달러로 줄었다. 제프는 "단기간의 주가 변동에는 관심 없다. 고객에게 집중하자."고 직원들 독려했다. '종합 인터넷 쇼핑몰' 구축을 위한 사업 다각화도 꾸준히 진행했다. 2003년 아마존은 창업 이후 최초로 3천 500만 달러 순이익을 기록했다. 아마존은 인터넷기업 거품 붕괴에서 살아남은 몇 안 되는 알짜 기업으로 부상했다.

아마존은 단지 '유통 기업'에 머물지 않았다. 데이터베이스(DB)부터 검색까지 웹과 관련된 기술력에 천문학적인 액수를 투자하며 플랫폼 기업으로의 도약을 꾀했다. 무모해 보이는 그의 시도에 대해 2006년 '비즈니스위크'는 "측정 가능한 숫자를 좋아하던 합리적인 제프 베조스는 어디 가고 기술과 콘텐츠에 천문학적인 돈을 쏟아붓고 있다."고 비판했다.

하지만 제프 베조스의 안목이 틀리지 않았다는 사실이 증명됐다. 당시 투자했던 클라우드 컴퓨팅과 웹스토어 서비스 부문에서 큰 수익을 내는 중이다. 웹스토어 서비스란 기업이나 개인에게 웹사이트 구축부터 결제, 배송에 이르는 전 과정에 필요한 플랫폼을 제공하는 것을 말한다.

한발 앞서 트렌드를 읽고 새로운 사업 기회를 찾아내는 것은 제프의 특기다. 전자책은 아마존의 주요 수입원인 종이책의 판매를 잠식하는 '카니벌라이제이션(Cannibalization)'의 위험도 있었다. 하지만 제프는 전자책 시장의 성장을 예측하고 과감하게 투자했다. 그는 2007년 킨들을 처음 선보이며 "책은 사라지지 않는다. 다만 디지털화될 뿐."이라고 말했다. 킨들의 가장 큰 경쟁자는 애플의 아이패드로 대표되는 태블릿PC다. 화려한 컬러에 인터넷, 동영상 등 멀티미디어 기능을 갖춘 태블릿PC는 흑백 텍스트를 제공하는 전자책보다 훨씬 진화한 듯 보인다. 전자책이 결국 태블릿PC로 수렴되는 것은 아닐까. 제프 베조스는 이러한 시각에 대해 반박한다.

"아마존은 태블릿PC를 만드는 데 관심이 없다. 현재 100개 회사가 만들고 있다. 우린 독서에 특화된 기기를 만들고 싶다. 그게 우리가 갈 길이다."

7.4. 창업자 중 스티브 잡스 이후 가장 창의적인 CEO

고객중심주의의 대명사인 아마존은 처음에는 인터넷 상거래를 통해 책을 판매하는 기업으로 출발하여 지금은 모든 상품을 판매하고 있는데 심지어 인터넷 판매가 불가능할 거라고 여겨졌던 유기농 과일과 채소까지도 주문과 거의 동시에 배달하는 시스템을 갖춘 기업으로 변모하고 있다. 뿐만 아니라 인공지능 AI과 빅 데이터의 기반인 클라우딩, 로봇 및 우주산업에도 그 사업의 영역을 확장하고 있어 선두에서 4차 산업 혁명을 이끌고 있다는 데 누구도 이의를 달지 않는 기업이다.

2017년 IBM 인공지능 '왓슨'은 IT CEO들의 연설문, 에세이, 저서, 인터뷰 등에서 2천 500개 이상의 단어들을 분석한 결과 애플의 CEO 팀 쿡과 아마존 CEO 제프 베조스를 가장 창의적인 CEO 1, 2위에 선정했다. 팀 쿡은 애플의 창업자는 아니므로 창업자 중 가장 창의적인 CEO로는 제프 베조스가 선정된 셈이다.

7.5. 제2의 '잡스'가 되다. 그러나 잡스가 고가전략가(수익우선)라면 그는 저가전략가(고객우선)라는 점이 다르다

2011년 10월 IT 업계의 큰 별 스티브 잡스가 사망하자 세계 언론은 '제2의 잡스'를 찾는 데 분주했다. 가장 유력한 후보로 거론되며 잡스 사망 후 그 존재감이 더욱 뚜렷해진 사람이 바로 제프 베조스 아마존닷컴 대표다.

잡스나 빌 게이츠 등 대부분의 IT 거물들은 10대 때부터 반쯤 컴퓨터에 '미쳐' 일찌감치 IT 업계에 뛰어들었다. 그와 달리 베조스는 서른 살에 첫 사업을 시작한 늦깎이다. 늦긴 했지만 "인터넷으로 책을 판다."는, 당시로써는 누구도 상상하지 못했던 획기적인 아이디어를 시작으로 계속해서 새로운 창의력을 발휘하여 세계를 놀라게 한다.

만약 베조스가 아마존닷컴을 세계 최대의 인터넷 유통 업체로 키우는 데만 주력했다면, 감히 '제2의 잡스'로 불리지는 못했을 것이다. 베조스가 주목받는 것은 단순히 아마존닷컴의 성공을 넘어 전자책 '킨들'을 내놓으며 새로운 승부수를 던졌을 뿐만 아니라 AI, 빅 데이터, 우주여행선 프로젝트, 워싱턴포스트 인수 등 끊임없이 창의성을 발휘하고 있기 때문이다.

베조스는 휴대폰 전화망에 접속해 언제 어디서나 책을 내려받을 수 있는 접근성과 풍부한 콘텐츠를 무기로 한 킨들을 2007년 11월 처음 출시했는데, 이는 10년 전부터 전자책을 만들어 온 일본 업체들을 단숨에 제치고 세계 시장을 석권한다. 그러나 시장 제패도 잠시, 곧 애플의 태블릿PC 아이패드에 1위 자리를 내주고 만다. 아이패드는 2010년 4월 출시된 후 3개월 만에 330만 대나 팔리며 당시 3년간 킨들의 누적 판매량인 300만 대를 순식간에 앞질렀다. 전자책 기능뿐 아니라 컬러 화면에 이메일, 동영상, 게임 등의 기능이 가미된 아이패드가 '독서의 아날로그적 감성을 가장 비슷하게 재현'하기 위해 흑백 화면에 간단한 기능만 넣은 킨들을 단숨에 압도한 것이다.

그러나 베조스는 이에 굴하지 않고 2011년 11월 또다시 애플에 승부수를 던진다. 아이패드 가격의 절반도 안되는 태블릿PC '킨들 파이어'를 출시한 것이다. 태블릿PC 기능을 모두 갖추고도 199달러에 불과한 가격에 소비자들은 열광했고, 11월 중순부터 판매된 킨들 파이어는 2011년 4분기에만 388만여 대를 출하한 것으로 집계되었다. 불과 한 달 반 만에 태블릿PC 시장의 15%가량을 점유하며, 킨들은 아이패드에 이어 2위 자리를 꿰찼다. 이 같은 돌풍에 삼성의 갤럭시 탭은 3위로 내려앉았다.

베조스의 전략은 '선(先) 보급, 후(後) 수익'이다. 싼 가격을 무기로 킨들 파이어를 많이 판매한 뒤 콘텐츠 판매로 수익을 낸다는 계획이다. 이것은 하드웨어와 콘텐츠를 연동해 폐쇄적인 모바일 생태계를 만들어 수익을 증가시키는 '애플형 수익구조'이기도 하다.

실제로 2011년 9월 킨들 파이어를 소개하기 위해 직접 프레젠테이션에 나선 베조스는 많은 언론으로부터 "스티브 잡스를 잇는 뛰어난 발표."라는 찬사를 받으며 둘의 닮은 점이 부각되기도 했다. 그러나 비싸고 고급스러운 제품을 만든 잡스와 달리 베조스는 저렴한 가격으로 대중들이 쉽게 쓸 수 있는 제품을 만든다는 점에서 다르다. 베조스는 자신의 이런 경영철학을 일본의 소니에서 배웠다고 말한다.

2009년 한 방송에서 베조스는 "아무리 작은 물건 하나를 만들더라도 돈이 아닌, 사람들에게 사랑을 받고 도움을 줄 수 있는 것으로 완성해야만 한다."며, 돈보다는 대중성을 더 중요시한다는 것을 내비쳤다.

2011년 10월 28일 제프 베조스가 킨들(Kindle) 파이어를 선보이는 프레젠테이션을 마치자 언론은 일제히 그를 잡스와 비교하며 찬사를 보냈다.

그러나 싼 가격으로 인한 역풍도 만만치 않다. 킨들 파이어를 출시한 2011년 4분기 아마존닷컴의 실적은 전년 동기 대비 57%나 급감했다. 미국 시장조사 업체인 아이서플라이가 킨들 파이어의 원가를 209.63달러라고 추산했듯, 원가에도 못 미치는 199달러로 제품을 팔다 보니 '팔수록 적자'라는 비판도 나오고 있다.

베조스는 2012년 〈포브스〉가 뽑은 '미국에서 가장 효율적인 CEO' 1위에 올랐다. 포브스가 지난 6년간 CEO 자리에 있었던 206명을 대상으로 기업실적, 주가, CEO 보수 등을 평가한 결과 베조스는 6년간 주주들에게 연평균 30%의 수익(같은 기간 S&P 500지수의 연평균 상승률은 5%였다)을 올려줬다. 반면, 자신은 스톡옵션을 포함해 총 840만 달러를 받는 데 그쳤다. 즉 적은 연봉을 받고도 가장 큰 성과를 냈다는 뜻이다.

7.6. 어린 시절의 꿈, 우주비행의 꿈을 이루고자 시도하다

베조스의 또 다른 꿈은 우주 비행이다.

"우주에 호텔과 놀이공원을 짓고 싶다."는 어릴 적 꿈을 현실로 만들기 위해 2000년부터는 블루 오리진을 통해 우주선을 개발하고 있다. 미래가 불확실한 사업에 도전할 수 있는 베조스의 '배짱'은 쉼 없는 혁신의 원동력이다.

2000년 미국 워싱턴주 켄트시에 민간우주여행업체인 '블루 오리진'을 설립하고 서부 텍사스에 우주 기지도 설치했다. 2011년 5월에는 우주선 '뉴 셰퍼드'의 시험 비행이 성공적으로 끝나 베조스는 뉴 셰퍼드의 발사와 이륙 장면을 담은 동영상을 공개하기도 했다. 하지만 같은 해 9월 실시한 우주선 시험 비행은 실패한 것으로 알려졌다.

베조스는 또 2012년 3월에는 인류 최초로 달 착륙에 성공한 아폴로 11호를 쏘아 올린 F-1엔진을 대서양 수심 4,270m 지점에서 찾았다며 이를 인양할 계획이라고 밝혔다.

베조스는 다섯 살 때 TV로 아폴로 11호 발사장면을 지켜봤다고 한다. 그는 "320만 마력의 힘으로 불을 뿜던 F-1엔진은 현대의 경이로움이었고, 그 장면이 과학, 기술, 탐험을 향한 내 열정에 큰 영향을 미쳤다."며 "이제 우리 발굴팀이 더 많은 젊은이들에게 발명과 탐험의 영감을 불러일으킬 수 있을 것."이라고 말했다. 미국 정부가 막대한 자금 때문에 우주왕복여행 프로그램을 중단하면서 우주여행은 민간의 몫으로 넘어갔다. 베조스의 우주 비행에 대한 꿈은 단지 꿈만은 아닌 상황이다. 베조스는 아마존닷컴과 킨들에 이어 우주 비행까지 성공시킬 수 있을까? 만약 우주 비행에 성공한다면 베조스는 단지 IT 업계에 머문 '제2의 잡스'가 아니라, 더 넓은 차원의 더 큰 별이 될 것이다.

7.7. 베조스의 사업원칙

제프 베조스를 보면, "성공의 크기는 꿈의 크기와 비례한다."는 것을 절감하게 된다. 남이 상상하지 못한 새로운 세상을 그리고, 그것을 현실화하기 위해 전력투구해왔기 때문이다. 미래의 기회를 위해 현재의 안정을 기꺼이 희생하는 제프 베조스의 혜안(慧眼)은 아마존이 더욱 성장할 수 있는 이유다.

7.7.1. 십 년이 지나도 변치 않는 것에 집중한다

베조스가 큰 부자가 된 데에는 결코 평범하지 않은 남다른 통찰력이 있었다. 한 언론사와의 인터뷰에서 그는 이렇게 말했다.

"앞으로 10년 동안 어떤 변화가 일어날지 예측하고 있느냐는 질문을 많이 받습니다. 하지만 정작 중요한 건 앞으로 10년 동안 바뀌지 않는 게 무엇이냐는 것입니다. 사람들은 싼 가격과 빠른 배송, 다양한 상품을 원합니다. 이것은 10년이 지나도 변하지 않습니다. 변하지 않는 전제에 집중해야 헛고생을 하지 않죠. 아무리 시간이 흘러도 변하지 않는 것을 알고 있다면, 그런 곳에 돈과 시간을 할애하는 것이 좋지 않을까요?"

이처럼 '변하지 않는 가치'에 주목한 베조스의 경영능력에 힘입어 아마존은 지금도 계속 성장하고 있다.

아마존의 고객 우선인 사고방식에 기반을 둔 싼 가격과 간편 결제, 빠른 배송과 신속한 환불, 소비자 불평·불만을 재빨리 처리하는 서비스는 타의

추종을 불허하고 있다. 일단 아마존에서 한 번 물건을 구매한 소비자는 다른 쇼핑몰로 가려고 하지 않을 뿐만 아니라, 주변의 지인도 소개하여 고객으로 유인하는 수고도 마다치 않고 있다. 제프는 회원이 폭발적으로 늘자 판매 품목을 서적에서 디지털 콘텐츠까지 확장해나가 전자책 단말기를 비롯해 게임과 음원, 영화 등을 판매해 엄청난 이익을 남기게 된다.

그 후 아마존과 아마존 웹서비스를 통해 탄탄한 수익 기반을 닦은 제프는 어렸을 때의 꿈을 이루기 위해 우주사업에도 손을 뻗쳐 2000년 아무도 모르게 사비로 민간로켓회사 블루 오리진을 설립하기도 했다. 그의 폭넓은 호기심은 빠른 배송이 목적이었지만 쓰임새가 무궁무진한 드론을 비롯해 우주선과 로켓, 인공지능과 로봇 등의 개발에까지 사업영역을 넓혀가고 있다.

괴짜 같은 기행으로도 유명한 베조스가 거대 로봇을 조종하는 장면이 담긴 동영상이 화제가 된 적이 있는데, 이 로봇은 무게가 1.6t이고 높이가 4m에 달하는 크기로 조종사의 동작을 감지해 손과 발을 움직이는 등 다양한 동작을 보여주었다. 로봇에 올라탄 베조스는 아이같이 천진난만한 표정을 지으며 로봇의 성능에 연신 감탄사를 토해냈다. 그런데 이 로봇은 국내의 한 기업이 개발한 로봇이라고 한다.

또 그는 미국 텍사스주 사막 한가운데 1만 년이 지나도 멈추지 않는 시계를 설치하고 있는데 투자액은 무려 4천 200만 달러라고 한다. 아마 1만 년이 지나도 변하지 않는 가치를 추구하겠다는 아마존 베조스 회장의 선언으로 해석해도 좋지 않을까?

7.7.2. 고객 우선주의, 빛을 발하다

빌 게이츠 등 대부분의 IT사업가들은 사업이 어느 정도 진행이 되고 가치가 있을 무렵 투자자를 찾는 비즈니스 모델을 쫓았다.

그러나 제프 베조스는 자기 돈과 가족과 지인의 돈으로만 사업을 진행했다. 그 이면에는 양아버지와 외할아버지의 적극적인 지원이 한몫을 한 것도 사실이다. 그러나 그에게 "실패를 각오해야만 기대치에 얽매이지 않고 자유롭게 무언가를 추진할 수 있다."라는 신념이 없었다면 다른 사람이 볼 때 무모해 보이는 도전을 계속할 수는 없었을 것이다. 그는 목표를 정하면 수익이 없어도 진행했고, 심지어 수익을 내려고 노력조차 하지 않았다. 그가 아마존을 창업할 당시에는 인터넷에서 책을 파는 것에 대해 부정적인 의견이 많았다. 그 사업은 가치가 없다고 판단하는 사람이 많았던 것이다. 그러나 자기신념이 강한 제프 베조스는 "다른 곳에서 불가능한 것을 온라인에서 할 수 있어야 한다."라는 신념하에 곧바로 도서 100만 종을 데이터베이스를 구축하여 아마존의 성공 동력이 되는 아주 간단하고 쉽게 쇼핑을 가능하게 하는 원클릭 서비스를 도입하면서, 자신의 서점이 '지구상 최대 규모의 서점'이라는 광고를 통해 1995년 7월 16일 아마존 서비스를 시작한다.

그 후 일반의 우려와 달리 처음에는 하루에 100권 정도가 팔리던 것이 얼마 지나지 않아 시간당 100권이 팔리고, 그게 점점 늘어나더니 창업 1년도 채 되지 않아 하루에 5천 권까지 팔리는 놀라운 일이 벌어진다.

제프는 고객에게 빨리, 손쉽게, 그리고 낮은 가격에 상품을 배송하기 위한 시스템을 구축하는 일이라면 주저 없이 자본을 투자했다.

그러나 사업이 급속도로 커지자 고객의 욕구에 맞추어 서비스의 질은 수시로 높여야 하는데 점점 자금부족에 시달리게 된 제프 베조스는 스스로 자금조달을 하겠다던 고집을 꺾고 투자자들을 찾아 나서게 된다. 다행히 아마존의 사업성에 의심을 품던 투자자들은 베조스의 열정에 감복하여 그는 어렵지 않게 20명의 투자자를 구해 투자자들로 경영단을 구성하면서 사업규모 확장에 박차를 가하게 된다.

이렇게 고객우선주의가 비즈니스모델로 인정받기 시작하는 계기가 마련된다.

7.8. 베조스의 멘토였던 양아버지와 외할아버지

제프는 1964년 미국 뉴멕시코주 앨버커키에서 태어났다. 그의 어머니 재키 기스 요겐슨이 뉴멕시코에서 고등학교에 다니던 17세 때였다. 그녀는 18개월 후 테드 요겐슨과의 결혼 생활을 끝내고 '싱글맘'이 됐다. 그에게 '베조스'라는 성을 물려준 사람은 양아버지 미겔 베조스다. 미겔 베조스는 1962년 쿠바에서 탈출한 이민자였다. 미겔은 쿠바 난민에게 장학금을 제공하는 앨버커키대를 다니고 밤에는 뉴멕시코 은행에서 근무하며 생계를 꾸렸다. 제프의 어머니도 이 은행을 다니던 중 미겔과 만나 사랑에 빠졌고, 두 사람은 제프가 네 살이 되던 1968년 결혼식을 올렸다.

결혼 후 미겔은 제프를 입양하여 친아들처럼 돌봐주었다. 그래서 제프는 친아버지의 얼굴도 모르고 만나본 적도 없다. 미겔은 제프 베조스의 롤모델이었고, 훗날 제프 베조스가 사업가로 성장하는 데 큰 영향을 미쳤다. 미겔은 특유의 성실함과 명석한 두뇌로 훗날 엑손의 경영진에 올랐다.

제프 베조스는 말한다. "미겔은 내가 아는 사람 중 가장 부지런한 사람입니다."

제프 베조스는 어린 시절부터 강한 자아와 총기를 드러냈다. 세 살 때 이미 아기 침대 대신 어른 침대를 써야 한다고 주장할 정도였다. 어머니가 그 요구를 들어주지 않자, 몇 시간 뒤 자신이 드라이버를 들고 스스로 아기 침대를 분리해 일반 침대로 바꾸었다고 한다. 초등학교 시절에는 공부에 방해받지 않도록 방 출입문에 임시 사이렌을 달아 어린 동생들이 들어오면 알람이 울리게 만든 적도 있다고 한다.

그는 특출한 재능으로 주목받는 아이였다. 리버 오크 초등학교의 영재 프로그램에서 상을 받기도 했는데, 1977년 작가 줄리 레이는 《밝은 마음으로 돌아가라(Turing on Bright Minds)》는 책에 제프 베조스의 놀라운 재능을 분석한 글을 쓰기도 했다.

조숙한 제프 베조스의 또 다른 영웅은 외할아버지 프레스톤 기스였다. 제프 베조스는 열여섯 살 때까지 매년 여름을 미국 텍사스에 있는 외할아버지의 농장에서 보냈다고 한다. 프레스톤 기스는 미국 핵에너지위원회를 이끈 고위공직자였는데 과학에 대한 풍부한 지식을 바탕으로 프레스톤은 외손자 제프 베조스를 발명의 세계로 이끌었다. 과학과 모험은 어린 제프 베조스의 상상력을 무한 증폭시켰다. 고등학교 때는 공상과학 소설을 탐독하고 우주인이 등장하는 〈스타트랙〉 시리즈도 즐겨봤다고 한다. 제프는 마이애미 팔메토 고교를 1등으로 졸업한 수재로 졸업생 대표로 축사를 한 그는 당시 지역 일간지와의 인터뷰에서 "우주에 호텔과 놀이공원을 짓고 싶다."고 말했다는 기록이 있다.

지금의 제프 베조스는 어린 시절 꿈을 그대로 실천에 옮기고 있는데 자회사인 블루 오리진을 통해 우주선을 개발하는 등 그 꿈을 현실화시키고 있는 것이다. 미국 워싱턴 켄트주에 자리 잡고 있는 블루 오리진은 현재 미국

항공우주국(NASA)으로부터 3천만 달러가 넘는 지원을 받고 있다. 이 회사가 만든 초기 우주선 고다드(Goddard)는 2006년 간단한 발사 테스트도 거쳤으며, 지금도 더욱 정밀한 우주선을 완성하기 위해 최선을 다하고 있다.

7.9. 베조스, 세계 최고의 부자 후보 1순위가 되다

2017년 7월 27일 미국 시각 오전 아마존 주가를 반영한 그의 개인 재산 규모는 약 100조 원(906억 달러)에 달하며, 마이크로소프트의 창업자 빌 게이츠를 약 6천억 원(5억 달러) 차이로 앞질렀다. 잠시지만 아마존 창업자 제프 베조스가 빌 게이츠를 제치고 전 세계에서 가장 많은 재산을 가진 부자 자리에 오른 것이다. 포브스가 집계하는 세계 400대 부자 리스트에 베조스의 이름이 처음 등장한 것은 1998년 아마존이 처음 상장했을 때였으며 당시 그의 재산은 약 1.8조 원(16억 달러)이었다. 포브스가 집계를 시작한 이래, 베조스는 워런 버핏, 빌 게이츠에 이어 1위 부자 자리에 이름을 올린 세 번째 미국인이 된 것이다.

홀푸드 인수, 싱가포르 진출 선언 등 아마존의 질주는 거침이 없다. 창업자 개인의 재산 규모는 회사의 기업가치뿐 아니라 보유 지분율 및 다양한 요소에 따라 달라질 수 있으나, 미국의 금융과 제조업을 상징하는 워런 버핏에서 IT의 빌 게이츠로의 손 바뀜이 미국 경제의 흐름을 상징하였듯, 4차 산업 혁명기에 접어든 지금, 세계 최고의 부자가 빌 게이츠에서 제프 베조스로 교체됐다는 것은 PC의 시대가 클라우드와 모바일 시대로 넘어가는 패러다임 변화를 나타낸다고 볼 수 있는 것이다. 이런 점에서 볼 때 조만간 제프 베조스가 세계 최고의 부자의 자리를 오랫동안 차지할 것이 거의 확실하다.

7.10. 베조스의 통찰력 넘치는 명언

베조스는 분명 남다른 통찰력으로 사물을 바라보는 혜안을 가진 경영자이다. 그의 말 중 독자들이 참고할 만하다고 판단되는 말을 모아 보았다. 참고하시기 바란다.

하나, 회사는 화려하게 보이는 데 연연해서는 안 된다. 빛나는 것은 지속되지 않는다. 내면에서 만족을 얻으려고 노력하라.

둘, 다른 통제 요소와 마찬가지로 절약할 수밖에 없는 상황도 혁신을 채찍질한다. 비좁은 박스에서 탈출하기 위해선 빠져나가는 특별한 방법을 고안해내야 한다. 제약요소를 혁신으로 바꿔라.

셋, 경쟁자에게 초점을 맞춘다면 당신은 그들이 뭔가를 할 때까지 기다려야 한다. 초점을 경쟁자가 아닌 소비자에게 맞춰라. 그래야 당신은 선구자가 될 수 있다.

넷, 발명을 하다 보면, 늘 예기치 않은 행운이 따르기 마련이다. 새로운 아이디어를 창출하라.

다섯, 나는 선구자가 더 좋은 제품을 만든다고 확신한다. 그들이 더 많이 고민한다. 선구자에게는 어떤 일이 단순한 사업이 아니다. 돈이 되어야 하고, 말이 되어야 하지만 그게 전부가 아니다. 선구자는 자신을 설레게 만드는 가치가 넘치는 일을 한다. 선구자가 되라.

여섯, 아마존은 18년 동안 3가지 생각으로 성공을 이룩했다. 고객을 우선 생각하라. 개발하라. 그리고 인내하며 기다려라.

일곱, 모든 사업은 계속해서 젊어져야 한다. 고객이 당신과 함께 늙어 간다면 당신은 지루하다고 불평하는 사람이 될 것이다. 정말 위험한 것은 진화하지 않는 것이다. 자기 사업에 대해 세세한 부분까지 알지 못한다면 실패할 것이다. 내 생각의 혁신에는 나쁜 시기가 없다. 모험을 하지 않으면 사업은 망한다. 비판받는 것을 두려워한다면 그냥 아무것도 하지 않으면 된다. 모험을 두려워하지 말고 성장을 향해 나아가라.

여덟, 당신이 고집스럽지 않다면 실험을 너무 빨리 포기할 것이다. 당신이 유연하지 않다면 벽에 머리를 박기만 할 뿐, 문제를 풀 다른 해결책을 찾을 수 없을 것이다. 방향선회를 위한 유연한 마음을 가져라.

아홉, 과거에는 멋진 서비스를 만드는 데 30%, 이를 알리는 70% 시간을 썼다. 새 시대에는 반대다. 마케팅 시간과 비용을 멋진 서비스를 만드는 데로 더 돌려라.

열, 세상에는 두 종류의 회사가 있다. 고객에게서 돈을 더 받기 위해서 일하는 회사와 덜 받기 위해서 일하는 회사가 그것이다. 아마존은 후자를 택했다. 고객에게 덜 받는 대신 고객의 수를 늘려라.

열하나, 보통 회사들은 매일 어떻게 경쟁 회사보다 앞지를 수 있을까 고민하지만, 우리 회사는 어떻게 소비자에게 도움이 될 수 있는 혁신을 만들 수 있을까를 고민한다. 고객중심이 이 시대의 답이다.

열둘, 부재가 혁신을 만든다. 무엇인가 부재인 상황(인력, 시간, 자금 등이 부재한 어려운 상황)에 처하면 결국 그 상황을 벗어나기 위한 새로운 방법을 시도하게 마련이고 그 시도가 혁신을 가져온다.

열셋, 다른 회사들이 무엇을 하는지 시장조사를 해야 한다. 세상과 동떨어져 있으면 안 된다. "저거 베껴야 되겠다."가 아니라 "저거 괜찮은데? 저거를 보고 영감을 받아서 무엇을 만들어볼까?"라고 생각하며 당신만의 유일한 색깔을 만들어라.

8. 청나라 거상 호설암

8.1. 빈털터리에서 거상이 되다

호설암(후쉐엔)은 19세기 말 중국 청나라를 주름잡던 거상으로 현재까지도 중국인들에게 회자되고 있는 인물이다. 거상이 되기까지 그가 보여준 뛰어난 경영자적 자질과 시대를 읽어내는 탁월함은 후대 사업가들의 본보기가 되기도 했지만, 부를 쌓아 가는 과정에서 청나라 말 혼돈

호설암

의 시대적 상황에서 권력과 결탁하여 부를 모으는 행위도 서슴지 않아 비판의 시각도 많은 인물이다. 그는 청 말의 시대적 한계 속에서 살아가기 위해 상도와 상술의 경계를 넘나들며 막대한 부를 쌓았으나, 이로 인해 이룩한 모든 부가 덧없이 사라지는 모습 또한 생생히 목격하고 죽은 드라마틱한 인생의 주인공이다. 필자는 성공하기를 원하는 사람이 경계 삼아야 할 인물로 호설암을 알아두어야 할 필요가 있다고 생각되어 멘토에 넣어 소개하였으니 독자들의 양해를 바란다.

그는 지난날을 이렇게 회고했다.

"나는 미천한 집안에 태어나 아버지가 일찍 죽는 바람에 학업도 못 마치고 전장(錢庄)에 들어가 똥오줌을 치우고 마루를 닦으며 잔심부름으로 어린 시절을 보냈다. 빈손으로 사업을 일으켰고 다시 빈털터리가 되는 과정을 겪고 또 겪었지만 내가 살아있는 한 아무리 빈손이라도 언제든지 사업을 다시 일으켜 세울 수 있다고 나는 믿었다. 나는 한 푼도 가진 게 없는

가운데도 스스로의 재기를 믿었고, 내게 없는 것을 메꾸어 주는 인재를 대함에 귀천을 가리지 않았다. 큰 상인이 되는데 돈보다는 사람이 더욱 소중함을 일찍이 깨달았던 나는 부와 명예를 모두 거머쥔 장사의 신 '상성(商聖)'이 되었다."

호설암은 1823년 안후이성(安徽省)의 가난한 농가에서 태어났다. 이름은 광용이고 자가 설암이다. 워낙 가난하여 따로 공부할 수 없었던 그는 읽고 쓰는 정도만 그의 아버지에게 배웠다고 한다. 12세 무렵 아버지가 죽은 후, 호설암은 고향을 떠나 저장성(절강성) 항저우(항주)에 있는 신호전장에 견습 사환으로 들어갔다. 전장은 중국에서 자생적으로 생긴 근대적 은행의 전신으로 19세기 말 무렵에는 예금, 대부, 환어음 등을 다루는 은행에 가까운 사설 금융 기관이었다.

호설암이 전장에 들어가 처음 한 일은 돈을 다루는 일이 아니라 청소와 빨래, 밥 짓기 등 허드렛일이었다. 3년간의 견습 기간 동안 총명함을 증명한 호설암은 이후 전장의 돈을 다루는 사환으로 승격되어 자신의 능력을 발휘하기 시작한다. 이즈음 호설암은 일생일대의 모험을 하기에 이른다. 그는 출세 기회를 잡지 못해 울분에 차 있는 유학자 왕유령을 허름한 찻집에서 우연히 만나 아무 담보 없이 전장에서 수금한 돈 500냥을 빌려준다. 왕유령의 됨됨이를 보고 과감히 투자를 한 것이지만, 수금한 돈을 횡령한 행위였고, 결국 호설암은 신호전장에서 해고되었다. 다행히도 호설암이 인재를 잘 알아본 것인지, 500냥을 받아간 왕유령은 중앙정부의 관리에게 줄을 대어 절강염대사(저장성의 돈을 관리하는 자리) 자리를 얻어 돌아왔다. 그리고 벼슬이 올라갈수록 호설암에게 두고두고 그 은혜를 갚았다.

호설암은 왕유령과 회합하여 관아의 돈을 이용해 사업을 해나가기 시작했다. 왕유령은 사실상 저장성의 재산 관리를 호설암에게 일임했다. 호설암은 부강전장을 열어 금융업을 시작했고, 이는 중국 각성에 20여 개의 점포를 열기까지 이른다. 저장성의 군량미 운반과 병기 군납을 독점했으며, 비단, 찻집, 음식점 등등을 열어 저장성 일대의 거부로 급격히 뛰어올랐다. 그는 빈민구제에 도움이 되라는 어머니의 말에 따라 '호경여당(胡慶餘堂)'이라는 약국을 열었다. 호경여당은 좋은 품질의 약과 빈민구제 등으로 인해 명성을 얻어 급속도로 전국각지로 점포가 늘어나기 시작했다.

호설암 인생의 두 번째 기회는 '태평천국의 난'을 진압하러 항저우로 온 좌종당과의 만남이었다. 후난성 출신의 정치가이자 증국번이 거느린 상군의 실질적 지휘자이던 좌종당은 태평천국의 난을 진압하면서 정계의 중요 위치로 뛰어오른 인물이었다. 저장성 순무가 되어 항저우에 온 좌종당에게 당장 급한 것은 휘하의 군사들을 먹일 군량미였다. 이즈음 난도들의 항저우 점거로 왕유령이 자살한 후 배경이 될 관계의 인물을 찾고 있던 호설암은 좌종당에게 필요한 군량미와 무기를 아낌없이 바침으로써 좌종당과 인연을 맺었다. 그리고 이후 좌종당의 정치적 승승장구와 함께 호설암의 부도 점점 늘어갔다. 좌종당은 난도들을 진압하는 과정에서 해군의 중요성을 깨닫고 프랑스로부터 기술 원조를 받아 조선소를 설립하였는데, 이에 대한 실질적인 사업은 거의 호설암에게 맡겼다.

이 기회에 호설암은 서양의 상인들과도 관계를 터서 중국 내부뿐만 아니라 국제무역에도 관여하기 시작했고 중국 전체를 아우르는 거상으로 성장하게 되었다. 호설암은 좌종당의 반란 진압에 적극적인 경제 후원자였으며 이를 통해 많은 이득을 취했다. 그에게 좌종당은 절대 놓쳐버려서는 안 될 권력의 세였다. 좌종당은 호설암이 반란진압에 공이 있다고 중앙정계 추천하여 홍정상인으로까지 올려주었다.

좌종당으로 대표되는 관과 결탁한 사업으로 큰 재미를 본 호설암은 이후에도 계속 이러한 사업 패턴을 이어갔다. 이것은 호설암의 성공의 원인이 되기도 했지만 훗날 결과적으로 가장 큰 실패의 원인이 되기도 하였다.

호설암의 부는 애초부터 매우 위태로운 백척간두에 서 있는 것과 마찬가지였다. 그것은 그의 부가 차근차근 일궈낸 것이라기보다는 권력의 세와 밀접한 관련을 맺으면서 일어난 부라는 점에서 그랬다. 그는 스스로 자신의 부를 컨트롤할 수 없었다. 애초부터 권력에게 그 권리를 맡긴 것과 마찬가지였다. 그가 철석같이 믿고 있던 권력자 좌종당의 실각과 죽음은 호설암에게는 크나큰 타격이었다. 그에 앞서 증국번이 죽으면서 불거지기 시작한 좌종당과 이홍장의 권력 암투는 호설암에게도 간접적인 영향을 미쳤다. 이홍장은 좌종당을 쓰러뜨리기 위해서는 그의 경제적 배경이 되는 호설암을 먼저 무너뜨려야 한다고 생각했고 이를 착착 추진하고 있었다.

이렇게 정치적으로 위태로운 상황에서 호설암은 베트남을 사이에 둔 청나라와 프랑스 간의 전쟁 중에 사업적으로 큰 모험을 하기에 이른다. 거의 전 재산을 들여 중국 전체의 생사(生絲)를 매점해 유럽의 상인들에게 비싼 값이 아니면 팔지 않겠다고 선언한 것이다. 여러 차례 교섭이 오갔지만 호설암은 청나라와 프랑스 간의 전쟁으로 유럽에 적대적인 분위기가 형성된 마당에 승산이 있다고 버텼다. 그러자 유럽 상인들도 더 이상 호설암과 상대하지 않고 1년을 버텼다.

결과는 호설암의 참패였다. 유럽 상인들은 1년 후에 새로 생산되는 생사를 노렸고 호설암에게는 이를 매집하기에는 자금력이 부족했다. 이 와중에 이탈리아에서 그해의 생사 생산량이 급격히 증대되면서 중국 생사에 대한 유럽 상인의 구매력이 떨어졌다. 마침 이홍장의 사주를 받은 성선회는 이전에 호설암의 제안으로 생사를 사 모았던 상인들을 부추겨 생사매집을 거부하게끔 만들었다. 생사 값은 폭락했고 자신의 재산뿐만 아니라 전장에 예금된 돈까지 모두 모아 생사를 사들였던 호설암은 궁지에 몰렸다. 이즈음 역시 성선회의 지휘로 부강전장에 맡기던 청나라 정부 자금이 고의로 지연되면서 호설암은 돌발적인 자금 부족에 빠졌다. 이것이 신용 문제로 발전하고 각 성의 설치된 부강 전장의 지점은 돈을 찾으려는 사람들로 아수라장이 되었다. 호설암은 파산했다.

게다가 프랑스와 전쟁에서 지면서 이홍장과의 권력암투에서도 지고 실각한 좌종당이 죽으면서 더 이상 호설암을 돌봐줄 세력은 중앙 정계에 남지 않게 되었다. 평소 호설암을 곱지 않게 보던 이홍장이 권력을 잡은 뒤 중국 정부는 서둘러 호설암에게 내렸던 관직을 삭탈했고 호설암은 재기의 기회와 모든 재산을 잃었다. 자신의 부를 컨트롤한 힘을 스스로 가지지 못하고 이를 권력에 의탁했던 관상상인(관과 결탁한 상인)의 당연하다면 당연한 결과였다. 호설암은 부의 덧없음을 깨달으며 파산한 지 1년 만에 62세로 세상을 떠났다.

호설암은 이익을 위해서는 어떤 일도 할 수 있다는 가치관을 가진 사람이었지만 돈을 버는 데는 일정한 원칙이 있었다. 그는 그야말로 상술과 상도를 넘나들며 사업을 확장해간 사업가였다. 그는 비록 관과의 결탁이기는 했으나 왕유령, 좌종당 등의 탁월한 인물에게 투자할 수 있는 모험심을 가졌으며 그들과의 관계를 끝까지 이어가는 신의도 보여주었다. 시대적 한계로 인해 관상상인이 되기는 했으나 너무나 부패한 관료들과의 관계는 멀리했으며, 제대로 된 인물의 경제적 배경이 되려고 했던 셈이다. 그는 신용을 중시했는데 호경여당의 경영에 있어서도 약은 사람의 목숨에 관련된 일이기 때문에 절대로 삿된 것이 끼어들 수 없다 하여 약국에 '계기(戒欺, 거짓을 경계한다)'라는 현판을 걸고 신의를 지켜나갔다. 홍정상인이 된 후에도 뻐기기보다는 직접 관복을 입고 붉은 산호 모자를 쓴 채 손님을 맞이해 정성과 신의를 다했다. 그는 약재의 조제 과정을 직접 감독하여 한결같이 좋은 품질을 유지하였다. 그 결과 호경여당은 사람에게 많은 신뢰를 얻어 호설암 파산 이후에도 살아남아 호설암이 일으킨 사업 중 유일하게 현재까지 이어지고 있다.

그는 항상 "안일하게 지내는 사람에게는 크고 높은 뜻이 생길 수 없다. 큰 뜻을 가지고 큰 사업을 일으키기 위해서는 부단한 연마와 수련이 선행되어야 한다. 눈은 먼 곳에 두되 가까이에 있는 인연에 충실하다 보면 장차 드넓은 천지를 만나게 될 것이다."라는 생각으로 사업에 임했다.

그는 상인은 이득을 위해서라면 칼날에 묻은 피도 핥을 수 있어야 한다고 말하면서도 몇 가지 원칙을 정해 물욕으로 사업이 타락하는 것을 막고자 하였다. 그는 법의 범위를 벗어난 검은돈을 경계했고, 자신의 이익을 위해 남의 이익을 탈취하지 않으려 했으며, 친구에게 돈을 빌리되 미안한 일을 만들지 않았고, 신의와 양심을 저버리면서까지 돈을 벌려고는 하지 않았다. 거기에 이익을 최우선으로 생각하지만 그 이익 뒤에는 반드시 재물을 베풀어 선을 행하고 구두쇠가 되는 것을 늘 염려하였다.

8.2. 용인술과 기회 포착, 결단의 달인

첫 번째, 그는 뛰어난 용인술을 가졌다.

"나는 한 푼도 가진 게 없는 가운데도 스스로의 재기를 믿었고 내게 없는 것을 메꾸어주는 인재를 대함에 귀천을 가리지 않았다. 큰 상인이 되는 데 돈보다는 사람이 더욱 소중함을 일찍이 깨달았다. 사람을 쓰면서 의심하지 않았다."고 호설암은 말한다. 이렇게 그는 인재제일 경영을 한 결과 직원들은 가족처럼 그를 믿고 따랐다. 로스차일드 가문이 위기에 처했을 때 그 가문을 구하는 데 앞장섰던 직원들의 일화가 생각나는 구절이다.

그의 진정한 용인술은 큰 재주를 가진 사람들을 데려다 쓰는 데 있는 것이 아니라 작은 재주를 가진 사람들을 유용하게 활용하는 데 있었다. 원래부터 능력이 있는 자는 어느 정도 위치에 이르면 주인을 배반하거나 자기의 자리를 찾아 독립하는 사례가 많다. 그러나 스스로 능력이 없다고 믿었던 자가 주인을 잘 만나 최대한의 능력을 발휘하고 주인이 이를 잘 알아준다면 그는 평생 가족처럼 주인을 돌봐주게 된다. 호설암은 작은 재주를 지닌 자를 발탁해 큰 재주를 발휘하게 해주는 재주가 있었다. 이것은 그가 몸소 체험한 결과를 바탕으로 한 것이다. 그래서 그는 전문지식이 없더라도 성실하고 인성이 좋은 자를 우선 선발하여 본인이 하길 원하거나 그 사람에게 맞겠다 싶은 자리에 배치한 후 철저한 교육을 통해 인재로 키워냈다. 그는 하찮은 장점을 큰 장점으로 바꾸어 주어 직원을 평생 동지로 만들었다.

또 그는 사람을 다루는 데 있어서 진심으로 그 사람을 대하고 충분히 신뢰했다. 옛 속담에 "의심이 나면 쓰지 말고, 썼으면 의심하지 말라."는 말이 있다. 사람을 믿지 않고는 충분한 재능의 발휘를 기대하기 어렵다는 뜻이다. 믿음을 가지는 것만큼 인재를 보호하는 수단은 없다. 사람은 누구나 신임을 받으면 책임감과 자신감으로 스스로를 무장시킨다. 호설암이 이러했다. 그는 한번 믿고 쓴 사람은 실수가 있어도 이를 용인해주고 신뢰해주었다. 이것이 그를 빈털터리에서 청나라 최고의 갑부로 만들어준 핵심 비결이다.

호설암은 또 이렇게 말한다. "정으로 사람들을 감동시켜야 합니다. 나는 결코 이익을 중시하고 의리를 가볍게 여기지 않았습니다." 그는 상인이었기에 무엇보다도 이익을 남겨야 했다. 따라서 이익이 나는 일이라면 물불을 가리지 않았지만 반드시 지키는 선이 있었다. 바로 신용과 상대방에 대한 의리였다. 이것이 그를 여러 번의 위기에서 구해주었다.

두 번째, 그는 기회를 포착하는 능력이 뛰어났다.

일이란 기회를 잘 잡아 자연스럽고 순조롭게 진행해야지 억지로 추진하려고 해서는 안 된다. 기회를 잘 포착하여 이를 효과적으로 활용하기 위해서는 시대의 흐름을 잘 파악하고 민첩하게 행동하는 것이 중요하다. 기회는 기다리는 것이 아니라 만드는 것이다. 호설암이 수많은 일들을 원만하게 처리하고 커다란 성취를 이룰 수 있었던 것은 그가 시기와 기회를 쫓는 데 뛰어났기 때문이다.

성공한 경영자들의 남다른 점은 사업에 관한 뛰어난 지식이나 풍부한 이론에 있는 것이 아니라 기회를 잘 포착하는 능력에 있다. 시장경쟁이 가속화될수록 기회도 점점 많아지고 있다. 그러나 기회란 제때에 잡지 않으면 금방 사라지고 만다. 사건이 진행되는 방향과 규칙성 등을 잘 포착하고 이를 제반여건과 종합하여 분석하는 능력이 그에게는 있었다.

'운이란 우연히 다가오는 것이 아니라 스스로 만드는 것'이라는 말이 있다. 기회도 마찬가지이다. 상품과 시장 사이에 존재하는 수요공급의 법칙을 그는 잘 활용하였다. 시장수요가 기업 경영자들의 신상품 생산을 유발하는 것을 포착하여 이 신상품이 무엇인지 아는 능력, 그리고 앞서 출현한 상품이 그와 연관된 새로운 수요를 창출할 수 있는지와 새로운 수요가 창출된다면 그 상품이 무엇인지를 판별해내는 능력이 호설암에게는 있었다.

세 번째, 그에게는 과감히 적시에 결정을 내릴 수 있는 능력이 있었다.

그는 경청해야 할 자리에서는 아무리 큰 위험이 도사리고 있어도 결단을 내렸다. 과감한 투자를 강행한 것이다. 물론 이러한 결정이 실패로 끝날 수도 있다. 그러나 그 보답은 언젠가 돌아온다는 것이 그의 믿음이었다. 잃는 것이 있다면 반드시 얻는 것이 있다. 이것이 우주의 원리다. 비록 그것이 실패의 교훈뿐일지라도 호설암은 이를 잘 알았다. 그는 원래 빈털터리였고 사업이 실패해도 원래의 상태, 즉 빈털터리로 돌아갈 뿐이라는 것을 잘 알았다. 오히려 얻을 수 있는 실패의 경험은 더 큰 성공을 만들어낸다는 사실을 그는 안 것이다.

커다란 곤란에 직면했을 때 용기와 담력을 발휘할 수 있는 것도 경영에 있어서 매우 중요한 요소로 작용한다. 기회의 인연은 대부분 고난과 역경 속에 숨어있기 때문이다. 이러한 고난과 역경을 과감히 뚫고 나아가는 사람이 최후의 승자가 된다. 과감한 판단과 용기 있는 행동이야말로 경영인이 갖춰야 할 가장 중요한 자질이다. 그에게는 이러한 용기와 담력이 있었다.

'추세'란 사물이 발전하는 커다란 방향을 말한다. 이러한 추세를 간파할 수 있어야 자신이 나아가야 할 방향을 정할 수 있다. 그는 추세를 보는 눈이 남달랐다. 그래서 추세의 파도를 타고 험난한 폭풍과 높은 파도를 뛰어넘을 수 있었다.

그는 말한다. "자기의 능력을 개발하세요. 관건은 돈이나 남이 아니라 본인 자신이지요. 자신을 개발하고 잘 갈고 닦아 보석으로 만드세요. 그런 다음 기회를 포착하고 도전하세요. 그리고 실패한다면 돈이 없어서 재기할 수 없다고 낙담하지 마세요. 당신에게 실패가 주어진 것은 더 큰 성공을 주기 위한 것임을 명심하세요. 그리고 직관적으로 옳다는 판단이 서면 다시 도전하세요. 이번에는 반드시 성공할 것입니다. 또 실패한다면 그 실패에서 배움을 얻은 것을 행운이라 생각하세요. 그리고 그 실패를 더 큰 성공의 밑바탕을 만드세요."

8.3. 그만의 장사원칙을 세우다

첫 번째, 입지(立志)는 나에게 있고, 성사(成事)는 사람에게 있다. 아무리 화려한 꽃가마라도 두 사람이 들어야 한다. 이 말은 내가 상대를 존중하면, 상대도 나를 받들게 되어 있다는 말이다. 힘의 형성은 바로 이렇게 이루어지는 것이다. 사업가로서 호설암의 가장 큰 장점은 힘을 취하고 이용하는 능력이다. 어떤 사람들은 자신의 힘만 믿고 이리 뛰고 저리 뛰며 애쓴다. 하지만 이것은 득보다 실이 더 많다. 현명한 상인이라면 반드시 흐름에 맞추어 움직이고 정세에 따라 행동한다.

두 번째, '간판'이란 바로 회사의 얼굴이다. 그러므로 우선 특이해야 한다. 독특한 분위기와 품격을 갖추어야 이목을 끌 수 있다. 또한 발음하기가 쉬워야 하며, 업종에 적합한 특징을 잘 나타내는 상호여야 한다. 거기다가 그 의미가 성스러운 의미를 갖고 있다면 금상첨화일 것이다.

세 번째, 성공은 성심(誠心)에서 나오고 이익은 신의(信義)에서 온다. 장사를 제대로 하는 것과 사람답게 행동하는 것은 본질적으로 동일하다. 진정으로 성공한 상인들의 기초가 바로 신의(信義)였다는 사실이 이를 말해준다. 자신의 신용과 명예 그리고 능력을 담보로 다른 사람들로부터 협조를 얻을 수 있어야 한다. 따뜻한 마음이 중요하다. 하지만 실력이 없이 성실하고 따뜻한 마음만 있다면 이는 오히려 사람들의 업신여김을 받는 약점이 되기 쉽다.

네 번째, 역량을 비축하고 조절하는 것이야말로 유능한 관리자가 해야 할 중요한 임무다. 힘과 이득의 역학 관계에서 볼 때, 힘을 축적해나가는 것은 바로 역량과 규모를 키워 하나의 질서를 형성하고 큰 흐름을 만들어가는 과정이다.

다섯 번째, 속임수를 경계하라. 이름을 만들고자 한다면, 노력과 성실로 자신만의 '자본과 신용'을 만들어야 한다. 부잣집 공자들의 자금 운용을 맡자면 기본 원칙은 원금은 보존하고 이자를 이용하라. 그러려면 철저히 신용을 지키고 속임수를 경계해야 한다.

여섯 번째, 상황에 민첩하게 대처하라. 변화 속에서 기회와 인연을 찾아낼 줄 알아야 한다. 이것이야말로 제일가는 능력이다. 세상에 위험이 따르지 않는 장사란 없다. 배가 불러 죽는 사람은 담도 크고, 배가 곯아 죽는 사람은 담도 작다. 장사를 하는 것은 군사를 이끌고 전쟁을 하는 것과 비슷하다. 일을 처리할 때에는 신속하고 과감하게 행동하고 뜻을 이루었더라도 담담하고 편안한 자세를 가질 수 있어야 한다. 뜻을 이루지 못했다 하더라도 평상시와 같은 태연한 자세를 유지하는 것이 현명하다. 세상에는 두 종류의 사람이 있다. 마음이 살아 움직이는 사람과 마음이 죽어 있는 사람이다. 장사란 모름지기 원활하게 움직여야 한다. 생각한 것은 주저하거나 미루지 말고 행동으로 옮겨야 한다. 구체적인 상황에 따라 융통성 있게 대응해야 한다. 두려움과 대담함은 서로 대응되는 말이다. 대담한 사람은 상대가 두려움을 느끼게 만든다. '과감(果敢)'이라는 말은 아주 강력한 힘을 지닌 말이다. 과감하다는 말은 대담성과 식견 그리고 책략이 있어야 가능하다. 장사에서 성공은 늘 상대적이고 실패는 절대적이다. 문제가 닥쳤을 때, 두려워할수록 일을 그르치며, 오히려 대담하게 맞서면 문제가 되지 않는다. 한 개인이 위기와 난관을 만났을 때 반드시 갖추어야 할 요건이다.

일곱 번째, 시기를 기다려 완급을 조절해야만 큰일을 할 수 있다. 사람들이 자주 범하는 실수는 시기를 기다리지 못하고 조급하게 행동하는 것이다. 장사라는 들판에서 비바람을 겪다 보면 때로는 체면을 지키기도 하고 잃기도 하지만, 성공하고자 하는 결심은 결코 변함이 없어야 한다. 인내하고 기다리는 것. 이것이 확실한 성공의 보증서이다.

여덟 번째, 돈은 항상 흘러가게 하라. 돈이란 운용 과정에서 그 가치가 증대되는 것이다. 항상 돈은 굴러가야지 멈추면 고인 물이 썩듯이 돈은 해로운 것이 된다. 호설암의 장사 수완은 남의 닭을 빌려다 달걀을 얻는 격이었다. 요즘 말로 하면 레버리지를 잘 활용하였다.

아홉 번째, 장사는 사람 사이의 관계가 좌우한다. 인정과 사리에 밝아야 하고, 상대의 드러난 면과 숨겨진 부분도 알아야 한다. 호설암의 대인관계의 원칙은 '넓은 관용'과 '양보'였다. 인간관계를 체득하면 인성(人性)을 훤히 알게 된다. 남에게 살길을 주면 자신에게 돈길이 주어진다. 호설암은 눈앞의 장사를 하면서 생각은 미래에 두었다. 그는 한 번에 그치는 장사를 하지 않았다. 사람의 마음을 얻으려면 진심으로 대하고, 의심하지 않으며, 속박하지 않아야 한다.

열 번째, 게으름을 멀리하고 항상 부지런히 움직여라. 장사란 말을 많이 해야 하고 부지런히 손을 움직여야 한다. 다리품도 많이 팔아야 하며 또한

고도의 지혜와 지능을 활용해야 한다. 장사를 한다는 것은 식견과 재능을 발휘하는 일이며 지혜를 겨루는 것이다. 모두가 말하는 대로 말하고, 모두가 행하는 대로 행한다. 사람의 희로애락을 관찰하고 그 애증과 욕망에 따르는 것, 이 두 가지를 해내면 모든 사람의 마음을 얻을 수 있다.

9. 우리나라의 훌륭한 부자들

9.1. 개관

우리나라는 일본으로부터 독립하여 서구의 민주주의와 자본주의를 도입한 지 불과 70여 년밖에 지나지 않았다. 독립 후 남북이 나뉘면서 이념전쟁인 6.25사변을 겪는 등 커다란 고통을 극복하고 오늘날 민주주의 제도를 확립하고 자본주의의 꽃을 피워 이제는 국력이 세계 10위권에 성큼 들어서는 놀라운 성과를 이룬 나라이다. 그러나 500년 이상 지속되어 온 유교문화의 사회적 분위기가 아직 남아있어 부자에 대한 부정적 이미지가 강하다. 조선시대 상업은 중인 이하 천민들이 종사했던 분야로 권력을 쥐고 있는 양반층은 이들을 멸시하면서 자기의 수족 다루듯이 하려고 했다. 이러한 현상은 조선왕조에서 뿐만이 아니라 왕권을 유지했던 모든 나라들, 특히 유럽의 여러 국가에서도 마찬가지였다. 앞에서 로스차일드 가문이 부를 이루는 과정에서 살펴보았듯이 천민 취급을 받으며 게토라는 한정된 지역에만 거주하도록 허락된 유대인이 살아갈 방법이 무엇이었겠는가? 오직 돈을 모으는 것뿐이었다. 그들은 모든 수모를 참아내고 오늘의 세계 최고의 부자 가문을 이루어 낸 것이다.

우리나라의 격변기에도 돈을 정당하게 모으고 이를 나라와 어려운 백성들을 위하여 쾌척한 이들은 양반이 아니라, 이들에 짓눌리던 중인, 천민이라는 계층의 굴레를 벗어나 온갖 모욕과 멸시를 참아내고 부를 모은 이들이 대부분이었다. 물론 양반이면서도 나라와 백성을 사랑하여 300년 이상 명문가를 이룬 최부자 댁이 있기는 하다. 우리나라처럼 민주주의와 자본주의의 토양이 척박한 가운데에서도 이러한 가문이 300년 이상 지속되어 왔다는 것은 거의 기적이라 할 것이다. 물론 안타깝게도 해방 후 그 맥이 끊어졌지만 말이다.

우리는 알아야 한다. 우리의 귀중함을 알아야 남의 귀중함을 알듯이 우리 조상의 훌륭한 유산을 모르고서야 어찌 대한민국의 국민이겠는가?

우리는 위인, 특히 자수성가한 부자들을 부러워하면서 서양의 많은 이들의 위인전은 읽었으나 우리 조상들의 부를 모은 과정과 사회에의 헌신에는 관심이 없었다. 필자도 마찬가지였다.

그러다가 "어떻게 하면 보통 사람들도 다람쥐 쳇바퀴 도는 삶에서 벗어나 성공을 쟁취하고 행복한 삶을 살 수 있을까?"라는 화두를 가지고 연구하던 중 "왜 우리나라에는 내어놓고 이야기할 수 있는 훌륭한 부자가 없을까? 조선이나 구한말 부자는 모두 정경유착에 의해 부를 쌓아온 자들로 우리가 본받을 수 없는 사람뿐일까?"라는 의문이 들었다. 그래서 관련 자료를 찾아보던 중 아주 훌륭한 우리 조상들이 있음을 발견하였다. 이들의 삶은 매우 감동적이었다. 그래서 필자는 이들의 행적을 널리 알려야겠다는 생각에서 이들 중 우리가 부를 모아 성공하고자 한다면 그들의 삶에서 교훈을 얻을 수 있다고 생각되는 가문 1곳과 4명의 훌륭한 선조들을 찾아내어 여기에 싣는다.

9.2. 경주 최부잣집의 300년간 내려온 부의 비밀

300년 동안 부를 지켜온 '최부잣집'이라 하면 우리나라 역사에서 가장 오랫동안 그 부를 지켜온 가문이다. 최부잣집보다 더 많은 재물을 가졌던 사람들도 물론 있었지만 거의 모두 '부'를 일구고, 당대에 망했거나 길어야 3대까지도 가기가 어려웠다. 그 이유는 그들은 부를 자기들만의 부로 생각했기 때문이다. 바로 이 우주의 원리인 '연결성'을 도외시했기 때문인 것이다. 반면에 최부잣집은 이 원리를 부의 경영에 철저하게 적용함으로써 300년이라는 10대에 걸쳐 부를 유지하여 왔던 것이다. 게다가 가문의 부가 끝이 난 이유는 사회 환원 때문이었으니 이 가문의 부는 지금도 계속되고 있는 것과 마찬가지이다.

'경주 최부잣집'은 17세손인 조선 선조 때 의병장이 된 최진립(1568~1636)과 그의 아들 최동량이 터전을 이루고, 손자인 최국선(1631~1682)으로부터 28세손인 최준(1884~1970)에 이르는 약 300년 동안 부를 누린 일가를 말한다. 최부자 집안은 병자호란 때 왕명에 따라 출병하여 용인 험천에서 전사한 최진립 장군(정3품 당상관)의 공신 토지를 기반으로 만석의 재산을 일으켰다. 만석지기 최부자 가문이란 1대 최진립(1568~1636)에서 전 재산을 영남대 설립에 기부한 12대 최준(1884~1970)까지를 말한다. 최준은 1947년에 대부분의 재산을 영남대 설립에 기부해, 부자 가문의 막을 내리고 이후 후손들은 평범한 중산층으로 살고 있다. 영남대학교는 1947년 3월 최준에 의해서 '대구문리과 대학'으로 개교하여 1947년 9월 재단법인 대구대학 설립을 인가받고 1967년 12월 학교법인을 '영남대학교'로 교명을 변경하였다. 최준은 대한민국의 독립운동가이자, 기업인, 사회운동가, 교육인으로서 본관은 경주, '경주 최부자 12대'로 마지막 최부자로 알려져 있다. 1983년 대한민국 정부는 그에게 대통령표창을 추서하였고, 1990년에는 건국훈장 애족장을 추서하였다.

최부자 가문에는 유명한 가훈(家訓)이 있다.

집안을 다스리는 제가(齊家)의 가훈 '육훈(六訓)'과 자신의 몸을 닦는 수

신(修身)의 가훈 '육연(六然)'이 그것이다.

육훈(六訓)은 "첫째, 과거를 보되 진사 이상 벼슬을 하지 말라. 둘째, 만석 이상의 재산은 사회에 환원하라. 셋째, 흉년기에는 땅을 늘리지 말라. 넷째, 과객을 후하게 대접하라. 다섯째, 주변 100리 안에 굶어 죽는 사람이 없게 하라. 여섯째, 시집온 며느리들은 3년간 무명옷을 입게 하라."이다.

육연(六然)은 "스스로 초연하게 지내고(자처초연:自處超然), 남에게는 온화하게 대하며(대인애연:對人靄然), 일이 없을 때는 마음을 맑게 가지고(무사징연:無事澄然), 일을 당해서는 용감하게 대처하며(유사감연:有事敢然), 성공했을 때는 담담하게 행동하고(득의담연:得意淡然), 실의에 빠졌을 때는 태연히 행동하라(실의태연:失意泰然)."이다.

집안을 다스리는 6훈을 상세히 살펴보자.

첫째, 과거를 보되 진사 이상은 하지 마라.

양반으로서의 신분은 유지하되 권력과는 일정 거리를 유지하라는 의미이다. 과거를 보라는 것은 학문을 가까이하여 지적능력을 기르라는 가르침이다. 진사는 일명 생진(生進)으로 부르기도 하는데, 조선시대에 생원과 진사를 뽑았던 소과(小科)에 급제한 것을 일컫는다. 그렇기 때문에 생원이란 권력을 가진 사람이라기보다는 신분상 선비로서 사회적 공인을 받는다는 의미가 컸다. 이를테면 생진과보다 더 높은 대과(大科)에 급제하여 권세의 자리에 있게 되면, 그것은 마치 작두날 위에 서 있는 것과 같으므로 철저한 계급사회에서 부를 유지하기 위해서는 최소한의 지위는 필요하나 권력까지 가질 생각은 하지 말라는 뜻이 된다.

둘째, 재산은 만 석 이상을 모으지 마라.

대단히 역설적인 가르침이다. 그러나 이 집안을 존경받게 한 것은 바로 이러한 가르침 때문이다. 최부자의 후손들은 이 상한선을 지키기 위해 부에 대한 욕망을 절제해야 했다. 그들은 이 가르침을 지키기 위해 다른 부잣집들이 70% 정도 받던 소작료를 40%로 낮추어 부의 혜택이 자연스럽게 남들에게로 퍼져나가게끔 하였다. 경주 일대의 소작인들이 앞다투어 최부자 집 농사를 지으려고 줄을 섰으며, 수많은 소작인들은 더욱 열심히 일하였기에 최부잣집의 재산은 계속 늘어날 수밖에 없었다고 한다. 사촌이 논을 사면 배가 아프다고 하는데 최부자가 논을 사면 박수를 치지 않았을까. 말하자면 윈-윈(win-win) 전략의 선구자적인 실천이었던 것이다.

셋째, 과객을 후하게 대접하라.

최씨 집안의 셋째 원칙은 지나가는 손님을 후하게 대접함으로써 덕을 쌓고 인심을 얻으라는 가르침이다. 과객(過客)들에게 숙식을 제공하여 나눔을 실천하는 것은 선행을 베푸는 것이기도 하지만 신문이나 텔레비전이 없던 시절에 이곳저곳을 돌아다니며 정보 전달자 역을 하던 과객들을 통해 최씨 집안은 정보를 수집하고 다른 지역의 민심을 파악할 수 있었을 것이다. 후한 대접을 받았던 이들은 조선팔도에 최부잣집의 인심을 소문내고 다녔는데, '적선지가(積善之家: 선을 쌓는 집)'란 평판은 사회적 혼란기에도 이 집을 무사할 수 있게 만든 비결이기도 했다. 동학란 이후에 경상도 일대에는 부잣집을 터는 활빈당이 유행해서 다른 부잣집들은 대부분 털렸지만 최부잣집만큼은 건드리지 않았다고 한다. 이 집의 평판을 활빈당도 잘 알고 있었기 때문이다.

넷째, 흉년기에는 재산을 늘리지 마라.

남의 불행을 치부의 기회로 삼지 말라는 가르침이다. 정의로운 경제활동을 하라는 뜻도 될 것이며, 이웃의 원성을 살 일은 하지 말라는 의미도 되겠다. 최부잣집은 이웃의 어려움을 통해서 재산을 늘리지 않았을 뿐 아니라 오히려 이웃이 어려울 때 자신의 재산을 나누어 그들을 구제하는 데 앞장섰다. 흉년이 들면 수천 명씩 굶어 죽던 시대에, 흉년은 없는 사람에게는 지옥이었지만 있는 사람에게는 부를 축적할 수 있는 절호의 기회였다. 가난한 사람들이 당장 굶어 죽지 않기 위하여 헐값으로 내놓은 전답을 매입할 수 있었기 때문이다. 심지어 다급하니까 흰죽 한 그릇 얻어먹고 그 대가로 팔게 된 논을 말하는 '흰죽 논'까지 등장했다고 하니 구한말 백성들의 궁핍은 말이 아니었던 것으로 보인다. 필자는 구한말의 참담했던 사정을 할머니께 전해 들은 바 있는데, "배가 고파도 먹을 게 없어서 할 수 없이 자기 똥을 싸서 먹은 사람은 살았고, 흙을 싸서 먹은 사람은 죽었다."고 한다. 얼마나 참담했는지 그 실상이 상상이 될 것이다. 그러나 최부잣집은 이런 짓을 하지 않았다. 이는 가진 사람이 할 도리가 아니라고 보았기 때문이다. 이렇게 얻은 인심은 다른 기회에 재산을 늘리는 데 크게 도움이 되었다.

이런 금기는 또 있었다. "파장 때 물건을 사지 않는다."가 그것이다. 석양 무렵이 되면 장날 물건들은 값이 뚝 떨어지기 마련이다. 다른 부잣집들은 오전에는 절대 물건을 사지 않고 파장 무렵까지 '떨이' 물건을 기다렸으나, 최씨 집안은 그렇게 하지 않았다. 항상 오전에 제값을 주고 물건을 구입하였다. 그러다 보니 상인들은 제일 질이 좋은 물건을 최부잣집에 먼저 가지고 왔다고 한다.

다섯째, 사방 백 리 안에 굶어 죽는 사람이 없게 하라.

혼자만 잘 먹고 잘살지 말고 이웃과 나누라는 가르침이다. 그것도 사방 백 리 안의 이웃과 나누라는 것은 그 스케일 면에 있어서도 로마제국 귀족들의 선행에 조금도 뒤지지 않는 규모이다. 경주를 중심으로 사방 100리를 살펴보면 동으로는 경주 동해안 일대에서 서로는 영천까지이고, 남쪽으로는 울산이고 북으로는 포항까지 아우른다. 최부잣집은 춘궁기나 보릿고개가 되면 한 달에 약 100석 정도의 쌀을 이웃에 나누어주었고, 흉년이 심할 때는 약 800석이 들어가는 큰 창고가 바닥이 날 정도로 구휼을 베풀었다고 한다. 최부잣집에서 1년에 소비하는 쌀의 양은 대략 3,000석 정도였다고 한다. 그 가운데 1,000석은 식구들 양식으로 썼다. 그다음 1,000석은 과객들의 식사대접에 사용했다. 그리고 나머지 1,000석은 빈민구제에 썼다는 것이다. 최씨 집안의 이러한 전통은 1대 부자인 최국선의 선행으로부터 비롯되었다고 한다. 최국선은 신해년(1671)에 큰 흉년이 들었을 때 "주변 사람들이 굶어 죽을 형편인데 나 혼자 재물을 지켜서 무엇 하겠느냐?"며 곳간을 헐어 이웃을 보살폈다고 한다. 그 이후 "사방 100리 안에 굶어 죽는 사람이 없게 하라."는 가르침이 가훈의 하나가 되었다는 것이다.

여섯째, 최씨 가문의 며느리들은 시집온 후 3년간 무명옷을 입어라.

조선시대 창고의 열쇠는 남자가 아니라 안방마님이 가지고 있던 시대였다. 그런 만큼 실제 집안 살림을 담당하는 여자들의 절약정신이 중요했다. 집안의 살림을 하는 여자들에게 근검절약하는 생활을 강조하는 이 가르침은 자신들에게는 박하고 엄격하게, 타인들에게는 후하고 자비롭게 대하는 최부잣집 생활철학의 진수이다. 또한, 보릿고개 때는 집안 식구들도 쌀밥을 먹지 못하게 했고, 은수저도 사용하지 못하게 했는데, 이렇게 교육받은 후손들이 재산을 낭비할 리 없으므로 이 교훈이야말로 300년 동안이나 부를 유지할 수 있었던 비결 중의 비결이라고 하겠다.

최부잣집의 부는 마지막 부자인 최준의 대에 와서 길고 긴 300년 역사의 막을 내리게 되나 그것은 부의 끝이 아니라 사회에 대한 공헌의 절정으로 새로운 부의 명성을 이어 가는 것이라고 필자는 생각한다.

1884년 경주에서 태어난 마지막 최부자인 최준은 단순한 부자가 아니라 상해임시정부에 평생 자금을 지원한 독립 운동가였으며 오늘날 영남대학의 전신인 대구대와 청구대를 설립한 교육 사업가로서 우리의 근대사에 독특한 족적을 남긴 인물이다. 그는 당대의 거부이면서도 조선국권회복단과 대한광복회에 관계하면서 거액의 자금을 제공함으로써 독립운동단체의 활동을 지원하기도 하였다. 최준과 그의 둘째 동생인 최완은 독립유공자로 인정받아 지난 1990년 건국훈장 애족장이 추서되었다. 최완은 상해임시정부에서 일하다 일본 경찰에 체포돼 모진 고문 끝에 1921년 35세로 순국했다.

9.3. 개성상인 임상옥(林尙沃, 1779~1855)

9.3.1. 인삼무역에 주목하다

십여 년 전까지도 우리나라 사람들은 상공업을 천하게 여겨 부자들을 곧잘 부덕한 사람으로 모는 경향이 있었다. 옛 부자들은 정치권력을 잡은 벼슬아치들이나 조상에게서 토지를 물려받은 세습지주가 많았다. 자수성가한 서민지주는 매우 적었으며, 상공업이나 무역으로 부자가 된 경우는 드물었다.

그런데 임상옥(林尙沃, 1779~1855)은 벼슬아치나 지주가 아닌 무역을 통해 큰돈을 번 자산가였다. 그는 중국으로 통하는 관문인 의주에 살면서 인삼무역을 벌여 전국에서 손꼽는 거상으로 군림했다. 그는 청나라에 가서 인삼을 팔고 와 "은괴를 쌓으면 저 마이산만 하고, 비단을 쌓으면 저 남문루(南門樓)만 할 것이다."라고 했다고 하니, 큰 자산가가 된 과정을 이로 미루어 짐작할 수 있다.

그렇다면 그는 언제부터 이 험한 장사판에 뛰어들었을까? 그의 증조부는 원래 안주에 살다가 의주로 옮겨와 장사를 했다. 그의 아버지 임봉핵도 북경을 오가는 역관 출신의 장사꾼이었다. 그러나 그의 아버지는 실패를 거듭한 것으로 보인다. 임상옥은 중국어를 능숙하게 구사하는 역관 출신이었다. 중국 상인과 무역을 하는 데에 좋은 밑천이 되었다.

임상옥은 18세 때부터 장삿길에 나섰다. 하지만 워낙 밑천이 없어서 북경을 출입할 때 크게 고생을 했다. 28세에 아버지가 돌아가자 남은 것은 빚뿐이었다. 이때부터 그는 중국과의 무역에 본격적으로 뛰어들었다. 당시 의주는 중국이나 여진 상인과 거래하는 무역 중심지였고 청나라와 조선, 두 나라의 사신이 왕래할 때 어김없이 묵는 곳이었다. 특히 팔포(八包)무역은 이곳을 중심으로 이루어졌다. 팔포무역이란 인삼무역을 할 때 제한된 인원 한 사람당 인삼 80근만을 가져가 팔게 한 데서 유래했다. 당시 중국 사람들은 고려인삼이라면 사족을 못 쓰는 처지였는데, 고려인삼을 불사의 명약으로 생각했기 때문이었다. 그는 인삼의 독점 매매권을 따내 그의 손을 거치지 않고는 북경에 인삼을 팔 수 없었기 때문에 독점으로 인한 엄청난 부는 그의 차지였다.

임상옥은 조선 개성의 인삼을 몽땅 거두어 북경에 가서 팔고 다시 비단 당혜 등 생활용품과 사치품 따위를 사 가지고 조선으로 돌아와 이를 양반과 부자들에게 판매했다. 그는 10여 년 동안 이 일을 벌이며 뛰어난 장사 수완을 발휘해 조선에 널리 이름을 떨쳤다.

9.3.2. 인맥을 늘리고 배짱으로 배팅하다

전하는 말에 따르면, 그가 중국과 인삼무역을 한창 벌일 때 조정의 권신 박종경(朴宗慶)의 적극적인 지원이 있었다고 한다. 박종경은 순조의 외숙으로 1809년부터 병조판서·이조판서·훈련대장 등 중요한 벼슬을 연달아 받아 권세를 누렸다. 그리고 벼슬자리에 있으면서 온갖 부정을 저지르면서 음탕한 짓을 하고 개인적인 감정으로 사람을 죽여 그 악명이 높았다. 이 사람은 끝내 1812년(순조 12) 탄핵을 받아 조정에서 쫓겨났다. 이 해에 홍경래가 격문을 돌리고 관서지방 농민봉기를 단행했는데, 격문에서 박종경의 비리를 지적하기도 했다.

임상옥이 박종경과 연결돼 있다는 이야기는 여러 정황으로 보아 상당히 근거가 있다. 박종경은 수많은 비리를 저지르고 지방의 공물과 세금을 이용해 뇌물을 챙겨 지탄을 받았던 것이다. 하지만 어린 순조의 수렴청정을 맡았던 정순대비의 비호를 받아 큰 처벌은 받지 않았다. 박종경이 위세를 부릴 시기, 임상옥의 나이는 30대 중반이었다.

그때 이런 일화가 있었다. 어느 날 임상옥이 많은 인삼을 싣고 북경에 들어갔을 때였다. 북경 상인들은 임상옥을 골탕 먹이려고 그의 인삼을 거들떠보지도 않고 그와 상대도 하지 않았다. 하루하루가 지나도 그의 숙소에는 파리 한 마리 얼씬하지 않았고 귀국할 날짜만 하루하루 다가오고 있었다. 북경 상인들은 뒷전에서 히득거리며 그의 인삼을 헐값으로 인수해낼 궁리를 짜고 있었다. 하지만 임상옥은 인삼을 몽땅 여관 마당에 모아 놓고 불을 지르기 시작했다. 몰래 그의 동정을 엿보던 상인들이 곧바로 달려와 허겁지겁 인삼에 붙은 불을 껐다. 이 인삼이 잿더미가 된다면 중국에는 인삼공황이 일어날 것이 분명했기 때문이었다. 이를 대체할 방안은 없었다.

인삼에 붙은 불을 끄고 난 뒤 중국의 인삼 상인들은 임상옥의 배짱에 놀라서 그에게 거듭 사과했고 인삼값도 부르는 대로 쳐주었다고 한다.

이러한 일화는 소문을 타고 청나라와 조선에 전해져 그의 이름은 더욱 널리 알리는 계기가 되었다. 그의 상술은 더욱 빛났고, 그의 재산도 나날이 불어났으며 만상(灣商, 의주의 압록 강 입구에서 중국과 교역하던 상인)의 우두머리 자리에 올라앉게 되었다.

9.3.3. 그는 상인이었으나 돈을 쓸 줄 알았다

그는 큰돈을 벌자 아버지의 묘소를 의주의 백마산성 아래에 큼직하게 쓰고 그 아래에 수백 칸짜리 저택을 지었다고 한다. 일가친척을 모아 같이 살기 위해 새집을 지은 것이다. 그 집이 어찌나 컸던지 중국에 사신으로 가는 사람 100명이 들이닥쳐도 넉넉히 재우고 각기 밥상을 차려 대접할 수 있었다. 또 그의 상점은 크게 번창해서 온갖 보물과 집기(什器)가 넘쳤는데, 재산의 출납을 적는 부기(簿記) 일만 보는 사람이 70명을 넘었다고 한다. 그는 많은 토지를 가지고 있었지만, 그 토지를 사유지로 물려주면 자손들이 곧 팔아치운다고 생각해 궁토(宮土, 왕자·공주 등의 궁방에 딸린 토지)로 만들어 상속하도록 했다. 이렇게 상업경영도 미래를 내다보면서 계획을 세워나갔던 것이다.

그는 자수성가한 상인들에게서 흔히 볼 수 있는 수전노는 아니었다. 또 졸부가 피우는 거드름도 보이지 않았다. 일가친척에게 집을 지어 주고 토지를 사주며 의좋게 살았고, 과객과 걸인들에게 숙소를 제공하고 음식대접도 잘했다. 주위에 어려움을 겪는 사람이 있으면 늘 도와주었고, 흉년이 들거나 홍수가 나면 빈민구제에 발 벗고 나섰다. 그는 많은 돈을 내서 도로와 다리를 놓고 배를 사서 교통을 편리하게 하기도 했다. 또 1천여 석의 곡식을 내서 백마산성 수비군에게 제공해 도둑 방비에도 힘을 쏟게 했다.

1821년 7월에 중국 요동에서 번져 온 괴질이 평안도를 휩쓸더니 곧 전국으로 번졌다. 전국적으로 수십만 명이 죽었는데 평안도의 피해가 가장 컸다. 이때 임상옥은 많은 재물을 내어 사람들을 구제했다. 또 1834년 여름 의주에 큰 홍수가 나서 논밭을 휩쓸고 집들이 떠내려가 백성들이 고향을 떠나 정처 없이 떠돌며 살게 되자, 이때에도 그는 수많은 곡식을 내서 수재민을 구해 큰 칭송을 받았다.

그는 어릴 때부터 글을 배워 틈틈이 시를 짓기도 했다. 그리하여 뒷날 지은 시들을 모아 《적중일기(寂中日記)》라는 시집을 내기도 했다. 그의 성품은 차분하고 정중해서 사람을 대할 때 늘 호감을 샀고, 아무리 천한 사람이나 어린아이에게도 편지를 쓸 때는 정자로 써서 보냈다고 한다. 그만큼 그는 예의 바른 태도를 가졌다.

한번은 구실아치(관원 밑에서 일을 보던 어떤 사람)가 많은 공금을 축내고 갚을 길이 없어서 목숨을 잃게 되자, 부자로 소문난 임상옥을 찾아가 돈 5만 냥만 빌려 달라고 했다. 임상옥은 선뜻 돈을 내주었다. 주위 사람들이 놀라서 그 까닭을 묻자, 그 사람의 얼굴에 살기가 가득해 보여서 돈을 꾸어 주었다고 대답했다. 주위 사람이 그 사람을 따라가 알아보았더니 칼을 숨기고 들어와 만일에 돈을 빌리지 못하면 임상옥을 찔러 죽이려고 했다는 것이다. 그만큼 그는 정도 있었지만 사람 보는 안목도 지니고 있었다.

그가 한창 돈을 모으던 30대에 홍경래(洪景來)가 그의 가게에 잠시 서기로 있었다. 홍경래는 평안도를 중심으로 변란을 꾸미면서 임상옥에게 접근했던 것이다. 임상옥은 한동안 홍경래를 채용했다가 사람 됨됨이를 보고 "그대는 조정의 서기로는 적합하지만 장사꾼 서기로는 적합하지 않다."는 말을 하고 내보냈다. 1812년 끝내 홍경래가 변란을 일으켰을 때 평안도와 개성 일대의 상인들이 많은 자금을 대주었는데, 임상옥도 가담한 것으로 보이지만 여기에서 교묘히 빠져나왔다. 그는 홍경래 주도의 농민봉기 때에 방수장(防守將)의 소임을 받아 의주성을 지키는 임무를 띠고 있었다. 홍경래가 처음 봉기할 때 북진군은 김사용이 지휘해 평안도 일대를 석권했다. 하지만 김사용은 의주까지 진격하지는 못했다. 임상옥은 그 소임만 맡았을 뿐이지 실제 농민군을 막는 활동을 하지는 않았다.

그 뒤 그는 중국에 사신 수행원으로 따라가 공을 세웠다고 해서 조정에서 오위장(五衛將, 종2품의 무관직)의 벼슬을 받았다. 그는 1821년 청나라로 가는 사신의 수행원으로 따라간 적이 있었다. 경종 시기에 벌어진 신임사화로 노론의 4대신인 김창집, 이이명, 이건명, 조태채가 역적으로 몰려 죽었는데 영조가 즉위한 뒤 복권되었지만, 중국의 책에는 이들 4대신이 역적으로 기록되어 있었다.

당시 조정에서는 이를 바로잡아야 한다는 논의가 일어나 변무사(辨誣使, 조선시대에 중국에서 조선에 대해 잘못 이해한 일이 있을 때 이를 밝히기 위해 임시로 중국에 보내던 사절)를 보낸 것이다. 임상옥은 중국어를 능숙하게 구사할 줄 알았기 때문에 사리를 따져 사실을 조목조목 밝히는 데 그가 필요했던 것이다. 그리하여 그는 진주정사(陳奏正使) 이호민(李好敏)의 수행원이 되었다. 이들 일행은 이해 겨울 북경에 도착해 외교활동을 벌였는데, 임상옥은 통역을 맡아 청나라 예부를 드나들었다. 이를테면 로비를 벌이기도 하고 정보를 수집하기도 한 것이다. 이호민이 조정에 보고한 글

(순조실록 25권, 22년 정월 조)에는 이런 대목이 있다.

"임 역관을 시켜 몰래 탐문하게 했더니 예부의 한인(漢人) 상서인 왕정진은 '황제의 허락을 받아 만든 책자는 내용 체제가 구별되어 있어서 갑자기 바로잡기가 어렵다.'고 했으며, 여진인 상서인 문부는 '지금 전후의 주문(奏文)을 보니 충신과 역신의 판별이 뚜렷하여 의심할 바가 없으니 그 잘못된 구절을 깎아 내는 것이 진실에 맞는다.'고 말했습니다." 위의 '임 역관'은 이름이 밝혀져 있지 않지만 여러 정황으로 보아 임상옥임이 틀림없다. 이런 활약으로 일이 뜻대로 이루어졌다. 하지만 사실 임상옥에게 준 오위장은 허울 좋은 벼슬이었지 직책이나 실권이 있는 자리는 아니었다. 그러나 일단 이런 벼슬을 얻게 되면 수령들의 위세를 막을 수 있고 지방에서 행세깨나 할 수 있었다. 그래서 임상옥도 흔쾌히 이런 자리를 받았을 것이다. 1833년(순조 33)에는 그에게 곽산군수가 내려졌다. 군수야말로 세력도 부리고 위세도 뽐낼 수 있는 자리였다. 그는 약 1년 동안 그 자리에 있으면서 부정을 저지르고 뇌물을 챙기기는커녕 좋은 정사를 많이 베풀었다.

그 다음 해에 의주에 큰 홍수가 나자, 임상옥은 많은 재물을 내서 사람들을 구했다. 그러자 1835년(헌종 1) 그에게 구성부사의 직함이 내려졌다. 4품에서 3품으로 뛰어오르는 큰 승진이었다. 승진의 이유는 바로 의주에 홍수가 났을 때 이재민을 크게 도왔다는 것이었다. 하지만 그가 곽산군수로 있을 때 성적이 중간으로 기록되어서 승진할 수 없게 되자 그에게 내린 구성부사 자리는 곧바로 거두어졌다(《헌종실록》 1권, 1년 6월 조). 그는 그 뒤 다시 벼슬자리에 나가지 않았지만 오위장을 받은 덕택에 죽어서는 선비 신분이나 들 수 있는 향사에 배향되기도 했다. 상인의 신분으로 공자를 모신 사당에 배향된 것이다.

이와 같이 그는 상인이자 중인 출신으로 많은 부를 쌓았고 벼슬까지 얻어 양반 행세도 했다. 그러나 그의 이름이 빛나는 것은 결코 시를 지었다거나 벼슬자리를 얻었기 때문이 아니다. 그는 어디까지나 훌륭한 상인이었기 때문이다. 그러나 당시의 조선사회는 이런 상인을 키우고 북돋아 주는 풍토가 없었기에 그는 상당한 부를 축적한 뒤 양반이 되려고도 했지만 결국 많은 돈을 풀어 빈민구제를 행한 우리가 본받을 만한 상인이었다.

임상옥(林尙沃)은 성실과 남을 속이지 않는 것을 상도로 하고 미래를 내다보는 눈을 가진 상인이었는데 "재물은 흐르는 물과 같고 사람은 바르기가 저울과 같다."는 그의 말은 무슨 일을 하든지 어떤 마음자세가 필요한지 깨닫게 해준다. 그는 또 "장사란 이익을 남기기보다 사람을 남기기 위한 것이다. 사람이야말로 장사로 얻을 수 있는 최고의 이윤이며, 신용이야말로 장사로 얻을 수 있는 최대의 자산이다."라고 말한다.

9.4. 국제 무역왕 최봉준(1859~1917)

9.4.1. 빈털터리로 고향을 떠난 어린 소년, 설원에서 멘토를 만나다

억만장자.

조선왕조가 저물 무렵 백성 가운데 억만장자가 있었다면, 그것도 고아에 천민 출신이었다면 과연 실감 나는 이야기일까? 구한말에 등장, 부를 쌓는 데 최대 자원은 백성이며 그들이 빈곤으로부터 해방되는 날이 진정한 조선 독립의 날이라 갈파한 최봉준(崔鳳俊). 그 시절 억대란 상상도 못할 천문학적 숫자였다. 이때까지는 거부들이 기껏 쥔 돈이라야 몇백만 냥 아니면 2만~3만 석, 최고가 5만 석 정도였다.

그런 시절에 어떻게 조선에 억만장자가 존재했을까. 최봉준은 조선 최대 상선 준창호(俊昌號)의 선주로서 19세기 끝 무렵 블라디보스토크로 건너가 한국민회를 조직했고 1908년 해조신문(海潮新聞)을 창간, 항일정신과 민족정기를 드높이는 데 힘썼던 인물이다. 최봉준은 어릴 적 생명의 은인이자 대부인 야린스키가 임종하면서 남긴 '처세정신 10조'를 바탕으로 세상의 큰 흐름을 내다볼 수 있었기에, 한말 소용돌이 속에서 기회를 놓치지 않고 조선과 시베리아를 오가며 억만장자가 될 수 있었다. 사업의 출발점과 활동 범위가 여느 장사꾼과는 달랐으며 큰 상인으로서의 면모나 기백 또한 남다를 수밖에 없었다. 그는 적어도 진정한 상인이라면 어떠한 불구덩이 속이라도 두려움 없이 뛰어들 결단과 용기가 필요하다고 말했다. 언제 위험이 닥칠지 모르는 곳에서도 그는 기회를 찾아냈고 과감한 결단을 내렸다.

최봉준은 1859년 함경북도 성진에서 태어났다. 그는 본디 찢어질 듯 가난한 집 아들로 일찍이 어머니를 잃은 데다 12세 때 두만 강 연안 경흥에서 아버지마저 잃고 혈혈단신이 되었다. 까까머리 어린 소년이 어떻게 두만 강 살얼음을 타고 말과 풍속이 설고 사람 생김새까지 낯선 러시아까지 흘러 들어갔을까. 그 무렵 많은 함경도 사람들이 가을걷이가 끝나면 이듬해 봄까지 러시아 깊숙이 들어가서 품을 팔았다. 소년 최봉준도 그런 유민 인파, 가난한 품팔이꾼을 따라 두만 강을 건넜다. 서넛씩 짝을 지어 품팔이 터를 찾아가던 유민들은 간도 국자가(局子街)에 이르자 저마다 흩어졌다. 소년 최봉준이 국자가에 다다랐을 때는 이미 철이 지나 일꾼을 뽑는 소개소의 문이 모두 닫힌 뒤였다. 최봉준은 다시 어른 몇을 따라 북으로 북으로 끝없이 펼쳐진 설원으로 새 일터를 찾아 들어갔다.

그렇게 7명의 함경도 유민이 온갖 고생을 하며 일터를 찾아 헤맸건만 러시아 사람들의 산판조차 강추위로 모두 문을 닫아 버린 뒤였다. 그러는 사이 일행은 하나둘씩 흩어지게 되고 고아 최봉준은 홀로 남게 되었다. 추위와 두려움 속에 정처 없이 눈길을 헤매던 최봉준은 한 조선 여인을 만나 사라진 어른들의 소식을 듣게 되었다. 모두 남의 산판에서 나무를 벤 도둑으로 몰려 러시아 산림간수들에게 잡혀갔다는 것이었다. 최봉준은 눈앞이 캄캄했다.

"그러면 우리 아저씨들은 어디로 잡혀갔습둥? 도대체 어디로 가면 만날 수 있습둥?" "글쎄, 그건 나도 모르지. 다만 산림간수 경찰서가 코란스키에 있으니 혹시 그리로 데려가지 않았을까?" "코란스키요? 거기가 여기서 얼마쯤 되겠습매?" "여기서 북쪽으로 70리쯤이지만, 말이 70리지 들판에는 늑대들이 우글거리고 지금은 너무나 추워서 못 가. 그 몸으로는 얼어 죽고 말 거야. 날이 풀리면 찾아가 보는 게 어떻겠니?"

마침내 최봉준은 조선 여인의 호의로 비상식량과 개 두 마리가 끄는 썰매까지 빌려 눈보라를 헤치며 코란스키를 찾아 떠났다. 그러나 러시아의 혹한은 소년에게 너무나 큰 시련이었다. 무섭도록 휘몰아치는 눈보라에 개들조차 길을 잃고 지쳐 버렸다. '설원의 미아'가 되어 버린 소년 최봉준은 엄청난 두려움에 울음을 터뜨리고 말았다. 추위와 공포에 지친 개와 소년. 하는 수 없이 최봉준은 눈물을 머금고 썰매를 돌렸다.

날이 더 어두워지기 전에 마을로 돌아가고자 안간힘을 썼다. 개도 죽을 힘을 다했다. 최봉준은 먼저 들판에서 개를 끌고 산골 속으로 기어들어가 서로 의지하려 했다. 개들과 빵을 나눠 먹고 서로 꼭 부둥켜안고 밤을 새우는 수밖에 없었다. 최봉준이 개를 몰고 산 밑 굴을 찾아 막 움직이려는 찰나 어둠 저쪽에서 날카롭게 울부짖는 짐승의 울음소리가 들렸다.

'아! 늑대 떼다.' 등골이 오싹했다. 늑대 한 마리가 어둠 속에서 움직이는 썰매를 따라 서서히 다가오고 있었다. 늑대의 울부짖음이 캄캄한 하늘 저쪽 끝에 메아리쳐 왔다. 그러자 그 메아리가 사라진 쪽에서 더 팽팽하고 기분 나쁜 소리가 주위 공기를 흔들었다. '아! 얼어 죽기 전에 늑대 밥이 되고 말겠구나.' 최봉준은 온몸에 소름이 끼쳤다. '나는 절대로 죽을 수 없다. 이대로, 이대로 죽을 수는 없다.' 재빨리 품속에서 칼을 꺼내 늑대 떼 쪽으로 겨누었다. 순간 어둠 속에서 늑대의 시뻘건 눈들이 반짝 빛났다. 여기저기서 늑대들이 하나둘 움직여 최봉준을 둘러싸는 것을 느낄 수 있었다. 그는 재빨리 나무를 잘라 모으고 불을 지폈다. 어릴 때 고향 마을 어른들이 늘 말씀하시던 "짐승한테 쫓길 때는 불을 피워 방어하라."는 말이 생각났던 것이다. 졸음과 피로감이 자꾸만 눈꺼풀을 무겁게 덮쳐 눌렀다. 한 시간, 두 시간, 네 시간, 다섯 시간…. 최봉준의 팽팽한 정신력도 한계가 있었다. 그는 눈발 가득 휘몰아치는 하늘을 올려다보며 어머니를 불렀다. 어머니! 어머니! 되뇌는 최봉준의 볼 위로 소리 없는 눈물이 자꾸만 흘러내렸다. 얼어붙는 눈물의 감촉에 깜짝 놀라 정신을 차린 그는 불이 꺼지지 않도록 나무토막을 자꾸 던지면서 여기저기 고함을 질러댔다. "사람 살립세! 사람 살려줌세!"

그는 시시각각 조여들며 엄습해오는 한밤의 어둠을 향해, 모질고 악랄한 늑대 떼를 향해 오직 불붙은 나무토막 하나를 꽉 쥐고, 죽을 수 없다는 처절한 신념만으로 겨우 버티고 있었다. 불 때문인지 늑대들은 좀처럼 덤벼들지 못했다. 최봉준은 그만 지쳐 버렸다. 나중에는 무엇을 분간도 못 할 만큼 손발을 허우적거리다가 그만 의식을 잃고 나가떨어졌다. 새벽녘 정신을 잃고 쓰러진 소년은 무엇인가가 심하게 자기 얼굴을 핥는 뜨뜻한 감촉에 소스라쳐 번쩍 눈을 떴다. 소년의 휘둥그레진 두 눈 가득히 들어오는 짐승! 바로 늑대였다. 최봉준은 등골을 서늘하게 지나가는 한기를 느꼈다. 소년은 두 주먹을 휘두르며 벌떡 일어나 고함을 질렀다.

"이 썩을 놈의 늑대 새끼!" 그러나 그 순간 최봉준은 겁에 질려 또 의식을 잃고 말았다. 얼마쯤 지났을까. 무언가 얼굴을 핥는 느낌에 다시 눈을 떴다. 날은 완전히 밝아 있었다. 그리고 얼굴을 핥으며 귀청이 찢어지도록 짖어대는 것은 늑대가 아니라 개라는 사실을 알게 되었다. 그 커다란 러시아 개는 주춤 물러서더니 다시 최봉준의 손등을 핥았다. 개는 목에 두른 방울을 절렁거리며 자꾸 고개를 흔들어댔다. 자세히 살펴보니 사나운 들개가 아니었다. 분명히 잘 길들인 집 개였다. 개가 목을 자꾸 흔들기에 최봉준은 그 목덜미 쪽을 살펴봤다. 목 뒤에 병을 달고 있었다. 게다가 개의 몸뚱이에 털 담요가 둘려 있지 않은가. 순간 최봉준은 안도의 한숨을 길게 내쉬었다. 최봉준은 그 개의 목에 달린 위스키병을 꺼내 한 모금 마셨다. 온몸이 후끈 달아올랐다. 그리고 담요를 벗겨 몸에 두르자 그 개는 유순하게 한 번 '컹!' 크게 짖더니 어디론지 빠르게 달려가 자취를 감추었다.

'누가 보낸 개일까?' 최봉준은 위스키로 얼어붙은 속을 녹였다. 누군가의 따뜻한 손길이 그를 살린 것이었다. 소년은 가슴속 저 깊은 곳에서 우러나오는 뿌듯한 감동에 뜨거운 눈물을 흘렸다. 안도감이 밀물처럼 밀려왔다. 이렇게 춥고 황량한 무인(無人)의 설원 한구석에도 사람을 애정으로 감싸주는 인도주의자가 있었단 말인가. 소년은 새삼스레 삶의 찬란한 기쁨을 느꼈다. 최봉준이 담요를 두른 채 술로 조그만 몸뚱이를 녹이며 눈이 펑펑 쏟아지는 하늘을 쳐다보고 있은 지 거의 한나절이나 지났을까. 까마득한 설원 저 끝쪽에서 갑자기 요란한 말방울 소리와 개 짖는 소리가 들려왔다. 어느새 외투로 몸을 감싼 키가 훤칠한 러시아 사람 하나가 나타났다. 그가 바로 최봉준의 목숨을 구해주었을 뿐 아니라 최봉준이 뒷날 억만장자로 성공하는 데 결정적 역할을 하는 러시아 귀족 야린스키였다. 겨울 한 철 설원에서 홀로 사냥하며 지내다가 봄이면 돌아가는 야린스키는 독실한 그리스정교회 신자였다. 날마다 일과가 끝나면 자기가 데리고 다니던 사냥개의 몸에다 위스키병과 담요를 매어 밖으로 내보냈다. 혹시라도 길을 잃고 이 설원을 헤매는 나그네가 있으면 그것을 전해주게 하고 그 개가 다시 나그네를 이끌고 오게 하려는 것이었다.

러시아 귀족 야린스키와 조선 소년 최봉준.

생명을 구해준 이 인연으로, 야린스키가 73세로 눈감을 때까지 7년 동안 최봉준은 그의 양아들 겸 별장지기로 지내게 되었다. 그렇게 야린스키의 교육을 받으며 19세의 어엿한 청년이 된 최봉준은 러시아 말을 완전히 익히고 러시아 국적도 갖게 되었다. 야린스키가 별장에서 한겨울을 지내고 봄이면 도시로 나갔다가 다음 해 겨울 다시 돌아올 때까지, 최봉준은 홀로 별장을 지켰다. 별장에는 꽤 큰 산과 농장도 딸려 있었다. 최봉준은 여름에는 농장관리인으로, 겨울이면 야린스키와 함께 날마다 개의 목에 위스키병과 담요를 감아 길 잃은 나그네를 구하는 일을 했다. 그동안 야린스키와 최봉준이 보낸 개 덕분에 구조된 사람도 수십 명이 넘었다. 최봉준은 야린스키에게서 인도주의 정신을 바탕으로 한 사랑과 봉사의 가르침을 받았다. 그는 세상을 떠나며 최봉준에게 지혜롭게 살아가라는 유훈으로 야린스키 처세정신 10조를 남겼다. 그리고 별장과 농장도 넘겨주었다. 실제 상속자가 된 최봉준은 밤마다 야린스키가 했듯이 사람 구하는 일을 똑같이 실천하며 근면하게 살았다. 최봉준은 야린스키 유훈 처세정신 10조를 첩(牒)으로 만들어 평생 머리맡에 두고 마음을 가다듬으며 세상으로 나아갔다.

 청년 최봉준은 10가지 유훈을 몸에 완전히 익힐 때까지 반복하여 외우고 또 외우며 별도의 첩을 만들어 깨어있을 때나 잠을 잘 때나 품속에 간직하였다. 심지어 꿈속에서도 이 처세 10조가 글로 나타나거나 그림으로 보이기도 하였다. 그야말로 몰입의 상태에 이르러 그 글과 최봉준은 하나가 된 것이다. 그러던 즈음 마침 뜻밖에 한 통의 편지가 날아온다. 청년 최봉준에게 새로운 운명이 기다리고 있었던 것이다. 그것은 야린스키가 살아 있을 때 블라디보스토크 어느 상점에 투자했던 주식이 차츰 불어나 꽤 큰돈이 되었는데, 그것이 야린스키 유언에 따라 최봉준 소유가 되었다는 통보였다.

 최봉준은 야린스키의 별장을 다른 사람에게 맡기고, 당당한 러시아 국적의 청년이 되어 큰 포부를 안고 블라디보스토크로 나아갔다. 공교롭게도 그 무렵부터 한·러 무역장정에 따른 러시아와 함경도 무역의 새로운 시대가 열리고 있었다. 러시아 큰 상인들이 함경도와 무역을 하기 위해 한국말과 러시아말에 밝은 사람을 앞세울 것은 당연했다. 1888년 '한·러 국경육지무역'이 정식으로 허용되고부터 함경도 사람들의 러시아 무역은 더욱 활발해졌다. 러시아인 세베레프는 재빨리 블라디보스토크에서 원산·부산을 거쳐 일본 나가사키와 중국 상하이까지 잇는 정기 항로를 열었다. 그때 세베레프 정기 항로는 15년 기한으로 조선의 원산·부산항에도 들르는 것이 허락되었다. 그때부터 러시아 무역은 화물선을 이용해 엄청난 물량을 교역하기 시작했다. 세베레프의 원산·부산 항로가 등장한 것은 1891년부터였는데 그 뒤에도 러시아 선박은 해마다 30척쯤 더 몰려왔고 1892년에는

제1부　**209**

40~50척에 이르렀다. 그런 상황 속에서 조선·러시아 무역계의 샛별로 최봉준이 등장한 것이다. 그 무렵 조선 정크선은 블라디보스토크까지 45척쯤 오가고 있었다. 조선 정크선들의 척당 적재량은 약 1천 파운드였으며 10~30명씩 승객들을 싣고 다녔다. 함경도 지방에서 블라디보스토크까지 배가 드나들 수 있던 시기는 겨울을 뺀 연중 8개월이었다. 그들은 바다가 꽁꽁 얼어붙지 않는 그 8개월 동안 보통 5~6회씩 오갔다. 이때 최봉준은 갑판에 올라 직접 정크선들을 진두지휘하며 블라디보스토크와 함경도 사이의 검푸른 바다를 가르며 나아갔다.

러일전쟁 직후인 1906년, 1천 400톤급 화륜선을 앞세우고 귀국한 45세 조선인 무역상이 있었다. 블라디보스토크에 본점을 두고 연추, 성진, 원산, 모지 등지에도 지점을 둔 거대 무역상사 '준창호'의 사주 최봉준이 그 주인공이었다.

〈황성신문〉 1907년 4월 27일 자의 광고를 보면 그의 위용이 얼마나 대단했는지를 알 수 있다. "본인이 1천 400톤급 화륜선 후시미마루(伏見丸)를 인수해 원산항과 성진항으로 일주일에 한 차례씩 왕래하옵는데 매월 소를 1천여 마리씩 매입할 터이오니 각처 우상(牛商)들께서는 원산, 성진 양처로 소를 가져와 팔아주시고, 세 항구를 왕래하는 승객께서도 많이 이용해주시기를 희망합니다. 성진 준창호 최봉준 고백."

최봉준이 구입한 후시미마루는 청일전쟁과 러일전쟁에서 무용을 떨친 일본이 자랑하던 전함이었다. 최봉준은 실전에 배치된 지 40여 년이 지나 퇴역하는 일본 전함인 이 배를 인수해 원산, 성진, 블라디보스토크를 잇는 정기선으로 운항했던 것이다. 그는 인수한 이듬해에는 선적(船籍)을 대한제국으로 이전하고, 이름도 준창호로 개칭했다. 대한제국 정부도 차관을 얻어야 겨우 도입할 수 있었던 기선(汽船)을 개인의 자금력만으로 인수한 것이었다. 더욱이 최봉준은 기선을 인수하고도, 한 달에 1천여 마리의 소를 매입할 수 있는 자금이 남아 있었다. 그가 한때는 "한꺼번에 천만금을 쥐락펴락했다."는 당대의 평가가 결코 과장은 아니었던 것이다.

최봉준은 러일전쟁 기간 축적한 자본을 바탕으로 모지(기타큐슈), 상하이, 옌타이, 하얼빈, 원산, 성진, 블라디보스토크를 잇는 대규모 무역업체를 설립했다. 준창호를 위시해 3척의 기선을 도입해 대대적 해운사업을 펼쳐 나갔다. 그때 그가 고용한 한국인, 중국인, 러시아인, 일본인 직원이 수백 명에 달했다고 한다.

뿐만 아니라 그는 경영난에 빠진 연해주 명동학교에 거금을 기부해 교육사업을 벌였고, 연해주에서 간행된 최초의 한국어 신문 〈해조신문〉도 창간했다.

〈해조신문〉 1908년 3월 10일 자에는 이러한 광고도 내보냈다.

"본인의 본점은 블라디보스토크에 있사옵고 지점은 성진과 연추에 있사온데 본점과 각 지점에 각종 물품이 구비하옵고 블라디보스토크 본점에는 밀가루와 백미가 특히 많사오며 각종 물품을 염가로 판매하오니 각 지방 제위는 도매를 원하시든 소매를 원하시든 언제든 왕림하시와 본점과 지점에 고용하는 청인과 상의하심을 바라옵나이다. 준창호 최봉준 고백."

9.4.2. 멘토 야린스키의 '처세정신 10조'를 마음깊이 새기다

야린스키가 최봉분에게 남긴 유훈 처세정신 10조는 다음과 같은 것이었다.

첫째, 자신이 가장 잘할 수 있는 일을 찾아라.

무위는 권태로, 권태는 게으름으로 이어진다. 반대로 활동은 관심으로, 관심은 열성과 야망으로 이어진다. 따라서 자신이 가장 잘할 수 있는 일, 즐겁게 할 수 있는 일을 찾고, 그 일에서 최선을 다하겠다는 불타는 열망을 품어라. 그리고 즉시 행동에 들어가라.

둘째, 뚜렷한 목표를 세워라.

배의 항해도를 자세히 분석해보면 출발지에서 도착지까지 직선으로 똑바로 가는 것이 아니라 지그재그식으로 나아간다는 걸 발견하게 될 것이다.

셋째, 할 수 있다고 믿으면 정말 이루어진다.

모든 것은 너의 생각에 달렸다. 모든 것을 긍정적으로 보고, 이루고 싶은 일이 있으면 할 수 있다고 믿고 최선을 다하라. 만약 실패가 찾아와도 더 큰 성공을 위한 가르침이라고 생각하라. 실패를 경험한 자만이 더 큰 성공을 이루는 것이다.

넷째, 상대의 입장에 서서 행동하라.

"남이 너에게 해주기를 원하는 대로 남에게 해주어라."라는 단순히 도덕적인 행동의 원칙을 넘어서서 수많은 사람들의 삶에 이로운 영향력을 행사하는 원동력이 되어라.

다섯째, 자기계발에 힘써라.

내가 세운 목표들은 나에게 가장 중요한 보상을 주는 것이어야 한다. 따라서 나 자신이 진정 무엇을 좋아하는지, 또 어떤 일을 가장 잘할 수 있는지 정확히 알아내려면 젊은 시절의 시련은 일부러 찾아서라도 겪어보아라.

여섯째, 기회는 역경의 시기에 찾아온다.

나의 삶과 내가 흠모하는 이들의 삶을 주의 깊게 연구해보면 가장 훌륭한 기회들은 어려울 때 찾아오는 경우가 많음을 반드시 깨닫게 될 것이다.

일곱째, 성공은 냉철한 자기분석에서부터 시작된다.

생각이 선행되지 않은 행동은 있을 수 없다. 따라서 지금 그대가 처한 상황이 만족스럽지 못하다면 생각의 힘으로 상황을 개선시킬 수 있다. 긍정적 사고로 부정적인 삶을 사라지게 할 수 있듯이 말이다.

여덟째, 경쟁보다는 협력을 하라.

우리가 사는 우주는 질서와 조화가 잘 이루어져 있다. 하지만 유독 인간관계는 질서와 조화를 찾으려면 부단한 노력을 끊임없이 기울여야 한다.

아홉째, 실패를 귀중한 교훈으로 삼아라.

세상에는 뜻대로 할 수 없는 것이 많지만 그것을 대하는 자세만큼은 언제나 네가 지배할 수 있다. 실패는 네 용납 없이는 절대 영원할 수 없기 때문이다.

열째, 하루하루 오늘이 마지막 날이라고 생각하라.

만일 살날이 하루밖에 남지 않았다면 감성이 얼마나 예민해질까. 그러면 자연의 아름다움과 삶의 소박한 기쁨에 경탄을 금치 못할 것이고 촌각을 다투어 가족들과 좋은 시간을 보낼 터이며, 친구들, 아는 사람들, 함께 일하는 동료들과 유대를 돈독히 하려고 노력할 것이다.

9.4.3. 최봉준, 갑부가 되어 고향으로 금의환향하다

최봉준은 8세에 고향을 떠났고 러시아어가 한국어만큼이나 익숙했지만, 늘 고국을 그리워했고 고국으로 돌아가기를 바랐다. 1906년 24년 만에 귀국하면서 그는 일본인 숙련공 100여 명을 데려와 4만 원을 들여 60칸짜리 2층 저택과 100여 칸짜리 상점 건물을 지었다. 그보다 더 화려할 수 없는 금의환향이었다.

하지만 한·중·일·러 4개국을 아우르는 무역망을 구축하려는 그의 원대한 구상은 시작부터 삐걱거렸다. 1908년을 전후로 최봉준의 사업은 총체적인 어려움에 직면했다. 러시아, 일본, 한국 그 어느 쪽도 그의 사업에 도움이 되지 않았다. 후시미마루를 준창호로 개칭한 후 최봉준은 한국에서 매년 1만 2천 마리의 소를 매입해 러시아 군대에 납품하고, 러시아에서 명태를 매입해 한국에서 매도할 계획이었다.

계획대로만 된다면 소 무역만으로도 매년 수십만 원의 이익을 얻을 수 있었다. 하지만 러일전쟁 패전 이후 러시아는 극심한 내홍을 겪었고, 군대에 대한 투자가 패전 이전만큼 이루어질 수 없었다. 반일 의식을 노골적으로 드러낸 그를 일본 역시 탐탁지 않게 생각했다.

최봉준은 〈해조신문〉을 창간하면서 을사늑약 직후 황성신문에 '시일야방성대곡'이라는 사설을 게재해 3개월간 옥살이를 한 장지연을 주필로 초빙했다. 〈해조신문〉은 매호 일본의 한국 침탈 야욕을 성토하는 사설을 실었고, 거사 전 안중근이 쓴 '인심결합론'을 싣기도 했다. 안중근이 처형당한 이후 최봉준은 안중근의 유족을 암암리에 지원했다. 일본은 해조신문의 국내 반입을 금지했고, 폐간을 강요했다.

해조신문의 자금줄이었던 준창호의 사업 역시 같은 방법으로 방해했다. 병합 직전 전국적으로 봉기한 의병도 그의 사업에는 도움이 되지 않았다. 경제활동 자체가 위축된 데다 의병을 가장한 도적 떼가 상점의 물건을 훔쳐 가기도 하고, 돈을 약탈해 가기도 했다. 러일전쟁으로 백만장자가 된 최봉준이 야심만만하게 설립한 준창호는 1912년 수만 원의 채무를 상환하지 못하고 사업 개시 7년 만에 도산한다.

다시 적수공권으로 돌아간 최봉준은 허탈하게 한번 웃으며 사업에 대한 미련을 훌훌 털어버렸다. 추풍으로 돌아가 친구들이 마련해준 두어 칸짜리 집에서 여생을 보냈다. 낮이면 몇 이랑의 밭을 갈고, 밤이면 성경을 읽으며 소탈하게 지내다가 1917년 56세를 일기로 세상을 떠났다.

안창호에게 보낸 편지

한때 '무역왕'과 '해운왕'의 찬사를 들었던 백만장자의 죽음치고는 초라해 보였지만, 사망하는 순간 그의 마음은 그 어느 때보다 넉넉했다. 그의 죽음을 연해주 한인 사회는 물론 함경도 도민, 멀리 미국 한인 사회에서까지 추모했다. 어차피 재산은 사회를 위해 다 써버릴 생각이었던 만큼 그의 수중에 돈이 한 푼도 남아 있지 않다는 것은 아무런 문제가 되지 않았다.

최봉준은 자손들에게 마지막으로 아래와 같이 유언을 남기고 세상을 떠났다.

"세상의 흐름을 아는 것이 장사의 요체다. 그 흐름을 모르면 남보다 뒤처지게 마련, 난세에 때만 기다림은 흐름을 잡아 결단을 내리는 것만 못하다. 어려운 일들이 의외로 성공적으로 이루어짐은 현실을 바로 파악하고 순발력 있게 적응을 잘해 나아갔기 때문이다. 항상 야린스키 처세정신 10조 연마를 게을리하지 말라."

그는 우리나라 은행들의 총자본금이 다 합쳐서 10만 원도 채 되지 않았던 시절에 5, 6백만 원을 움직일 정도의 거상이었다. 구한말 조선의 부자는 왕실재산을 관리하여 거부가 된 이용익, 명성황후의 친척임을 이용하여 땅 부자가 된 민영휘, 동아일보를 창간한 호남의 지주 김성수 등인데 이용익과 민영휘는 재산이 1천만 원대였고 김성수는 500만 원 정도였다. 이들은 모두 벼슬이나 조상의 재산을 상속받아 이룬 부인 반면, 최봉준은 맨주먹으로 연해주에서 이룬 재산이 1천만 원대였다. 소설가 이강선이 집필한 《조선 최강 상인 3 불세출》이란 책에는 최봉준을 두고 조선 최대의 국제무역왕이요, 최대의 현금왕이라고 불렀다.

9.5. 제주기생 김만덕(金萬德, 1739~1812)

9.5.1. 천민인 기녀 신분을 벗어나 거상이 되다

김만덕

그녀는 남존여비 사고관이 만연해 있던 조선에서 드물게 대부호이자 대인이었다. 제주도 출신으로 기녀 신분에서 상업을 통해 거상이 된 그야말로 입지전적 인물이다. 제주도에 흉년이 들자, 1795년(정조 19)에 자신의 전 재산으로 육지의 곡식을 구매하여 백성들을 구휼하였다.

이에 대한 상으로 정조는 출륙(出陸)하여 금강산을 관람하고 싶다는 김만덕의 소원을 들어주었다. 김만덕은 양인(良人)인 아버지 김응렬(金應悅)과 어머니 고 씨와의 사이에 북제주군 구좌읍 동복리에서 태어났다. 아버지 김응렬은 전라도 나주와 제주를 오가며 제주의 미역·전복·굴 등을 팔고, 육지의 쌀을 제주에 가지고 와서 파는 상인이었다. 김응렬은 김만덕이 12세

되던 해에 나주에서 돌아오던 중 풍랑을 만나 사망하였고, 이듬해에 어머니도 그 충격으로 사망하였다. 이후 외삼촌 집에서 살다가 퇴기 월중선(月中仙)에게 양녀로 입적하여 성장하게 되어 기적에 오른다. 원래 양민 신분이었던 그녀의 신분이 천민 신분으로 바뀌게 되는 것이다. 이후 제주 관가의 기생이 되었지만, 가문에 누가 된다는 친가 쪽의 강요를 받고 이를 그만두게 된다. 결국 다시 양인 신분으로 돌아온 그녀는 중간 상인에 해당하는 객주 일을 시작했는데 아버지의 재능을 이어받아 그런지 재물을 모으는 데 수완이 있었다. 그녀는 객주를 차린 후 제주의 특산물인 말총·미역·전복·우황·진주 등을 육지에 팔았고, 기녀 시절의 경험을 바탕으로 양반층 부녀자의 옷감, 장신구, 화장품 등을 제주도에 공급하였다.

또한 그녀는 배를 만들어 육지와 미곡을 무역도 했고, 이 과정에서 상당한 이득도 얻어 제주도에서 알아주는 갑부가 되었다. 하지만 이 과정에서 다른 객주들의 시기심 때문에 부정축재로 허위 신고를 당해 투옥되었다가 지역 주민들의 상소로 풀려나는 등 고초를 겪기도 했다. 이 당시 심로숭이란 문인은 제주 목사인 아버지를 만나기 위해 제주도를 방문했다가 김만덕에 대한 이야기들을 듣고 이를 글로 남겼는데, "만덕이 기생 노릇을 할 때 품성이 음흉하고 인색하여 남자가 돈이 많으면 따랐다가 돈이 떨어지면 떠나되 옷가지마저 빼앗아서 그녀가 지닌 바지저고리가 수백 벌이었다고 한다. 그 바지를 늘어놓고 햇볕에 말리는 것을 보고 동료 기생마저 침을 뱉고 욕했다. 그렇게 벌어서 만덕은 제주에서 가장 큰 부자가 되었다."라는 음해성 글을 써서 김만덕과 경쟁 관계였던 객주들을 도우려고까지 했다. 이는 아마 경쟁관계였던 객주가 그를 끌어들여 이용했을 것이라 추정된다.

이러한 상업 활동의 성공은 그녀가 물가의 변동을 잘 파악하여 적절한 시기에 물건을 사고팔았던 능력이 있었기에 가능한 일이었다.

　김만덕은 정조대 제주도에 극심한 흉년이 들었을 때 재산을 털어 백성들을 구휼하였다. 제주도는 흉년에 취약한 지역으로 1790년(정조 14) 이래 흉년과 태풍의 피해가 컸고, 많은 백성들이 굶어 죽었다. 1794년(정조 18)에는 바람과 해수로 인한 피해를 크게 입자, 제주목사였던 심낙수(沈樂洙)가 조정에 구휼미 2만 섬을 요청하기도 하였다. 당시 흉년은 1백여 년 만에 있을 정도의 큰 재변이라 할 만큼 참혹하였다. 1795년(정조 19) 윤 2월 조정에서는 5천 섬의 구휼미를 제주도로 내려보냈으나, 쌀을 실은 배 12척 가운데 5척이 난파당하는 피해가 발생하였다. 이때 김만덕은 육지의 곡식을 사서 제주도 백성들을 구휼하는 자선을 베풀었다.

　또한 김만덕은 1천 금을 내놓아 배를 마련하고 육지로 건너가 연해의 곡식을 사들여 친척들과 은혜를 입은 사람들을 도와준 후, 나머지를 모두 관아로 보내어 굶어 죽어가는 백성들을 도와주도록 하였다. 그녀의 선행이 조정에 보고되자 정조는 그녀에게 면천(免賤)시키는 것으로 상을 주려고 하였으나, 김만덕은 이를 사양한 후 바다를 건너 상경하여 금강산을 유람하기를 청하였고 정조는 그녀의 소원인 금강산 유람을 허락해주었다. 그 당시 제주도 사람(특히 여성)들은 조선 인조 7년(1629년)에 내려진 출륙금지령 때문에 제주에서 태어난 이상 평생 제주 섬을 나갈 수가 없었다. 사실상 김만덕은 제주 여자로서 이례적으로 서울을 밟아본 거의 유일한 여성인 셈이다. 출륙금지령이 폐지된 것은 김만덕 사후 11년이 지난 순조 23년(1823년)의 일이다. 이때 김만덕은 한양의 대궐을 구경하고 싶다는 소원도 부탁하였는데, 평민 여성이 대궐에 들어가는 것도 당시로써는 불가능한 일이었다. 정조는 김만덕의 소원을 들어주기 위해 그녀를 내의원 '차비대령

행수의녀'라는 임시 직책을 하사하여 그가 무사히 한양으로 올 수 있게 하였다. 1796년(정조 20) 김만덕은 한양에 도착하여 우의정 윤시동(尹蓍東)의 부인 처소에서 지냈으며, 궁궐에 나아가 혜경궁 홍씨를 비롯한 왕실 어른들을 만났다. 정조는 당시 초계문신(抄啓文臣) 친시에 '만덕전'을 주제로 하여 시험을 치르도록 하였다. 김만덕은 이듬해 봄까지 한양에서 지내다가 금강산으로 가서 명승지를 두루 구경하고 제주도로 돌아왔다.

1812년(순조 12) 10월 김만덕이 사망한 후 한 달 뒤에 '구묘비문(舊墓碑文)'이 세워졌다. 김만덕이 사망한 지 30여 년이 지난 1840년(헌종 6) 추사 김정희(金正喜)가 제주도에 유배되었을 때, 김정희는 김만석의 증손자 김종주(金鍾周)에게 "은혜의 빛이 온 세상에 퍼졌다."는 뜻의 '은광연세(恩光衍世)'라는 편액을 써서 주었다.

9.5.2. 김만덕, 나눔 정신을 실천하다

김만덕. 그녀는 신분의 차별이 엄격했던 조선시대에 태어나 기녀라는 천민신분에서 엄청난 부를 이루고 이를 사회에 환원한 위대한 선각자이다. 여필종부라는 사상이 뿌리 깊이 자리 잡고 있어 여성의 사회활동을 철저히 터부시했던 그 시절에 이룬 것이라서 더욱 놀랍다. 특히 왕까지 나서서 그녀의 소원을 들어주었다는 것은 그녀가 그 당시 얼마나 많은 사람으로부터 존경을 받았는지 알 수 있다.

첫 번째, 자아실현의 높은 의지와 지속적인 자기계발을 통해 모든 어려움을 딛고 부를 이루고, 그러면서 부를 이웃과 함께 나누어 만인의 칭송을 받았다. 바로 그녀는 오늘날의 말로 상생의 시대를 활짝 연 것이다. 그녀는 원래 양민이었는데 부모님이 돌아가시고 기녀의 양녀로 입적하여 천민이 되었지만 신분에 구애받지 않고 굳건한 자아실현의 의지로 신분적 속박에서 벗어나 자신의 길을 개척했다는 점에서 보면 그녀는 새로운 시대의 선구자이다.

두 번째, 실용과 신용의 정신이다. 요즘 재계에서는 윤리경영을 얘기하면서 자기의 이익을 남기는 데만 집착하는 것 같아 안타깝다. 그런데 거의 300년 전에 세습 신분사회의 최말단인 천민신분이었던 그녀는 장사를 함에 있어 단기적 안목이 아니라 장기적인 안목으로 보고 모든 일을 합리적이고도 도덕적으로 결정하였다. 그녀는 장사로 당연히 이문을 남기려 하였지만 절대 타인을 손해 보게 하면서 자신의 이익만을 챙기려 하지 않았고, 약속은 반드시 지켰으며, 섬이라는 제주도의 특성을 고려하여 백성들에게 필수적으로 도움이 되는 품목을 우선으로 교역품목으로 고려하였다.

세 번째, 합리적인 나눔의 정신이다. 요즘 '노블레스 오블리주'라며 나눔을 얘기하고 또 기업들도 사회적 공헌을 많이 거론한다. 김만덕은 통 큰 나눔으로 많은 생명을 살렸다.

그녀의 나눔에서 좀 더 자세히 들여다볼 대목은 나누어 줄 물품이나 돈의 10분의 1은 남겨 놓고 나머지를 남에게 나누어주었다는 점이다. 나눔을 한다고 자칫하면 가까운 곳에 배려가 적어 오히려 가까운 사람에게 원망을 들을 수가 있다. 자기를 도왔거나 돌봐주어야 할 친족을 위해 10분의 1을 남겨놓고 나머지 모두를 죽어가는 백성들을 위해 아낌없이 나눈 그의 섬세함과 합리성 그리고 진정성을 읽을 수 있는 대목이다.

정조가 김만덕의 선행에 상금을 내리려 했을 때 김만덕은 "상금은 필요 없고 임금이 계신 궁궐을 바라보고 금강산을 유람하는 것이 소원입니다." 라고 말했다고 한다. 그녀는 자연의 이치와 아름다움이 그녀의 심성으로 녹아 들어와 아름답고도 은은한 향기로 승화되었기 때문에 금전적인 부를 이루었던 것이다. 이제 그녀는 오직 어떻게 베풀고 갈 것인지만 남았을 뿐 더 이상 남은 것은 없었다. 하나 남은 것이 있다면 그녀가 한 번도 가보지 못한 수도 한양과 금강산을 보고 떠났으면 하는 작은 소망의 발로였다.

추사 김정희는 김만덕의 이러한 선한 마음을 읽었기에 '은광연세(恩光衍世:은혜의 빛이 세상을 길이 밝힌다)'라고 칭송하며 현판을 썼던 것이다.

9.6. 청상과부 백선행(白善行, 1848~1928)

9.6.1. 못생긴 구두쇠 백 과부, 부자가 되다

가난하고 못생긴 청상과부.

암울했던 일제 강점기 초기, 평양에 백선행(白善行, 1848~1928)이 살고 있었다. 그녀가 살아 있을 때 평양에서 백가 성을 가진 과부를 모르는 이가 없었다. 그는 여성 사업가이자 사회 봉사가로 이름이 널리 알려졌다.

백선행

여장부로서 많은 사람들에게 본보기가 되었던 것이다. 여성의 사회진출이 막혀 있던 시절에 그녀는 어떻게 사회봉사를 할 수 있었을까?

그녀는 수원의 한 가난한 집안에서 태어났다. 조선조 말기는 남존여비 의식이 팽만해 있을 때였다. 그녀는 말과 글을 익힐 수 있는 어떠한 교육도 받을 수 없었다. 가난 탓만이 아니었다. 더욱이 7세 때 아버지를 여의고 홀어머니 밑에서 자랐다. 가난한 집의 딸은 가난한 집안으로 시집갈 수밖에 없었다. 그녀는 16세 무렵에 안 씨 성을 가진 남편을 얻었지만 채 1년도 못 되어 사별하고 말았다. 더욱이 그녀는 키가 크고 몸집도 떡 벌어진데다 광대뼈까지 툭 튀어나와서 남자들의 관심을 끌 수도 없었다. 막말로 웃음을 팔며 돈을 벌 수도 없었다.

그녀는 슬픔을 딛고 남편의 장례를 치른 뒤 작은 마당에 봉선화를 심었다. 그리고 그 씨를 받아서 장터에 내다 팔기 시작했다. 그녀는 틈만 나면 질동이를 이고 음식점에 찾아가 음식찌꺼기를 거두어 돼지를 먹였고, 남은 찌꺼기는 돼지 키우는 집에 팔았다. 또 삯바느질에 식모 노릇, 청소 따위로 돈 버는 일이라면 닥치는 대로 했다. 정수리에 옹이가 박히고 손바닥은 부르트고 허리가 휘었지만, 그녀는 밥 먹고 잠자는 시간 말고는 밤낮을 가리지 않고 열심히 뛰었다.

이렇게 해서 번 돈은 헝겊에 둘둘 싸서 버선목에 넣어 두거나 허리춤에 찼는데, 제법 많아지면 이불 틈새에 끼워 넣거나 삿자리 밑에 깔아 두기도 했다. 은행을 이용하는 일이 흔치 않을 때라서 이런 방법으로 돈을 은밀히 보관했던 것이다. 그녀는 웬만큼 돈을 모으자 맨 먼저 방직사업을 벌였다. 물레와 베틀을 사들이고 목화도 여기저기서 사 모았다. 그녀는 밤낮을 가리지 않고 명주, 무명, 삼베를 짜서 내다 팔았다. 직접 생산해서 내다 팔았기에 이익도 그만큼 높았다. 수입 또한 돼지 먹이는 일이나 봉숭아 씨앗을 파는 것과는 비할 바가 아니었다. 그녀가 벌인 첫 사업은 아주 성공적이었다.

백 과부는 이런 방식으로 수십 년 동안 돈을 모았다. 먹고 입는 것은 말할 것도 없고 얼굴에 분 한 번 찍어 바르지 않았으며, 평양 사람들이 곧잘 가는 능라도 놀이 한 번 따라나서지 않았다. '구두쇠 백 과부', '악바리 과부'로 통했지만 그녀는 아랑곳하지 않았다. 백과부의 마음속에는 누구도 알아차리지 못할 어떤 신념이 가득 차 있었다. 그녀는 남편도 없고 자식도 없었지만, 신세를 한탄할 시간도, 외로움을 탈 여가도 없었다. 오직 한 길만이 보였다

9.6.2. 구두쇠 백 과부, 다시 일어나 거상이 되다

백 과부의 나이가 50대에 접어들면서 그녀는 현금만 끌어안고 저축하는 방식에서 벗어나 땅을 사기로 마음먹었다. 주식이나 다른 투자 대상이 있던 시대가 아니었기에, 땅을 사려는 생각은 결코 부동산 투기가 아니었다. 그런데 그녀가 거금을 주고 산 땅은 모래밭이었다. 사기꾼들에게 걸려든 것이다. 이어 또 다른 협잡꾼이 접근해왔다. 그리하여 또다시 산도 아니고 들판도 아닌, 평양 교외에 있던 만달산의 황무지를 속아서 사게 되었다. 이렇게 되자 '구두쇠 백과부'가 망했다는 소문이 평양 시내에 자자하게 퍼졌다. 그러나 정작 본인은 이런 소문에 귀도 기울이지 않았다. 오히려 전보다 더욱 열심히 일하며 사업을 벌여 나갔다. 그런데 이게 어찌 된 일일까? 모래밭과 황무지가 황금알을 낳는 거위가 된 것이다. 모래밭에 시멘트 원료가 깔려 있던 것이다.

한 일본 사업가가 평양에 시멘트 공장을 차리려고 시멘트 원료가 있는 곳을 찾아 나섰다. 그 사업가는 만달산 모래밭에 시멘트 원료가 무진장 묻혀 있다는 것을 알아냈다. 백 과부는 그 땅을 팔지 않겠다고 거절했다. 사기를 당해 산 땅이어서 내키지 않았던 것이다. 그러나 일본 사업가는 그녀를 끈질기게 설득했고 결국 이 땅을 살 때보다 100배나 높은 값으로 일본 사업가에게 팔았다. 그 황무지는 시멘트 공장과 사택 부지가 된 것이다.

이 일을 두고 평양 사람들은 그녀의 철저한 근검절약과 투철한 상업정신을 하늘이 알아준 것이라고들 수군거렸다. 그녀는 이제 평양에서 제일가는 부자가 되었다. 그 누구도 그녀를 못생긴 과부라고 깔보지 않았다. 아니 뭇 사람들은 그녀 주변에 모여들어 아양을 떨기 시작했다.

당시 대동군 송사리에는 솔뫼다리가 있었는데, 냇물이 불면 떠내려가기 일쑤였다. 남편의 묘소를 가다가 이 사실을 알게 된 그녀는 회갑을 기념해 거금을 들여 서울의 광교를 그대로 본떠서 그곳에 어엿한 돌다리를 놓게 했다. 이때부터 솔뫼다리는 '백 과부 다리'가 되었고, 그녀의 이름도 착한 행동을 기려 '선행(善行)'으로 바꾸어 부르게 되었다. 이렇게 해서 백과부가 백선행이 된 것이다.

9.6.3. 교육과 구빈사업에 전 재산을 바치다

백선행은 1919년 3·1운동을 보고 눈시울을 적시며 감격해 마지않았다. 이때 백선행의 나이는 70세가 넘었지만, 그녀는 새로운 인생을 시작했다. 당시 조만식 같은 민족지도자들이 평양 시내에 시민집회 장소로 쓸 공회당(公會堂) 건축을 추진  하고 있었지만 돈이 뜻대로 모아지지 않았다. 부립 공회당이 있긴 했지만 일본 사람 공적 집회에만 사용허가를 내주었다.

그러자 백선행은 공회당 건축에 2,800원(당시 쌀 한 가마에 5~6원으로 쌀 500가마니에 해당한다)을 쾌척하고, 전답 800섬지기를 유지기금으로 내놓았다. 그렇게 해서 1천 200여 명을 수용할 수 있는 3층 석조건물이 세워졌으며, 이 건물을 사람들은 '백선행기념관'이라 불렀다.

그 뒤 백선행은 평양 광성소학교, 대동군 창덕소학교, 기백 창덕보통학교, 평양 숭실전문학교 등에 재단기금으로 논밭을 기부했다. 뿐만 아니라 죽기 3년 전에 가난한 여러 친척과 빈민들에게 재산을 골고루 나누어주었다. 그러나 양손자인 안일성에게는 사치스러운 생활태도 때문에 뗏장(조각이 난 땅)만 조금 떼어주어, 그가 땅을 팔아먹지 못하게 하고 겨우 먹고 살 수 있게만 해주었다.

조선총독부에서 백선행의 여러 가지 선행을 보고 그녀에게 표창하려고 했지만, 백선행은 이를 완강하게 거부했다. 일제와 야합하지 않고 꿋꿋하게 살았던 백선행을 민족지사라 해도 틀리지 않을 것이다.

백선행이 80세로 죽자, 평양 시민들에 의해 우리나라 최초의 여성 사회장(사회에 큰 공로가 있는 사람의 죽음에 모든 사회단체가 연합하여 지내는 장사)이 치러졌다. 그녀의 장례식에는 각계각층의 인사 1만여 명이 몰려들었다고 한다.

백선행은 이렇게 불행을 딛고 열심히 살면서 모은 재산을 거의 모두 사회에 환원했다. 그녀는 인생관이 투철하고 목적이 뚜렷한 상인이자 사업가였다. 그녀의 철저한 상인정신과 인간 됨됨이는 오늘날도 우리가 배워야 할 덕목일 것이다.

제2부

빠른 성공안내서 요해

제3권 제2부에서는 필자가 지금까지 삶을 살아오면서 읽었던 자기계발서 중 필자의 집필의도와 맞는 28편을 뽑아 그 핵심만을 요약 정리하여 독자에게 소개하였다.

　독자들이 여기 소개된 저서들의 요약 내용을 보고 보다 깊은 이해를 원한다면 이들 책을 구해 읽어보길 바란다. 여러분의 진전에 큰 도움을 얻을 수 있을 것이다. 이것이 필자가 이들 책을 요약하여 소개하는 의도이다. 그러면 필자는 그동안 세계 여러 나라의 성공하기를 원하는 많은 사람들의 인생을 바꾸어 놓은 베스트셀러 작가와 독자를 연결해주는 사다리가 되는 것이고, 이것은 우주의 본질인 연결성에 기여하는 의미 있는 일일 것이다.

　제2부의 작업이 가능했던 것은 평소 필자가 읽은 책의 핵심을 정리 요약하여 메모하여 남기는 습관이 있었기 때문이다. 이 메모들을 다시 찾아보고 정리하면서 필자의 메모가 1960년대 후반부터 현재까지 무려 50여 년간에 걸친 기록이라는 사실을 알게 되자 새삼 감회가 새로웠다.

　더욱이 놀라운 것은 자기계발서에 해당하는 책들의 메모를 살펴보면서 그 메모가 60년대에 적어놓은 것이든 아니면 최근에 적에 놓은 것이든 지금 보아도 한결같이 삶의 지침으로 한 치의 어긋남도 없는 가르침이라는 것이다.

시대에 따라 모든 것은 변하는 것이 진리인데 왜 이러한 가르침은 시대와 관계없이 한결같이 적용되는 것일까?

독자들은 다소 의문이 들 것이다. 그러나 1, 2권을 숙독한 독자들은 그 이유들을 알 것이다. 그 이유는 그 가르침들은 참된 진리에 기반을 두고 있기 때문이다.

다만, 소개한 저작들이 과학적 발전과 함께 그 내용이 바뀌어야 한다거나 쉽게 이해하는 데 필요한 부분이 있는 경우 필자의 견해를 제시하였으니 참고하시기 바란다.

독자들은 여기 소개된 내용에 대하여 편견을 버리고 이해하면 이해하지 못할 내용은 없을 것이다.

이들 책에는 무한한 정보가 있으니 내 것으로 만들어 성공으로 나아가는 길의 멘토로 삼자.

끝으로 독자들께 간곡히 당부드린다. 아무리 좋은 아이디어도 이를 행동에 옮기지 않으면 아무 소용이 없다. 결국 모든 것은 '습관화'에 달려 있는 것이다. 잠재의식 속에 깊이 뿌리내리게 하여 우주의 한없이 너그러운 마음(순수의식)과 연결시켜야만 비로소 꿈을 이룰 수 있는 것이다. 탄생에는 산고가 필요하듯이 행복하고 성공적인 삶에도 극기가 필요하다. 유익한 정보는 부디 반복하고 또 반복 학습하여 내 몸과 마음에 습관이 되도록 하라. 그러면 당신은 이 세상에서 최고의 행운아가 될 것이다.

제1장

새로운 삶을 일깨워준 가르침

1. 《How to friends and influence people》

데일 카네기(Dale Breckenridge Carnegie, 1888년~1955년)는 미국의 작가이자 인간관계론 강사이다. 미주리(Missouri)주 매리빌의 농장 출생이며 미주리주 워렌스버그에 위치한 센트럴 미주리 대학교(University of Central Missouri)를 졸업한 뒤 네브래스카(Nebraska)에서 교사생활과 세일즈맨 등으로 사회생활을 시작하였으나 만족하지 못하고 화술에 관한 강의를 시작하면서 거기에 그에게 재능이 있음을 발견한다.

그는 화술뿐만 아니라 직장과 사회생활에서 접촉해야 하는 사람들과 잘 지내는 훈련도 필요하다는 것을 깨달아 그의 코스에 몇 가지 기본 인간관계 기술을 포함시켜 강의하면서 인간관계를 잘하기 위한 실질적인 기술들을 축적해 나갔고, 이러한 기술들을 매일 실험해 보기도 했다. 그는 15년간의 심혈을 기울인 실험 끝에 이 모든 인간관계 원리를 한 권의 책으로 발간했다. 그것이 1936년에 출판된 책《How to friends and influence people》이다. 이 책은 보통 우리나라에서는 '카네기 인간관계론'이라고 번역되어 소개되는데 그 당시의 시대상과 맞물려 3천만 부나 팔려나가는 선풍적인 인기를 누렸다고 한다. 이 책은 여러 나라 말로 번역되었으며 오늘날까지도 꾸준히 팔리고 있는 고전이 되었다.

그는 카네기연구소를 설립하여 데일 카네기 코스 강사를 양성하는 한편, 인간관계에 관한 책을 여러 권 더 썼다. 대표 저서로는 《데일 카네기 인간관계론》, 《데일 카네기 성공대화론》, 《데일 카네기 자기관리론》, 《데일 카네기의 1% 성공습관》, 《데일 카네기 나의 멘토 링컨》, 《화술 123의 법칙》 등이 있다. 1955년 카네기는 서거하였지만 그의 원리는 오늘날도 계속해서 퍼져 나가고 있다. 오늘날 데일 카네기 코스는 미국 1천여 개의 도시, 전 세계 80여 개국에서 실시되고 있으며 매주 3천여 명이 데일 카네기 코스에 등록하고 있다고 한다. 카네기 연구소 조직은 계속 성장해서 현재는 포천 5백대 기업 중 4백 20여 기업에 카네기 프로그램을 제공하고 있다.

그의 '인간관계론'을 요약 소개하면 아래와 같다.

Part 1. 매력적인 인간관계가 성공을 부른다

인간관계 원칙 01 비난이나 비판, 불평하지 말라.
인간관계 원칙 02 솔직하고 진지하게 칭찬과 감사를 하라.
인간관계 원칙 03 열렬한 욕구를 불러 일으켜라.
인간관계 원칙 04 다른 사람들에게 순수한 관심을 기울여라.
인간관계 원칙 05 미소를 지어라.
인간관계 원칙 06 자신의 이름은 그 어떤 것보다도 기분 좋고 중요한 말이다.
인간관계 원칙 07 경청하라! 스스로에 대해 말하도록 다른 사람을 고무시켜라!

인간관계 원칙 08 상대방의 관심사에 대해 이야기하라.

인간관계 원칙 09 상대방으로 하여금 중요하다는 느낌이 들게 하라! 단, 성실한 태도로 해야 한다!

인간관계 원칙 10 논쟁에서 최선의 결과를 얻을 수 있는 유일한 방법은 그것을 피하는 것이다.

인간관계 원칙 11 상대방의 견해를 존중하라! 결코 '당신이 틀렸다'고 말하지 마라!

인간관계 원칙 12 잘못을 했다면 즉시 분명한 태도로 그것을 인정하라.

인간관계 원칙 13 우호적인 태도로 말을 시작하라.

인간관계 원칙 14 상대방이 당신의 말에 즉시 "네, 네."라고 대답하게 하라.

인간관계 원칙 15 상대방으로 하여금 많은 이야기를 하게 하라.

인간관계 원칙 16 상대방으로 하여금 아이디어를 스스로 생각해 낸 것처럼 느끼게 하라.

인간관계 원칙 17 상대방의 관점에서 사물을 볼 수 있도록 노력하라.

인간관계 원칙 18 상대방의 생각이나 욕구에 공감하라.

인간관계 원칙 19 보다 고상한 동기에 호소하라.

인간관계 원칙 20 당신의 생각을 드라마틱하게 표현하라.

인간관계 원칙 21 도전 의욕을 불러일으켜라.

인간관계 원칙 22 칭찬과 감사의 말로 시작하라.

인간관계 원칙 23 잘못을 간접적으로 알게 하라.

인간관계 원칙 24 상대방을 비판하기 전에 자신의 잘못을 인정하라.

인간관계 원칙 25 직접적으로 명령하지 말고 요청하라.

인간관계 원칙 26 상대방의 자존심을 세워 주어라.

인간관계 원칙 27 아주 작은 진전에도 칭찬을 아끼지 마라! 또한 진전이 있을 때마다 칭찬을 하라! 동의는 진심으로, 칭찬은 아낌없이' 하라!

인간관계 원칙 28 상대방에게 훌륭한 명성을 갖도록 해주어라.

인간관계 원칙 29 격려하라! 잘못은 쉽게 고칠 수 있다는 것을 느끼게 하라!

인간관계 원칙 30 당신의 제안을 상대방이 기분 좋게 하도록 만들어라.

Part 2. 걱정과 스트레스를 극복하는 방법을 모르면 단명한다

행복 원칙 01 하루하루를 충실히 살라.
행복 원칙 02 참다운 마음의 평화는 최악의 상황을 감수하는 데서 얻어진다.
행복 원칙 03 일단 결정했으면 행동하라.
행복 원칙 04 항상 바쁘게 생활하라! 고민이 있으면 일에 몰두하라! 그렇지 않으면 절망하게 될 것이다!
행복 원칙 05 인생을 시시하게 살기에는 너무나 짧다! 사소한 일에 마음을 쓰지 말라!
행복 원칙 06 걱정을 해소하기 위해 평균율 법칙을 사용하라.
행복 원칙 07 불가피한 일은 받아들여라.
행복 원칙 08 적당한 고민의 한도를 정해 그 이상의 고민은 거부하라.
행복 원칙 09 과거는 잊어버리라! 지난 일에 대해 걱정하지 말라!
행복 원칙 10 당신의 마음을 평화와 용기, 건강, 희망에 관한 생각으로 가득 채우라.
행복 원칙 11 적에게 보복하려고 하지 말라.
행복 원칙 12 보답을 기대하지 말고 스스로 애정을 쏟는 데 전념하라.
행복 원칙 13 곤란을 생각하는 대신 당신이 받은 축복에 감사하라.
행복 원칙 14 다른 사람을 모방하지 말라.
행복 원칙 15 운명이 레몬을 선사하면 레몬주스를 만들어라.
행복 원칙 16 다른 사람들을 행복하게 해주어라.
행복 원칙 17 걱정을 완벽히 극복하기 위한 방법 : 기도하라.
행복 원칙 18 부당한 비난은 거의 위장된 찬사라는 사실을 기억하라.
행복 원칙 19 부당한 비평에 마음을 뺏기지 말고, 최선을 다하라.
행복 원칙 20 자신의 잘못을 분석하고 스스로를 비평하라.
행복 원칙 21 피곤해지기 전에 쉬라.
행복 원칙 22 일하면서 쉬는 법을 배우라.
행복 원칙 23 집에서 충분한 휴식을 취함으로써 건강과 멋진 모습을 유지하라.
행복 원칙 24 자신의 일에 열정을 쏟으라.

Part 3. 긍정의 언어로 소통하라

소통원칙 01 커뮤니케이션 교육의 목적은 사람을 변화시키는 것이다.
소통원칙 02 역사는 자신의 신념과 감정을 청중에게 전달하는 능력과 욕구가 있는 사람들에 의해 반복적으로 변화되어 왔다.
소통원칙 03 소통(疏通)이 되지 않으면 고통(苦痛)이 뒤따른다.
소통원칙 04 당신의 스피치는 당신 자신의 생명체이어야 한다.
소통원칙 05 커뮤니케이션은 표현의 예술이다.
소통원칙 06 가슴을 흔드는 말, 울림을 주는 말을 하라.
소통원칙 07 효과적인 설득을 위해서는 순수한 관심으로 질문하고 경청하라.
소통원칙 08 온몸으로 커뮤니케이션하라.
소통원칙 09 칼라 스피치로 청중의 관심을 끌어라.
소통원칙 10 떨리면 떨리는 대로 있는 그대로의 모습을 보여 줘라.
소통원칙 11 흐르게 내버려 두라.
소통원칙 12 자연스럽다는 것은 있는 그대로의 모습이다.
소통원칙 13 공감하고 경청한 다음 이해시켜라.
소통원칙 14 자신을 잘 표현하고 공감대를 형성하라.
소통원칙 15 요청은 제안하듯이 말하라! 둘 중에 하나를 선택하게 하라!
소통원칙 16 덕(德)으로 소통하라.
소통원칙 17 오늘의 호흡으로 소통하라.
소통원칙 18 신뢰를 주는 인간의 원형적 에너지를 발하라.
소통원칙 19 청중에게 확신과 감정을 전달하고자 하는 간절하고 강렬한 욕구를 가져라.
소통원칙 20 신뢰와 자신감 있는 태도를 갖추라.
소통원칙 21 호감을 주는 연사가 되기 위해 집중력을 길러라.
소통원칙 22 즉석 스피치를 즐겨라.
소통원칙 23 긍정의 언어로 소통하라.

소통원칙 24 사람을 끄는 매력적인 사람이 되라.

소통원칙 25 공감과 호감으로 청중을 이끌어라.

소통원칙 26 이야기에 생기를 불어넣는 에너지, 열정을 유지하라.

Part 4. 내 인생을 변화시킨 골든 메시지

변화원칙 01 내가 배운 가장 귀중한 교훈은 생각하는 것의 중요성이다.

변화원칙 02 오늘이라는 날은 두 번 다시 오지 않는다는 것을 잊지 말라.

변화원칙 03 우리 세대의 가장 큰 발견은 인간은 마음가짐을 바꿈으로써 그들의 삶을 바꿀 수 있다는 것이다.

변화원칙 04 뜻을 세웠다면 곧장 그 길로 걸어가라.

변화원칙 05 앞을 보지 못하는 것보다 더 불행한 것은 앞은 볼 수 있지만 비전이 없는 것이다.

변화원칙 06 삶에 대한 열정은 우리로 하여금 위대한 일을 성취하게 한다.

변화원칙 07 열정적으로 행동하면 열정적인 사람이 된다.

변화원칙 08 거센 북풍이 강한 바이킹을 만든다.

변화원칙 09 구름 속의 비를 보는가, 구름 위의 태양을 보는가?

변화원칙 10 더 큰 용기와 도전 정신을 가져라.

변화원칙 11 정신적 장벽을 깨고 스스로의 한계를 정하지 말라.

변화원칙 12 사명감을 가진 사람은 그것을 다하기 전까지는 결코 죽지 않는다.

변화원칙 13 한 번의 실패와 영원한 실패를 혼동하지 말라.

변화원칙 14 천시불여지리(天時不如地利), 지리불여인화(地利不如人和)라. 천시를 만남은 땅의 이로움만 같지 못하고, 땅의 이로움은 인간의 화합과 같지 못하다.

변화원칙 15 남을 잘 되게 하는 마음을 가지라.

변화원칙 16 하고 있는 일을 사랑하라! 좋아서 일을 하는 사람보다 더 잘할 수는 없다!

변화원칙 17 인간은 저질러진 일 때문에 상처를 받는 것 이상으로 그 일에 대한 생각 때문에 상처를 받는다.

변화원칙 18 좋은 생각은 원인과 결과를 연관시켜 논리적이고 창조적인 계획에 이르게 한다.

변화원칙 19 비우고 내려놓아라.

변화원칙 20 기술로 벌고 예술로 써라.

변화원칙 21 아름다운 사람의 뒷모습은 더욱 아름답다.

변화원칙 22 결혼과 장례도 함께하는 친구가 있어야 한다.

변화원칙 23 집착에서 벗어나 집중하라.

〈참고〉 데일 카네기의 명언 모음

- 세상의 중요한 업적 중 대부분은 희망이 보이지 않는 상황에서도 끊임없이 도전한 사람들이 이룬 것이다.
- 웃어라. 어깨를 쭉 펴고 크게 심호흡하자. 그리고 노래를 부르자. 휘파람도 좋고, 콧노래도 좋다. 즐거운 듯이 행동하면 침울해지려 해도 그렇게 안 되니 참으로 신기한 일이다.
- 바람이 불지 않을 때 바람개비를 돌리는 방법은 앞으로 달려가는 것뿐이다.
- 외부로부터 갈채만 구하는 사람은 자기의 모든 행복을 타인에게 맡기고 있다.
- 나는 지금까지 자기가 지금 하고 있는 일을, 재미없게 하는 사람 중에서 성공하는 사람을 본 적이 없습니다.
- 한 인간의 마음을 사로잡는 지름길은 그 사람이 가장 흥미를 느끼고 있는 일에 관해 이야기하는 것임을 알아야 한다.
- 가장 친밀한 우정과 가장 강렬한 원한은 모두 지나친 친근함 때문이다. 이 때문에 우리는 사람과 교류할 때 항상 적당한 거리를 유지하도록 주의해야 한다.
- 만약 자기 마음이 세상에 대해 만족하지 못한다면, 세상 전체를 다 가진다 해도 불만

은 마음속에 그대로 남아 있을 것이다.
- 상대방의 이름을 잘 기억하라. 당사자들에게는 자신의 이름이 그 어떤 것보다도 기분 좋고 중요한 말임을 명심하라.
- 자기의 능력이나 실력은 생각하지 않고 단숨에 몇 계단을 뛰어 올라가려는 사람은 성공하지 못한다.
- 내가 알고 있는 최대의 비극은, 많은 사람들이 자기가 진정으로 하고 싶은 일이 무엇인지 알지 못하고 있다는 것이다.
- 사람을 상대할 때, 우리가 논리의 동물을 상대하는 것이 아님을 명심하자. 우리는 감정의 동물을 상대하고 있고, 그들은 편견으로 가득 차 있으며 자존심과 허영심에 의해 자극받아 행동한다.
- 젊은 시절 수완이 서툴렀던 벤저민 프랭클린은 뛰어난 외교적 수완과 사람을 상대하는 능숙한 기술을 갖춰 프랑스 주재 미국 대사가 되었다. 그의 성공 비결은 무엇이었을까? "저는 누구에게도 악평을 하지 않습니다. 제가 아는 모든 이의 장점에 대해 말할 뿐입니다."라고 그는 말했다.
- 한번은 링컨이 "사람들은 칭찬을 좋아한다."라는 편지글을 써 내려간 적이 있다. 윌리엄 제임스는 "인간 본성에서 가장 근본적인 원리는 인정받으려는 갈망이다."라고 말했다.
- 질책만큼 직원들의 사기를 꺾는 것도 없다. 나는 누구도 질책하지 않는다. 나는 사람들에게 일을 해야 하는 동기를 부여해야 한다고 생각한다. 그래서 나는 칭찬하려고 노력하되 잘못을 지적하지 않는다. 누군가가 한 일이 마음에 들면 저는 진심으로 그 일을 인정해주고, 칭찬을 아끼지 않는다.
- 에머슨은 말했다. "내가 만난 모든 사람들은 어떤 방면에서 나보다 뛰어나기 때문에, 나는 모든 사람에게서 배운다."
- "행동은 인간이 가진 근원적인 욕망에 의해 유발된다. 따라서 회사, 가정, 학교, 정계 그리고 그 외에 어디서든 다른 사람들을 설득하고자 하는 사람들에게 가장 좋은 충고는 무엇보다도 상대방의 강한 욕구를 불러일으키라는 것이다. 이대로 하는 자는 세상을 얻을 것이다. 그렇지 않은 자는 외로운 길을 걸을 것이다."

- 당신이 먼저 다른 사람에게 관심을 보이면, 당신한테 관심을 갖게 애써서 2년 동안 사귈 수 있는 친구보다 훨씬 더 많은 친구를 2달 안에 사귈 수 있다. 그러나 우리는 다른 사람들의 관심을 받으려고 별짓을 다하면서 일생 동안 실수를 하는 사람들이 많다는 것을 알고 있다. 물론 이는 소용이 없는 일이다. 사람들은 당신한테 관심이 없다. 나에게도 관심이 없다. 그들은 오로지 자기 자신에게만 관심 있을 뿐이다. 아침부터 저녁까지 오로지 자기 자신에게만 관심이 있다.
- 이내 나는 모든 사람들이 내가 웃으면 역시 웃음으로 받아준다는 것을 알았다. 나는 나에게 불평이나 불만사항이 있어 찾아오는 사람들에게 친절하게 대했다. 그들이 자신들의 힘든 점을 이야기할 때 웃으며 친절한 모습으로 경청하면 해결책이 더 쉽게 나오는 것을 깨달았기 때문이다.
- 이름을 기억하는 능력은 정계뿐만 아니라 사업이나 사회적인 관계에 있어서도 굉장히 중요하다. 프랑스의 황제이자 나폴레옹의 조카였던 나폴레옹 3세는 엄청난 궁정 업무에도 불구하고 만나는 모든 사람의 이름을 기억했다.
- 만약 사람들이 당신을 피하고, 등 뒤에서 웃고, 심지어 경멸하게 만드는 방법을 알고 싶다면 여기 그 비결이 있다. 상대방의 말을 끝까지 듣지 말라. 쉴 새 없이 당신 얘기만 늘어놓아라. 만약 다른 사람이 말하는 중간에 무슨 생각이 떠오르면 그 사람의 말이 끝날 때까지 기다리지 마라. 그는 당신만큼 똑똑하지 않다. 왜 그 사람의 쓸데없는 수다를 들으며 당신의 시간을 낭비하는가? 즉시 그의 말을 끊어버려라. 당신은 이런 사람을 본 적이 있는가? 불행히도 나는 본 적이 있다. 놀라운 것은 그 중 몇몇은 사회적으로 명망 높은 사람들이란 점이다. 그들은 지루함 그 자체이다. 자기 자신에만 빠져있고 자기만이 제일인 줄 아는 사람들은 정말이지 지루하다.
- 이미 20세기 전에 예수는 유대의 바위산에서 이 수칙을 가르쳤다. 예수는 이 수칙을 하나의 생각으로 요약했다. 아마 이 세상에서 가장 중요한 규칙일 것이다. "남에게 대접받고 싶은 만큼 남을 대접하라."
- 예를 들어 감자튀김을 주문했는데 으깬 감자요리가 나올 경우 종업원에게 이렇게 말해보자. "번거롭게 해서 죄송한데요. 저는 감자튀김을 주문한 것 같은데요." 그러면 종업원도 "죄송합니다. 바꿔드리겠습니다." 하고 기꺼이 음식을 바꿔줄 것이다. 왜냐

하면 당신이 종업원을 존중해주었기 때문이다.

사소한 말들. "번거롭게 해드려 죄송하지만." "실례지만 이것 좀." "이렇게 해주실 수 없을까요?" "실례가 되지 않는다면." "고맙습니다." 이런 작은 예절이 무미건조하게 돌아가는 삶의 톱니바퀴에 기름과 같은 역할을 한다.

2. 《기적으로 이끄는 수업 A course of Miracles》

헬렌 슈크만이 1975년 쓴 《기적으로 이끄는 수업 A course of Miracles》은 그야말로 하느님의 음성을 직접 듣고 받아 쓴 기록이라 한다.

이 기록은 특정 종교의 가르침이 아니라 진리의 가르침이라고 알려져 있다. 그녀는 지금도 꾸준히 이 복음을 전파하고 있다. 삶에 대한 조언 내용을 요약하면 아래와 같은데 이를 종교적으로 편향된 관점에서 해석하지 말고 진리라는 입장에서 열린 시각에서 바라보기를 바란다. 이를 간단히 요약 소개하면 다음과 같다.

- 기적이란 잘못된 생각('나' self가 주체요, 개별화된 dualism이 실재라는 생각)을 본래대로(눈에 보이는 이 세상은 환상(illusion)이요 나의 실재는 성령(Holly Spirit)이고 하나님의 아들은 바로 나라는 것으로)의 교정이다.
- 따라서 나는 너고 너는 나이며 상대를 증오하는 것은 나를 증오하는 것이다. '용서'만이 나와 남을 구원하고 행복에 들어가는 길이다.
- 나는 하나님의 아들(그리스도)이고 하나님의 아들은 하나님의 일부인데 무슨 원죄가 있겠는가? 죄의식은 이 세상은 '하나'라는 본질에서 멀어지게 할 뿐이다.
- 이 세상은 사랑이 본질이다. 죄는 사랑의 결핍이라고 정의된다. 여기서 사랑은 무조건적인 사랑이다. 조건 지어진 사랑은 사랑이 아니다. 그것은 나 self를 만족시키기 위한 것이다. 진정한 사랑은 요구하는 것 자체가 불가능하다. 사랑의 진실을 알려면 그것이 나의 사랑인지 신의 사랑인지 생각해보면 알 것이다.
- 그리스도의 재림은 몸이 다시 인간으로 오는 것이 아니라 단지 잘못된 것을 온전함으로 되돌리는 것이다.

이것은 환상의 자리에 신의 말씀이 대신 자리 잡게 초대하는 것이며, 그 어떤 예외나 유보도 없이 '용서'가 모든 것 위에 내려앉게 하려는 의도(willingness)이다. 즉 모두가 신의 아들이고 하나임을 깨닫게 되는 것이다.
- 세상에 대한 최후의 심판에 단죄란 없다. 이제 세상은 완전히 용서되어 죄도 없고 목적 또한 완전히 사라졌기 때문이다.

오직 세상은 무(nothingness)로 사라져 갈 뿐이다.

세상은 무에서 태어났으며 또한 무에서 끝을 맺는다.

우리는 모두 창조주의 아들이다. 무는 창조주의 본질이다.

3. 《연금술사 Alchemist》

브라질의 세계적 작가인 파울로 코엘료(Paulo Coelho)는 《연금술사 Alchemist》에서 아래와 같이 조언하고 있다. 그는 주로 삶의 본질을 풀어헤치는 소설을 써서 명성을 얻고 있는데 최근 그의 소설 《베로니카 죽기로 결심하다》도 세계적 베스트셀러 반열에 올랐다. 연금술사를 간단히 요약 소개하면 다음과 같다.

1. 점쟁이 노파의 말을 기억하라.

"지극히 단순한 것이 실은 가장 비범한 것이야."
"용기야말로 만물의 언어를 찾으려는 자에게 가장 중요한 덕목이니."

2. 연금술사의 조언을 기억하라.

"사람이 어느 한 가지 일을 소망할 때, 천지간의 모든 것들은 우리가 꿈을 이룰 수 있도록 뜻을 모은다네."
"마음이 있는 곳에 그대의 보물이 있다는 사실을 잊지 말게. 그대가 여행길에서 발견한 모든 것들이 의미를 가질 수 있을 때 그대의 보물은 발견되는 걸세."

3. 꿈, 그 무엇을 찾으셨나요?

신과 영겁의 세월을 만나는 순간 자아의 신화는 이루어진다.

4. 파티마의 말을 잊지 마라.

"사랑하기 때문에 사랑하는 것일 뿐, 사랑에 이유는 없어요."
"가장 어두운 순간은 바로 해 뜨기 직전이라는 걸 잊지 마세요."
"한 번 일어난 일은 다시는 일어나지 않을 수도 있다.
그러나 두 번 일어난 일은 반드시 다시 일어난다."

4. 《어느 선장의 가르침》

딕 라일즈는 소설형식의 그의 책 《어느 선장의 가르침》에서 항해를 마친 선장의 입을 통해 인생항해에 필요한 행동에 대해 우리에게 조언하고 있는데, 이를 간단히 요약 소개하면 다음과 같다.

주위에서 더 좋은 일이 많이 일어나게 만들어라.
그러기 위해서는 다음과 같이 행동하라.

1. 갈 때는 일등, 올 때는 꼴찌가 되라.

시킨 것에서 하나를 더 하겠다는 생각을 하고, 일은 다른 사람보다 먼저 하되, 퇴근은 늦게 하라. 그리고 그 일에 별도의 가치를 덧붙여라.

2. 결과와 핑계를 절대로 맞바꾸지 마라.

3. 문제를 미리 해결하라.

ⓐ 문제를 미리 정의한다.
ⓑ 목표를 설정한다.
ⓒ 대안을 마련한다.
ⓓ 행동계획을 수립한다.
ⓔ 허점을 제거한다.
ⓕ 파트너와 의견을 교환하라.
ⓖ 그리고 실행하라.

4. 항상 주변 사람들을 돋보이게 만들라.

제2장

꿈을 이끌어준 가르침

1. 《It Works》

이 책의 저자가 무엇을 하는 사람인지, 누구인지도 알려져 있지 않으나 필명 'RHJ'로 발간된 《It Works》라는 이 책은 아마 자기계발서로서는 세계에서 가장 얇고 작은 책일 것이다. 이 책은 2005년 매일경제신문사에서 번역해 우리나라에 출판되었는데 '꿈을 실현시켜주는 빨간책'이라는 부제가 달려있다. 이 책에서 저자는 꿈을 실현시켜주는 시스템을 이야기하고 있다. 이를 요약 소개하면 다음과 같다.

◆ 꿈을 실현시켜주는 3가지 시스템

1) 원하는 것의 리스트를 작성하여 날마다 아침, 점심, 저녁 세 차례 읽는다.
2) 원하는 대상을 가급적 자주 생각한다.
3) 이 플랜은 남에게는 절대 비밀로 하고 마음속의 위대한 능력에게만 이야기한다. 그러면 이 능력이 자신의 객관적 의식에게 소원 성취의 비결을 제시해줄 것이다.

2. 《Ping》

스튜어트 에이버리 골드는 개구리를 통한 인생우화집인 《Ping》에서 성공을 위해서는 열망하고, 움켜잡고, 유영하라!(Choice → Vision → Action → Flow)고 이야기한다. 이를 요약 소개하면 다음과 같다.

1. 꿈(dream)을 꿔라.

더 나은 삶을 위한 열망을 가지고 이를 비전(Vision)으로 승화시켜라. 이것이 진정한 눈뜸이다.

2. 선택(Choice)하라.

'머무를 것인가, 뛰어들 것인가?'를 선택하라.
삶은 내가 의도하는 대로 살 수 있을 때 비로소 내 것이 된다.
우연(chance)에 의해서가 아니라, 선택(choice)에 의해 살아가는 삶(intentional life)을 살아라.

3. 세찬 저항(위험, 장애물)과 조우를 극복하라.

자신의 행동에 대한 의문과 용기를 상실하게 되는 위기가 닥칠 때 간절한 탈출욕망이 멘토를 만나게 한다.

4. 지금, 여기(Present)에 대하여 깨달아라.

무언가 '되기(be)' 위해서는 반드시 지금 이 순간 무언가를 '해야(do)'만 한다는 것을 깨달아라.

5. 끊임없는 도전(challenge)으로 실패가 와도 계속 실행(Action)하라.

행하는 것이 곧 존재하는 것이다(To do is tobe).
말은 신념을 낳고 신념은 행동을 낳는다.
재능(talent)은 누구에게나 태어나면서부터 자연스럽게 주어지는 것이지만, 그것이 진정한 기술(skill)이 되려면 반드시 훈련(training)이 필요하다.

6. 실패를 통하여 성장하는 것이다.

1) 위험은 기회를 현실로 바꾸어 준다. 위험을 정의하라. 실수함은 극복되지만, 나태함은 영혼을 질식시켜 버린다.
2) 태도(attitude)가 곧 성취(altitude)이다. 끈기가 비관적인 것을 긍정적인 것으로 바꾼다. 칠전팔기 정신으로 무장하라.
3) 실패는 이 우주가 우리에게 주는 멋진 선물 중의 하나이다. 실패를 즐기는 어리석은 자가 되라.
4) 이 우주는 행해보고 그것이 실패면 버리고(교훈으로 삼고) 성공하면 선택하는 개체의 자유의지 실험장이다. 즉, 운명이 예정되어 있지 않다.
5) 지혜, 통찰력은 실패에서 나온다.
6) 생각을 개조하라. 긍정적 PMA으로.
7) 네 온 마음과 생각을 하나로 모아라.
8) 천리 길도 한걸음부터라는 사실을 명심하라.
9) 자신에 대한 무한한 신뢰가 생각과 행동에 녹아들어야 비로소 성공은 찾아온다.
10) 비전을 보는 법을 배워라. 비전을 영상화하라.
11) 한계능력을 고양시켜라. 이는 반복적인 훈련을 통해 이루어진다.

7. 목표도달 직전의 극심한 공포를 마음 비움(Mindfulness-바라봄)으로 극복하라.

거듭되는 실패에 따라 공포와 예상치 못한 악재로 인하여 큰 타격이 오더라도 이는 보다 큰 성취의 한 과정임을 명심하라.

8. 이를 극복하고 '유영(Flow)'하자.

1) 믿음(belief)과 의지(will)가 원하는 의도적인 삶의 필수임을 깨닫는다.
2) '바람은 항상 자기가 어디로 가고 있는지 알고 있는 나그네에게는 친절한 법이란다.' 라는 격언을 기억하라.
3) 행복은 목적지가 아니라 과정(flow)이다.
4) 흐름을 받아들여 우주의 엄청난 파워를 내 것으로 이용하라.
5) 흐름을 따라라. 그러면, 그것이 우리를 지탱해주고, 인도해주고, 우리로 하여금 무한한 기쁨의 세계와 현명한 통찰력의 세계로 데려다준다.
6) 우리가 행복을 기다리는 이 순간에도 행복은 늘 그 자리에서 우리를 기다리고 있지.
7) 삶은 직선이 아니라 곡선이고 파동이다. 따라서 삶을 즐기려면 유영(flow)하라. 마치 물이 된 것처럼. 덩실 덩실 어린아이처럼 춤추며.
8) 삶이 주어진 이유는 '충만하고 멋진 삶을 즐길 기회'를 우리에게 주기 위한 것이다.

3. 《당신은 그 무엇을 찾았나요? That Something》

폴. J. 마이어는 작자 미상의 작품을《당신은 그 무엇을 찾았나요? That Something》라는 제목으로 간행하여 많은 독자의 사랑을 받았는데 여기서는 소망을 세우고 이루어진다는 확신을 갖고 이를 반복으로 습관화하면 이를 이룰 수 있음을 이야기하고 있다. 이를 요약 소개하면 다음과 같다.

- "나는 반드시 그렇게 될 거야(I Will!)"라는 확신과 이를 습관화하는 것이 인생의 성공에서 가장 중요하다.
- 영혼 속의 그 무엇은 차가운 마룻바닥에 누운 소년 에이브러햄 링컨을 따뜻하게 덮혀 주었고, 그가 책을 읽을 수 있도록 장작불의 깜박거리는 불빛에 빛을 더해주었다.
- 그 '무엇'은 보잘 것 없는 나폴레옹을 세계의 정복자로 만들었으며, 그 '무엇'은 초등학교시절 담임 선생님에게 가능성 없는 아이로 찍혀 학력이 초등학교 중퇴가 전부인 토마스 에디슨을 그 시대의 위인으로 만들었다. 그 무엇은 바로 영혼이다.
- 비탄과 좌절, 신세타령, 과거의 상처를 캐내 곱씹고 곱씹어 비탄에 빠지는 쓰레기로 가득 찬 오염된 영혼을 청소하고 "I Will!"을 외쳐라. 그리하여 쓰레기 잔을 비우고 새로 찾은 보석으로 그 잔을 채워라.

◆ 이 책에서 제시하는 성공의 열쇠

1) 간절한 소망을 품어라.
   소망과 목표를 세우고 매일 반복 입력하라.
2) 소망을 실현할 방법을 찾아라. 피그말리온 효과는 나타난다.
3) 미루지 말고 실행하라.

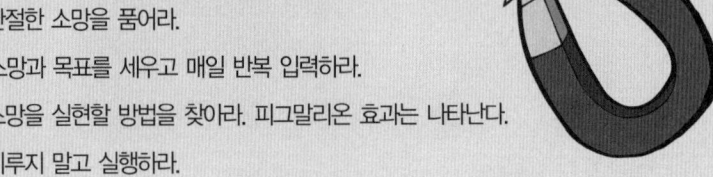

제3장

빠른 성공의 비밀을 알려준 가르침

1. 《시크릿 The Secret》

론다 번(Rhonda Byrne)은 성공한 여러 사람들을 오랜 기간 취재하고 분석하여 이를 한 권의 책인《시크릿 The Secret》을 발간하여 베스트셀러의 반열에 올려놓았다. 그녀는 성공을 위해서는 그 원리를 알고 실행하여야 한다고 조언하고 있다. 이를 요약 소개하면 다음과 같다.

1. 드러난 이 세상의 비밀

1) 우주의 법칙은 만유인력이라고 하는 끌어당김의 법칙(law of attraction)에 그 근원을 두고 있다. 당신의 인생에 나타나는 모든 현상은 당신이 끌어당긴 것이다. 마음에 그린 그림과 생각이 그것들을 끌어당겼다. 〈생각은 실체이며, 끌어당기는 힘이다〉
생각을 바꿔라. 주파수 채널을 바꿔라. 좋은 것을 끌어당겨라.
이 법칙은 기원전 3000년경 고대바빌로니아 왕국의 돌에도 새겨진 진리이다.
오직 '부'의 마음이 돈을 끌어당긴다. 이 세상 부의 96%를 오직 1%의 사람이 가지고 있다. 비슷한 것이 비슷한 것을 끌어당기는 것으로서, 생각은 자석이고 생각에는 주파수가 있어 채널을 맞추면 인간송전탑이 되는 것이다. 이는 물질이 파동으로 이루어졌다는 점에서 동일 파장 감응의 원칙이 작용하는 것이다. 즉 생각이 현실이 되는 것이다.

2) 뇌는 부정어를 처리하지 않는다. 예로써 "나는 가난해지길 원하지 않아!"라고 소리치면 뇌는 "나는 가난 해지고 싶어."라고 인식하며 이러한 파장을 우주에 보내 나쁜 파장을 끌어들인다. 얼마나 무서운 일인가?
잠들기 직전이 우주가 교신하기 가장 좋은 뇌파로 바뀐다. 우리는 이를 이용하여 잠자기 전 명상이나 좋은 생각으로 마음을 정화시켜 우주의 좋은 파장을 끌어들이자. 생각이 물질을 창조하는 것이다.

2. 비밀에 접근하는 법

1) 당신의 생각이 당신의 인생을 창조한다.
영국의 수상 윈스턴 처칠경은 "당신은 살아가면서 당신의 우주를 창조한다."고 갈파했다. 이 말은 당신이 어떠한 사고를 갖느냐에 따라 우주만물도 영향을 받는다는 것이고, 당신의 생각이 당신의 인생을 창조한다는 뜻이다.
자, 항상 기분 좋은 상태를 유지하도록 노력하자. 화는 독약임을 명심하자. 기분 좋은 추억이나 사진, 좋아하는 음악 등 기분전환 도우미 목록을 만들어 기분이 우울할 때 이를 이용해 보자.

2) 사랑이란 감정이 모든 것을 끌어들인다.
사랑이란 우주에서 가장 위대한 감정이다. 긍정적 생각에 사랑이 함께하면 엄청난 끌어당김의 힘이 작용한다.
사랑의 원천은 우주의 가장 기본법칙인 만유인력의 법칙에서 유래하는 것으로 우주에서 가장 높은 주파수를 가지고 있는 파장이다.

3) 우주는 우리에게 우호적이다. 우주에는 부족함이란 없다.

우주는 우리에게 풍요를 누리라고 말하고 있다. 그런데 인류는 왜 항상 기아와 허덕여 왔는가? 이는 우리가 우주의 흘러넘치는 풍족한 자원을 활용하지 못하기 때문이다. 그렇기에 항상 기아와 부족함에 허덕이는 것이다. 우리는 이제 알았다. 어떻게 행동해야 하는 것인지를.

자. 소리치자.

"인생은 정말 멋져! 경이롭기까지 해! 이 세상에 태어났다는 것은 정말 축복이야! 온갖 좋은 일이 일어난다고!" 이와 같은 생각을 매일 반복하자. 잊었으면 즉시 다시 이러한 생각으로 돌아가 뇌 속의 생각을 완전히 바꾸자! 그러려면 습관이 되도록 해야 한다. 이것이 만고의 진리이고 이를 실행한 사람만이 성공의 길로 들어선다.

3. 비밀을 활용하는 법

자, 우리는 비밀이 무엇이고 어떻게 하면 비밀에 접근하는지를 알았다. 그러면 이제 비밀을 활용하여 원하는 것을 창조해보자.

잊지 말아야 할 것은 당신이 창조자라는 것이다.

알라딘의 램프를 보면 램프요정 지니가 "주인님, 분부만 내리세요!"라고 하면 그는 원하는 걸 요청한다. 한 점의 의심도 없이.

그러면 원하는 것은 무엇이든지 이루어진다.

이 우화가 우리에게 이야기하는 것은 우주(창조주, 참 나, 부처님 또는 수호천사 어느 것이든 좋다)는 우리가 원하기만 하면 응답한다는 것이다.

다만, 여기에서 아주 중요한 조건이 있다.

추호의 의심도 있어서는 안 되며, 반드시 이루어진다는 확실한 신념이 바탕이 되어야 한다는 것이다. 우주의 창조과정은 우리에게 다음과 같이 이야기해주고 있다.

(1단계) '구하라'는 것이다.

요청은 확실하게 한 번만 하는 것이다.

여러 번 불명확한 요청을 하면 조물주도 망각하거나 신경질이 난다.

인간 사이의 관계와 같은 것이다. 요청하는 방법도 당당하게 하여야 한다. "제발 무엇 무엇을 이룰 수 있도록 도와주세요!"라는 요청은 거의 거절될 게 뻔하다.

왜냐고요?

이러한 요청은 내가 없다는 것을 간접적으로 시인하는 결과이고 인간 사이에서도 못 가진 사람은 남에게 돈을 빌리기 어려워도 많이 가진 사람은 서로 빌려주려고 하는 것과 같은 이치다.

당연히 있는 사람에게 돈을 빌려주면 떼일 염려가 없으니까!

이것은 우주와 우리 사이의 요청에도 적용되는 것이다.

창조주도 떼일 염려가 들 테니까!

(2단계) '믿는 것'이다.

행동과 말, 쓰기, 생각하기 모두를 활용하여 주실 것을 믿는 것이다.

(3단계) '받는 것'이다.

받았을 때의 감정을 만끽하라. 3단계로 나누었으나, 보다 좋은 방법은 이 세 가지를 한 번에 활용하는 것이다. 예를 들면, 원하는 것을 이미 받았다고 생각하고 감사기도를 하는 것이다. 이미 원하는 것을 조물주께서 주셨으니 얼마나 고마운가!

당연히 "감사합니다."라는 말이 저절로 나올 것이다.

이렇게 요청하면 조물주께서는 어안이 벙벙하실 것이다.

"이놈이 내가 언제 주었다고 감사하지? 내가 주고도 잊어버렸나? 이제 나도 건망증인가? 에이 이놈 어쨌든 밉지 않으니 한 번 더 줘보지 뭐." 오히려 원하는 것 이상으로 얻게 될 것이대! 이루어졌다고 생각하고 이루어졌을 때의 주변 환경, 물건들, 나 그리고 식구 동료들을 들러리로 등장시킨 감격스러운 장면을 만들어 매일 영상화 명상을 하는 것이다.

성경 구절을 보면 이렇게 쓰고 있다.

"너희가 기도할 때 믿고 구하는 것은 무엇이든지 다 받을지어다."

— 마태복음 21장 22절

"너희가 기도하며 구하는 것이 무엇이든
그것을 이미 받았다고 믿기만 하면 그대로 다 되리라."

— 마가복음 11장 24절

우주의 영감을 받은 행동은 '이미 이루어진 것을 받는 행동'이다.
아무 노력도 없이 저절로 이루어진 듯 자연스럽게 느껴진다.
왜 이렇게 느껴지는가?
이는 우주의 생명활동을 따라가기 때문이다.

4. 비밀 실현을 위한 강력한 도구

'안 되면 어떡하지?' 등 근심, 걱정은 머릿속에서 쓸어버리고 원하는 것만 생각하라. 부처님은 현재 우리의 모습은 과거에 우리가 했던 생각의 결과라고 생각의 중요성을 갈파하셨다.
빚 대신 풍요에 집중하라.
조물주께 "빚을 갚기 위해 돈이 필요하니 주십시오." 하고 요구하지 마라. 이는 자기 자신의 빈곤을 드러내는 결핍행위이다.
조물주께서도 인간이 그러하듯 가난함을 드러내는 자를 외면한다.
성경에 '가난한 자는 더 가난해지리라'고 하였다.
이 말이 무슨 이야기인지 이해하여야 한다.
돈은 힘들게 일해서 버는 것이라는 고정관념을 버려야 한다.
조물주께서 주시는 영감에 의한 풍요는 언제 이루어졌는지 모르게 또는 힘들이지 않고 다가오는 것이다.
당신에게 넘칠 정도의 돈이 지금 있다고 지금 소리쳐라.
그리하여 풍요를 끌어당겨라. 다 잘될 거라고 생각하라.

돈은 쉽게 시시때때로 들어오며, 놀면서 쉽게 벌 수 있는 것으로 생각하라. 그리고 부자로 가장하고 놀이를 시작하자.

청구서를 시크릿 수표로 바꾸어 써라. 빚진 돈을 받을 돈으로 생각하라. 가난한 내가 아니라 부자인 나로 바꿔라. 먼저 준 다음 받아라. 이것은 "난 충분히 있어."라는 풍요의 식을 심어줄 것이다.

이제 조물주께 깊이 감사하라. 그리고 머릿속에 그림을 그리자.

이것이 바로 원하는 것의 영상화 작업이다.

거기에 느낌을 불어 넣어 정서적인 함양을 달성하고 지금 이루어짐에 행복을 느껴라.

마지막으로 이것이 습관이 되어야 한다. 습관화가 최종 성공을 보장하는 것이다. 세포 하나하나에 입력되어야 이루어지는 것이다.

5. 세상의 비밀

세상사는 뭔가에 저항하면 할수록 그것은 사라지지 않고 더욱더 가까워 온다. 따라서 문제에 집중하지 마라. 원하는 것에 집중하라.

우주는 풍요로움으로 가득 차 있다. 우주는 우리가 이 풍요를 사용하기만을 학수고대하고 있는 것이다.

그러나 아쉽게도 대부분의 사람들은 이 비밀을 모르고 있고, 이를 사용하려 노력조차 않고 있다. 그러면서 신세를 한탄한다. 이 세상은 고(苦)라고. 그래서 빈곤은 필연이라고. 자, 이제 우리는 이러한 고정관념을 과감히 저 대기권 밖으로 던져버려야 한다. 그리고 자신의 귀중함을 재인식하고 자신을 사랑해야 한다. 이는 생의 임무이다.

그러면 기쁨은 스스로 다가오며 자연히 이 우주에 존재하는 모든 것에 대한 사랑이 넘치게 된다. 당신은 이 세상에서 가장 강력한 송전탑이다. 당신은 하나뿐이고 영원불멸인 우주의 마음이며 창조자이다. 우주의 풍요와 나의 생각이 만나면 감응을 일으키고 이는 내가 원하기만 하면 이루어지는 것이다. 만약 방해전파가 발생하면 이를 인식하고 바로 우주와의 교신에 집중하라.

이것이 소위 말하는 '마음 챙김(Mindfulness)'이다.

◆ **대부호의 돈에 대한 감각**

1) 돈은 쓰는 것, 사람을 사랑하는 것
2) Give & Take란 먼저 베푸는 것
3) 돈이 진정한 부가 아니라는 것

진정한 부란 인간성과 마음의 풍요로움에 있다는 것을 안다.

2. 《키 The Key》

영화 'The Secret'의 제작에 도움을 준 조 바이탤리는 《The Key》에서 닫힌 성공의 문을 여는 열쇠로 끌어당김(Attraction)의 법칙을 제시하면서 성공의 문을 열기 위한 실천방법을 권장한다. 이를 요약 소개하면 다음과 같다.

- 마음 내면의 장애물인 찌꺼기(나를 한계지음)를 청소하라. 청소의 시작은 그저 '사랑합니다.'라고 우주께 외치는 걸로 시작하라.
- 내면의 문을 열어라.
  빠져나갈 구멍은 그곳에 있다.
  당신이 가진 것은 모두 당신이 끌어온 것이다.
  좋은 일도 나쁜 일도 예외는 없다.
- 지금보다 위로 올라가려면 감사하는 마음으로 지금 이 순간에 전념하라.
- 진정한 꿈은 사랑이라는 엔진 없이는 실현될 수 없다.
- 용서는 우리의 영혼을 자유롭게 한다.
- 두려움에 부딪혔을 때 피하지 마라. 환영하고, 마주 보고, 그리고 메시지를 기다려라.
- 현실을 바꾸는 에너지는 내면에서 나온다. 이때 상상력과 느낌이 필요하다.
- 우리는 믿음이 주도하는 우주에 살고 있다.
  내 인생이 나아지기를 바란다면 지금의 믿음체계를 바꾸어라.
  우리는 보통 이런 생각에 길들여져 있다.
  "이 세상은 언제나 부족함으로 가득 차 있어. 그래서 우리는 원하는 것을 얻기 위해서는 다른 사람과 피 터지게 투쟁해야 해."
  이러한 한계지음의 사고를 한계 없음의 사고로 전환하라.

3. 《끌어당김의 법칙 The Law of Attraction》

베스트셀러 작가이자 NLP강사, 교육트레이너인 마이클 로지에는 그의 저서 《끌어당김의 법칙 The Law of Attraction》에서 그날그날 성공을 위한 강화훈련 방법을 제시하고 있다. 이를 요약 소개하면 다음과 같다.

1. 사용언어는 성공을 위해 아주 중요하다.

언어는 생각을 반영하므로 감정을 자극하여 긍정 또는 부정적 진동을 일으킨다. 따라서 그동안 사용하던 부정적 문장은 긍정적 문장으로 전환하라.

부정적 문장 ⟶ 긍정적 문장
(나는 …를 원하지 않아) 전환 (나는 …를 원해)

2. 의도적으로 끌어당김 훈련을 실시하라.

(Step 1) 원하는 것을 긍정항으로 정의하라.

보통 사람들은 원하는 것의 대항(Contrast)을 이야기한다. "원하는 게 뭐지?" 하고 물으면 "나는 가난이 싫어."라고 대답한다. 대립 항을 긍정 어법으로 명확히 함으로써 원하는 걸 얻을 수 있다.
즉, "나는 부자가 되고 싶어."로 전환하라. 이와 같이 원하는 것의 반대 항에 쏟는 주의와 에너지를 최소화하라. 그리고 기분이 좋아지는 일이 무엇인지 생각해보고 그것을 자꾸 반복하라. 생각은 말로 이루어졌다. 말을 바꾸라. 원하는 것과 원하지 않는 것의 워크시트를 작성해보라.

(Step 2) 원하는 것에 집중하라.

원하는 것에 에너지를 최대한 투입함으로써 진동을 강화한다. 예로서 소망선언문을 작성하라. 순서는 시작하는 말, 내용, 맺는말로 최대한 단순화하라. 아무리 긍정적 문장이라도 마음속에 〈의심〉이 있으면 진동을 강화시키지 못한다. 왜냐하면 진동의 증폭은 감정이 좌우하기 때문이다. 당신 자신이 하는 말과 생각에 대해 어떤 감정을 갖느냐, 그것이 끌어당김의 법칙을 좌우한다.

현재시제(…하는 중이다)를 사용하라.
같은 긍정문이라도 결과는 판이하다.

〈예시〉
(생각) 나는 부자다. → 나는 부자가 되어 가고 있다.
(감정) 나는 실제는 가난해. → 그래 맞아.
(결과) 부정적 진동유발 → 긍정적 진동유발

(Step 3) 믿어라.

끌어당김의 속도는 믿음에 정비례한다. '믿기'는 의심이라는 부정적 감정을 없애는 것이다. 의심은 나를 한계를 지우는 제한적 믿음으로, "돈을 벌려면 뼈 빠지게 일해야 돼."라는 말은 나의 결핍감정을 유발하여 성공을 저해한다.
'…때문에'를 '그럼에도 불구하고'로 바꾸어라.

〈믿기 선언문 작성 예〉
나를 배제하고 3인칭으로 작성한다.
"나는 쪼들려. 그러나 능력이 없어서 어쩔 수 없어."
(의심)에서 – – – – – – – – – →

"그럼에도 불구하고 많은 사람들은 풍요를 누리고 있어.
나라고 안 되라는 법은 없어."(의심제거)로 바꾼다.

(Step 4) 감사하라.

작은 것도 찾아내어 감사하라. 끌어당김 상자(하루 이 법칙이 실현된 걸 기록하여 넣자)를 만들라. 빈 공간(Vacuum)을 만들어라. 새 고객을 위한 빈 파일을 준비하자.

3. 끌어당김 훈련단계를 뛰어넘자.

풍요로움은 감정이다.
의식적으로 당신의 진동버블을 풍요라는 감정으로 채워라. 감정은 부풀릴 수 있다. 풍선처럼. 얼마나 좋은 소식인가? 풍요로움의 증거를 글로 기록해 보자. 작은 것으로도 풍요감정을 유도할 수 있다.

돈에 대해서 언제라도 "Yes."라고 대답하라. 수표를 며칠 더 갖고 있어라. 이러한 여러 방법을 사용했는데도 의심이 든다면, "이제 걱정할 필요 없어. 끌어당김의 법칙이 모두 해결해줄 거야!"라고 외쳐라.

4. 《세계에서 제일 위대한 비밀》

　이탈리아에서 이민 온 미국의 가난한 가문에서 태어나 여러 고난을 헤치고 20세기 초 상당한 재력가가 된 오그만디노는 그의 책 《세계에서 제일 위대한 비밀》에서 위대한 상인이 되기 위한 10가지 비밀을 제시한다. 이를 요약 소개하면 다음과 같다.

　《세계에서 제일 위대한 비밀》의 주인공인 낙타지기 소년 하피드가 예수와 동시대 인물이자 아주 부유한 상인이었던 파트로스의 눈에 띄어 그의 수제자가 되고 그의 유언과 함께 받은 열 개의 두루마리에서 지혜를 습득하여 결국 세계에서 가장 부유하고, 가장 성공적이며, 가장 위대한 상인이 되는 이야기로 여기서 제시하는 10가지 성공비결은 다음과 같다.

〈첫 번째 두루마리〉

나머지 9개의 두루마리 사용법에 대해 다음과 같이 가르쳐준다.
오늘부터 너의 새로운 인생이 시작된다. 오늘 너는 새로 태어났다.
너는 네 손안에 지도를 가지고 있다. 좋은 습관은 모든 성공의 열쇠이다. 반면에 나쁜 습관은 실패의 지름길이다. 어제의 나쁜 습관의 노예상태에서 벗어나 좋은 습관의 노예가 되라.
두루마리 속의 내용은 너에게 신비감을 불러주고, 너를 아침마다 힘찬 생명력으로 깨어나게 해 줄 것이다. 생기는 증가되고 열정은 분수처럼 솟아올라 모든 근심과 걱정은 사라지고 새로운 세상이 두 손 벌려 너를 환영할 것이다. 모든 행동은 두루마리의 가르침에 자연스럽게 따르게 되어 엄청난 행운의 폭포수가 너를 적셔줄 것이다.

성공기록표를 작성하라.

너의 이름과 현재 직책, 그리고 수입은 얼마인지를 적은 후 성공일정의 시작 일을 기록하라. 그런 후 앞으로 45주 후에 네가 소망하는 직책과 수입을 기록하여 비밀스럽게 보관하라. 그런 다음 남은 아홉 개의 두루마리를 차례로 펴보고 이를 습관이 될 때까지 각각 5주씩을 연습하여 너의 것으로 만들어라. 하루에 세 번씩 소리 내어 읽어라.

〈두 번째 두루마리〉 사랑이 충만한 마음으로 오늘을 맞이하리라.

온 우주가 나이고, 내가 우주임을 명심하라. 이 세상은 사랑의 끈으로 연결되어 있다. 무엇보다 너 자신을 사랑하라. 너를 사랑해야 진정으로 남을 사랑할 줄 알게 되고 사랑의 파동이 온몸에서 뿜어져 나와 성공이 저절로 얻어질 것이다.

〈세 번째 두루마리〉 성공할 때까지 열정을 다하라.

너는 목자에 의해 이끌리는 순한 양이 아니라 사자이다. 무소의 뿔처럼 묵묵히 가라. 한 걸음 한 걸음 뚜벅뚜벅 앞으로 나아가라. 넘어지면 일어나 툭툭 털고 앞으로 나아가라. 한 방울의 비가 큰 산을 씻어 내리듯.

〈네 번째 두루마리〉 너는 자연의 위대한 창조물이다.

네가 신 자체이다. 신의 분신인 너는 오직 하나뿐인 창조물이다.
너는 생명이요, 기적 바로 그 자체이다. 네 자신이 이 세상에 존재한다는 것 그 자체가 네가 최고의 행운아임을 증명해준다.

〈다섯 번째 두루마리〉 너는 마치 최후의 순간이 찾아온 것처럼 오늘을 살아가라.

오직 이 순간만이 전부이고 이 순간이 바로 영원이라는 것을 알아라.

너는 정말 행운아이며, 지금 이 시간은 너에게 덤으로 주어진 것이다. 모든 것에 감사하라. 오늘은 말 그대로 'present 선물'인 것이다.

〈여섯 번째 두루마리〉 너는 이제부터 네 감정의 지배자가 되라.

울적하다면 노래를 부르고, 슬프다면 마음껏 울고 나서 크게 웃어라.
공포를 느낀다면 오히려 그것을 뚫고 나가는 쾌감을 즐기고, 삶이 무의미하다고 느낄 때면 '지금 여기'에 충실하라. 네가 바로 네 운명의 지배자이다.

〈일곱 번째 두루마리〉 결심하라. "나는 웃으면서 이 세상을 살아가리라."라고.

유머감각을 키워라. 너에게 제일 중요한 것일수록 그 중요성을 내려놓고 코미디화(化)하라. 결코 네 자신이 중요하거나 뛰어나거나 현명하다고 자만하지 말며, 어떻게 하면 함께 이 세상을 웃으면서 살아갈 수 있을까만을 생각하라.

〈여덟 번째 두루마리〉 결심하라. "나는 오늘 나의 가치를 몇백 배 증대시키리라."라고.

네가 창조자임을 상기하라. 너는 신의 피조물이 아니라 신 그 자체다. 선택은 오직 너에게 달려있다. 흙 속의 하나의 밀알은 비와 비료가 있어야 싹을 틔우고 자라나듯이 실패나 절망, 무능은 네가 심었던 것의 열매를 맺기 위한 거름이라고 생각하고 툭툭 털어버려라.
운명이란 자연의 변덕을 이르는 말이다. 연월일시란 무엇인가? 태양, 지구, 달의 공전과 자전주기가 아닌가?
* 사주팔자는 결정되어 있는 것이 아니라 만들어지는 것이다.
운명을 극복해야 새싹이 돋아나는 것이다. 하나의 목표가 성취되면 더 높은 목표를 향해 나아가고 이 두루마리 속에서 네 말이 성취되고 너의 위대함은 길이 빛나리라.

〈아홉 번째 두루마리〉 결심하라. "나는 이제 이를 실천해 나가리라."

오직 습관화와 실천이 성공의 관건이다. 보물지도를 손에 넣어도, 보물이 숨겨진 곳을 알아도, 행동으로 옮기지 않으면 허상이다. 그러나 행동은 몸과 마음에 모든 일정과 계획이 체득된 다음에 행해진 행동만이 그 과실, 즉 성공을 보장해준다. 실행기록표를 작성하여 수시로 체크하라. 이 사실을 명심하고 또 명심하라.

〈열 번째 두루마리〉 행하라. "나는 기도드리리라. 인도해 달라고."

기도는 경건함의 표시이다. 기도는 이 세상에 보내는 너의 태도이다.
인간은 어떤 중요한 일을 행하기 전에 의식을 행하는 것을 지속해왔다. 이러한 행동이 인류라는 족속을 오늘날 이 지구상에 존재하는 생명체 중 으뜸으로 만든 요체이다. 바로 모든 것에 대한 경건함의 표시가 바로 기도인 것이다. 따라서 기도는 감사기도여야지 소원기도여서는 그 효과가 없다. 왜냐하면 소원한다는 것은 부족을 의미하고, 그것은 모든 것을 주었는데도 부족하다고 더 달라고 하는 것과 같은 것이다. 다 주었는데 도대체 무엇을 더 줄 수 있단 말인가.
풍요로움. 지금 내가 이 자리에 있음에 대해 경건함을 다하여 감사기도를 올려라.

◆ 오그만디노는 그의 또 다른 책 《세계에서 제일 위대한 기적》에서 시몬이 남겨준 하나님의 비망록 '너는 이 세상에서 가장 위대한 기적이다'라는 교훈을 주고 있다. 비망록을 보자.

1) 너는 신의 위대한 창조물이다.
   너의 축복을 계산하라!

2) 너의 진귀함을 선포하라!
   70억 인간 중 똑같은 자는 아무도 없다.

네 마음대로 하라.

3) 남보다 1마일을 더 전진하라!
   요구되는 것보다 더 많이, 더 훌륭하게 봉사하라.
   그러면 내가 복리로 되갚아 주리라.
   인내하고 감사하라.

4) 나는 너에게 선택의 힘을 주었다.
   즉 자유를!
   천사에게도 자유가 없다.
   천사는 범죄를 선택할 수 없다!
   반면에 너는 옳고 그름, 행복과 불행 모두 네 마음대로 선택할 수 있다. 선택의 힘을 지혜롭게 이용하라.

5. 《성공은 과학이다 Science of Success》

제임스 A. 레이는 《성공은 과학이다 Science of Success》라는 그의 책에서 성공도 자연법칙을 이해하면 쉽게 얻을 수 있다고 이야기하고 있다. 그 내용을 요약 소개하면 다음과 같다.

1. 자연의 법칙은 성공의 문에 달린 다이얼자물쇠의 숫자와 같다. 이를 이해하면 성공의 길은 결코 무지개가 아니다.

1) 영속변화의 원칙(The law of perpetual transportation)
이 세상의 유일한 진리는 모든 것은 변화한다는 것이다. 에너지를 가진 모든 물질과 비물질은 모두 변한다. 현대사회는 모든 것이 급속히 변화하므로 변화에 대응여부가 성공의 관건이다.

2) 진동의 법칙(The law of vibration)
이 세상 존재하는 것은 모두 파동으로 이루어졌다. 파동이 같으면 감응하고 다르면 밀어낸다.

3) 끌어당김의 법칙(The law of attraction)
모든 것은 서로 끌어당긴다(만유인력의 법칙). 이를 끌어당김의 법칙이라 할 수 있으며, 아마 우리가 사랑이라고 부르는 것의 근원일 것이다.

4) 성장의 법칙
살아있는 모든 것은 리듬을 갖고 성장한다. 성장단계에 대한 믿음을 가지고 기다리는 인내심이 필요하다. 씨앗을 뿌린 뒤 TV 주파수를 성공채널에 맞춘 뒤 그 영상과 소리를 즐기기만 하면 된다.

* 매미는 7일을 활동하기 위해 땅속에서 7년(2555일을 기다린다. 하물며 미물인 매미도 이렇게 장시간을 고통과 어둠을 참으면서 기다려 단지 7일을 살고 가는데 만물의 영장인 인간이 태어나 70년을 살기 위해서는 최소 2550년은 인내로 기다려왔다고 생각되지 않는가? 얼마나 고귀하고 소중한 삶인가?

5) 인과의 법칙(The law of cause & effect)
뿌린 대로 거두리라. 당신이 뿌린 생각의 씨앗대로 거둘 것이다.

6) 상대성의 법칙(The law of relativity)
관계에 의해 모든 것은 의미를 지니고, 모든 것은 관계에 의해 의미 있는 존재가 된다. 즉, 나의 비교대상을 무엇으로 정하느냐에 의해 나의 존재 의미가 결정된다. 상대가 없으면 나라는 존재는 존재하지 않는 것이다.
(예) 나와 스웨덴국민 재정상태 비교하면 나는 가난하다.
    나와 북한 인민의 재정상태 비교하면 나는 부자다.
    즉, 긍정적인 편으로 비교하라.

7) 이원성(The law of dualism) 또는 양극성의 법칙
이 세상의 모든 일은 작용과 반작용의 법칙이 작용하며, 음양의 양면성을 동시에 가지고 있다. 따라서 실패를 두려워하지 말고 호기심으로 도전하라. 모든 실패는 성공의 씨앗이다.

2. 이제 다이얼자물쇠를 여는 비밀번호를 체득하여 자물쇠를 열자.

1) 두뇌를 개조하라.
패러다임(Paradigm)을 바꿔라. 삶의 변화를 갈구하고 실행해 보지만, 얼마 못 가 심드렁해지고 실패하는 이유는 원인보다 결과만 조정하려 노력하는 데 있다. 이를 극복하

는 비결은 그 원인인 나의 패러다임(인식체계)을 뜯어고쳐야 한다.

종전 사고방식	변화된 사고방식
다른 사람의 믿음체계에 의존(한계 의식)	나의 믿음체계로 대체(무한계 의식)
부모, 선생, 종교, 사회(문화)에 의한 부정적 사고	나 스스로의 긍정적 사고
외부영향(사진) → 내부저장(인화)	내부상상(사진) → 외부표출(인화)

2) 마음의 3가지 양상인 자율신경심, 현재의식, 무의식(잠재의식 포함)의 역할을 정확히 이해하자.
자율신경심은 그대로 작동하도록 내버려 두고 의식과 무의식에 귀 기울이자. 의식을 정원사라면 무의식은 정원이다.

3) 부정적 사고에서 긍정적 사고로 고정관념을 바꿔라.
습관화에 의해 잠재의식 속에 자리 잡고 자꾸 커간다.
잡초는 제거해야 한다.

◆ **마음의 작동방식**
ⅰ) 대뇌피질에서 의식이 생각을 선택하여 원인을 제공하면,
ⅱ) 변연계는 감성을 자극해서 생각에 빠져들게 된다.
ⅲ) 이러한 행동이 지속되어 습관화에 이르게 되면, 뇌간이 활성화되고 잠재의식 속에 이를 고이 보관하게 된다.
ⅳ) 그 후 어떤 이유에서 그 생각이 사건의 지평선을 만나면 직관으로 발현되어 성공의 결과를 가져온다.

4) 패러다임 변화의 요체는 아래와 같다. 이를 수행하라.
ⅰ) 명상 등을 통해 지속성(습관화)과 확신을 강화한다.

ii) 행동화(just do it!)한다.
iii) 정글의 새로운 길을 닦아라.
긍정적 사고로 새 길을 열어 시운전(신념 강화훈련)을 하라.
iv) 비전을 사실적, 구체적, 포괄적으로 정하라.
v) 우리는 풍요와 행복을 누릴 충분한 자격이 있다. 우리는 모두 20조분의 1의 행운아로 태어났다.
vi) 원하는 것을 감정이 표현된 '현재시제' 문장으로 만들어 시각화를 이용하여 상상하라.

3. Vision(삶의 목적)을 선포하라.

종래의 비전 없는 삶에서 새로운 비전 있는 삶으로 바꿔라. 비전이라는 정원수를 잠재의식인 정원에 심고 부정적 사고인 잡초를 뽑아내고, 물, 비료를 주고 태양 빛이 잘 들게 하고 가지치기도 하여라.

◆ **비전의 3단계**
1단계: 무엇이 되고 싶은가?(Be)
2단계: 무엇을 하고 싶은가?(Do)
3단계: 무엇을 소유하고 싶은가?(Have)

◆ **비전 만들기**
1) 사실적, 구체적, 포괄적으로 비전을 정하라.
한계의식은 추방하고 현재시제를 이용하라.

2) 3단계 비전을 나 주연의 짧은 영화로 만들자.
그리고 그 영화 속에서 주연역할을 해보자.
우선 감정이입(행동의 원동력이다)을 하고 원하는 것을 말하자.

그리고 그림으로 이루어 상태를 상상한다.

잠에서 깨자마자, 점심 후, 수면 직전 각각 10분 정도씩 반복한다.

3) 믿음을 강화하라.

절대적 믿음, 신념, 확신은 실현의 깊이를 더한다.

4) 자, 이제 할 일은 다했다.

인내하고 기다리면 된다.

이제 성공 비전을 잠재의식에 잉태했으니 성장, 성숙 때까지 조급하지 말고 기다리자.

3. 행동하라.

1% 클럽에 가입하라. 비전을 정확히 인식(recognition)하라.

결과에 책임을 지고(responsibility), 당신의 창조성을 깨달아라(realizing).

4. 블루오션(윈-윈)전략(파트너를 통한 에너지 상승 전략)을 구사하라.

1) 작은 것에서 성패가 판가름 난다. 작고 사소한 것들이 모든 것을 의미한다. Networking을 유지하라.

2) 진정으로 성공을 성취하는 자는 결코 경쟁하지 않는다. 나의 경쟁자는 오직 내 자신이다. 그들의 성공을 바라는 참다운 바람을 가져라. 만약 당신에게 관대함이 없다면 이를 키워야 한다.

3) 행복과 성공이 제한되어 있다는 생각을 버리고 창조적 연구에 몰입하라.

4) 오직 당신이 닮겠다고 생각한 사람들과 친밀 관계를 갖겠다고 맹세하고 결심하라.

5) 의사소통의 대가가 되라. NLP기법의 습득은 당신에게 커다란 도움을 줄 것이다.

5. 베풀어라. 부메랑의 법칙을 잊지 마라. 비워라(Vacuum).

1) 상대방에게 사심 없이 봉사하고 가치 있는 일을 베풀면 큰 보답을 받는다.
2) 상대방에게 베푸는 것은 당신의 잠재의식에 새로운 생각과 아이디어를 풍부하게 심어줄 수 있는 가장 빠른 방법 중 하나이다.
이는 나는 '풍족하다'는 의미의 반영이다.
3) George Bernard Shaw "가난은 죄다."라는 의미를 상기하라.
4) 자연은 빈 공간을 싫어한다. 따라서 당신의 삶에 새로운 것을 불어넣고 싶다면 그것을 위한 넉넉한 공간을 남겨두라.
5) 번영의 진공법칙을 실행하라.
6) 축적만 한다는 것은 부족과 결핍을 의미한다. 비워라. 그래서 우주의 충만함으로 그곳을 채워라.
7) 윈스턴 처칠은 "우리는 우리가 얻은 것으로 살아가고, 우리가 베푸는 것으로 인생을 완성한다."고 말한다.

6. 감사하라. 이는 좋은 일을 끌어들이는 강력한 자석이다.

1) 당신의 현재 상황은 훌륭하고, 앞으로 더 좋아질 것이다.
2) 당신의 현재 생활은 감사해야 할 일로 가득하다.
3) 지금의 결과는 계속해서 변화하고 성장하며 개선될 것이다.
4) 감사하는 마음은 신념의 힘을 활성화시킨다.
5) 다른 사람을 인정(appreciation)하라.
6) 작은 감사의 표현을 자주 하라. 자필 카드, 이-메일, 전화, 선물 등은 그 효과를 크게 할 것이다.

6. 《절대 변하지 않는 8가지 성공원칙》

경영컨설턴트이자 저술가인 브라이언 트레이시는 《위대한 기업의 7가지 경영습관》 등 세계적인 베스트셀러를 여러 권 가지고 있는 저명한 멘토이다. 그는 그의 책 '절대 변하지 않는 8가지 성공원칙'에서 그 원칙을 제시하고 있다. 이를 요약 소개하면 다음과 같다.

1. 인생은 생각하는 대로 이루어진다.

1) 원인과 결과의 법칙 – 모든 것에는 이유가 있다.
2) 믿음의 법칙 – 진실로 믿어야 현실이 된다.
3) 기대의 법칙 – 진실로 기대해야 이루어진다.
4) 조응의 법칙 – 당신이 원해야 상대도 원한다.

2. 성공은 꿈꾸는 자의 것이다.

1) 보상의 법칙 – 뿌린 만큼 거둔다.
2) 노력의 법칙 – 노력하는 자만이 원하는 것을 얻는다.
3) 성숙의 법칙 – 창조적인 아이디어가 진보를 앞당긴다.
4) 인내의 법칙 – 포기하지 않는 끈기가 성공을 만든다.

3. 우리는 이미 돈 버는 능력을 가지고 있다.

1) 풍요의 법칙 – 부유해지길 결심할 때 부유해진다.
2) 사전전망의 법칙 – 좋은 일을 기다려야 이루어진다.

3) 보존의 법칙 – 적게 쓰는 사람이 부자가 된다.

4) 가속의 법칙 – 성공할수록 더 큰 성공이 온다.

5) 동기감응의 법칙 – 부자를 친구로 삼아라.

7. 《나만의 성공곡선을 그리자》

　의사이자 뇌 과학자인 이시하라 아키라는 그의 책인《나만의 성공 곡선을 그리자》에서 성공을 성취할 수 있는 방법을 제시하고 있다. 그 내용을 요약 소개하면 아래와 같다.

1. 성공을 하겠다고 결의하라.

자신을 가두고 있는 틀에서 벗어나라.

2. 당신도 긍정적 사고를 습관화하면 원하는 것을 이룰 수 있다.

1) 환경이 성격을 만든다. 성공여부는 몸에 밴 습관의 차이가 만든다.
2) 부모가 심어준 꿈이 미래의 성공으로 이어진다.
3) 어렸을 때 형성된 습관, 사고방식을 바꾸려면 각고의 노력이 요구된다. 따라서 좋은 습관일수록 어려서 배우는 것이 좋다.
  - 습관의 법칙: 습관은 의식의 깊이(의식에 감정이 개입되어야 깊이를 더한다) x 반복에 의해 형성된다.
  - 습관을 바꾸려면 일정기간 의식적으로 반복하여야 한다(작심삼일이라도 1년 동안 반복하라).
  - 오직 3%의 사람만이 막대한 성공을 잡는다.

3. 잠재의식을 단련하자.
성공의 비결은 우뇌의 활용강화에 있다. 스스로 '하고 싶은 마음'이 들도록 하라. 잠재의식 속에 한번 정보가 입력되면 인간은 그것을 향해 끊임없이 전진한다. 그런데 무엇을 잠재의식 속에 입력할 것인가를 판단하는 것은 현재 뇌(좌뇌 : 학습 뇌)의 역할이다. 좌뇌를 단련하라.

좌뇌	우뇌
현재의식	잠재의식
Handle	Engine
방향 결정	에너지 분출

1) 하지 않으면 안 된다 형(Why형)은 해야 한다 형(How형)이 되라.
2) 적극적 사고로 전향하면 긴장이 풀리고 뇌파는 알파파로 바뀐다.
3) 뇌파가 알파파일 때 우뇌 활성화 된다(베타엔돌핀이 분비된다).
 · 좌뇌사고: 이론적으로 생각하여 답을 내는 사고(감정 불개입)
 · 우뇌사고: 직감적으로 느끼거나 언뜻 떠올리는 사고(감정개입)

4) 자신의 사고로 살 때 잠재의식과의 통로가 열린다.
* 자기 자신의 사고: 열중/몰두/목표 명확화/진지함/메모 습관/간절한 기원

5) 목표가 높을수록 더 많은 능력을 발휘할 수 있다.
* 도박, 섹스에 몰두하는 사람이 많은 까닭은 동물뇌가 이성뇌보다 우선하기 때문이다. 즉, 강력한 감정자극으로 습관화(중독)가 되기 쉽다.

4. 계획수립이 성공과 실패를 좌우한다.

목표는 감정적으로 가지되, 계획은 이성적으로 세워라.

5. 시간경영의 달인이 되자.

1) 중요한 일, 잡다한 일로 나누라. 20:80의 법칙을 활용하자.

2) 가정의 중요사, 생일 기념일 등은 '특A날'로 정하여 무조건 놀자.

3) 휴가 시는 반드시 쉬어라. 그러려면 기술이 필요하다. 휴가 직후의 예정을 미리 결정하라.

4) 정말로 바쁜 사람은 가장 느긋하다. 왜냐하면 감정조절의 달인이기 때문이다.

6. 영상화와 자기암시(Visualization & Affirmation)를 활용하라. 세상의 모든 것은 '번뜩임'으로부터 발생한다.

1) 영상화의 결정요소는 정보량이다. 따라서 환경제약(시공간)하에 있는 과거와 현재의 정보에 의존하지 말고 환경제약 없는 미래의 정보량을 늘리는 것이 관건이다!

2) 사고의 '틀'을 없애라.

'어떤 차를 원하나?' 하고 물었을 때 벤츠라고 말하면 틀에 매인 사고이다. '세단으로는 벤츠650s, 가족단위 휴가용으로 볼보, 페라리 같은 스포츠카도 좋지.'(필요에 의한 다수)라고 말하라.

3) 오감을 전부 사용하라.

〈참고〉

1) 정보량(情報量)

우리가 흡수하는 정보량을 보면 시각75%, 청각15%, 후각. 촉각. 미각이 10%이다. 따라서 시각, 청각이 정보량 확보에는 뛰어난 반면 기억의 지속성이 적다.

2) 정보원(情報元, 質)

후각, 촉각, 미각은 정보량 확보에는 미흡하나 기억의 지속성이 매우 뛰어나 정보원 확보에는 매우 우세하다.

(그렇다. 필자는 초등학교 2학년 때 학교를 다니는 길목에서 맡은 튀김의 냄새가 풍기면 60세가 넘은 오늘날에도 그곳의 풍경과 튀김의 모양이 떠올라 튀김을 찾아 먹게 되

는 것을 보면 후각의 지속성은 매우 놀랍다)
3) 관건은 오감을 전부 사용함에 그 비밀이 있는 것이다!!!
뇌가 오해할 정도로 상상하라. 중독증 환자가 되라. 작은 체험도 크게 상상하라. 반복하고 또 반복하여 상상하라. 생각의 끈을 놓지 마라. 감정을 이입하라. 말을 사용하라. 좌우명이나 선언서를 말로 표현하면 강렬한 인상이 남는다.

* 생각 → 말 → 행동 전달자

8. 《당신의 소원을 이루십시오》

   1929년 대공항기에 발행된 작은 책인 존 맥도날드의 《당신의 소원을 이루십시오》는 인생의 실패자가 막다른 길목에서 우연히 어느 스승을 만나 전달받은 단순하고도 엄청난 비밀인 우주의 법칙을 활용하여 성공을 이룩하게 되는데 이때 활용한 마음의 비밀을 이야기하고 있다. 이 비밀의 효과를 얻으려면 열린 마음으로 의심 없이 이를 받아들여야만 한다는 것을 강조한다. 일부는 지금의 과학적 사실과 다른 부분이 있으나 전체적 의미는 크게 변하지 않는 진리이므로 이를 요약 게재하였으니 양지하시기 바란다.

   ㈜ 필자는 이 책의 일독을 권한다.

---

1. 마음에는 3가지 양상이 있다.

1) 우리의 의지와는 상관없이 육신의 기능을 제어하는 마음
(자율신경심 또는 기초의식을 말한다)

2) 우리의 의지에 의한 의사에 해당하는 바깥쪽 마음(바깥쪽 마음은 오감을 통해 외부와 접촉하면서 자신의 욕망을 안쪽 마음에 전달한다. 현재의식을 말한다)

3) 우리의 의지와는 상관없는 마음인 안쪽 마음(안쪽 마음은 당신 내면의 절대 권력자로서 원래 구분하고 차별하는 능력이 없다. 이것은 불가능도, 실패도, 장애물도, 한계도, 결핍도 모른다. 오로지 바깥쪽 마음의 안내를 받아서 자신의 무한한 힘을 바깥쪽 마음이 가리키는 모든 것에 쏟아붓는다. 무의식을 말한다)

2. 이 세 양상의 마음 중 기초의식은 우리가 신경을 쓰지 않아도 자율적으로 움직인다. 관건은 바깥쪽 마음과 안쪽마음이다.

이 두 마음이 결합하여 협동한다면 인간은 엄청난 일을 해낼 수 있다.
그렇다면 왜 모든 사람이 초인이 되지 못하는 것일까?
그 이유는 이렇다.
바깥마음은 항상 자동으로 외부세계의 것을 받아들여 소망을 만들어내고, 안쪽 마음은 이를 비판 없이 즉각 받아들여서 현실에서 실현시켜 버린다. 안쪽마음이 자신의 거대한 힘을 긍정적인 방향으로 쏟을 새도 없이, 바깥마음이 또다시 새로운 환상이나 가상의 장애물을 만들어버린다.
안쪽 마음은 표면에 존재하지 않으므로 외부와 직접 접촉하는 바깥마음의 안내를 받을 수밖에 없으므로 그 힘을 이리저리 흩뿌리게 된다.
마치 증기파이프가 새듯이 안마음의 거대한 힘이 계속 분산되면서 어떤 일도 성취하지 못하게 되는 것이다.
왜 안 마음은 뭔가를 성취하려고 할 때마다 이런 좌절을 당할까?
그 이유는 바깥마음은 눈과 귀의 보고에만 의존하여 판단을 내리고 이 판단이 안 마음에 그대로 전달되기 때문이다.
사람들은 매일 외부세계에서 경험한 것들을 마음속에 사진으로 찍고, 그 필름을 현상하고, 마지막으로 내면 인화지에 찍어낸다.

(참고: 이것은 바깥세상인 현상계(의식계, 한계를 가지고 있는 상대계)의 그림을 절대계인 우주의 원천(무의식계, 한계가 없는 절대계)에 사진 찍어 놓는 행동으로서 한계 없는 추상적 그림을 한계화된 구체적 그림으로 바꾸는 행위라 볼 수 있다).

초인이 되는 비밀은 바로 이것이다! 반대로 행하는 것이다. 즉, 원하는 그림을 먼저 안쪽마음인 내면에서 창조한 후에 그것을 바깥마음인 외부환경 속에 인화시키면 되는 것이다. 이것은 정말로 간단한 일이다. 우리는 얼마든지 노예가 아니라 지배자로 살 수 있다. 전에는 상상조차 못했던 인생 말이다. 이제 우리가 할 일은 오직 하나! 바깥마음을 훈련시키는 일뿐이다.

그러나 그것이 생각처럼 쉽지만은 않다. 왜 그러한가?

바깥마음은 매일 수천 가지의 경험을 하고 이를 근거로 안 마음에 사진 찍는 행동을 수십 년간 지속해와 이미 습관화가 되어 있으니까!

3. 자. 어떻게 하면 짧은 기간 안에 이러한 습관을 반대로 바꿀 수 있을까? 그 답은 바로 이것이다.

(1단계) 분명한 목표(단기-중기-장기)를 설정하라.

제일 가깝거나 시급한 목표에 힘을 집중하라.

그다음 순서대로 필요한 것들을 달성해 나가라.

머릿속의 필요 없는 쓰레기는 모두 치우고 필요한 것으로 대체하라.

힘은 집중되어야 능력을 발휘한다.

볼록렌즈도 초점을 맞추어야 빛을 모아 종이를 태울 수 있다.

원하는 것에 주파수를 맞춰라.

그래야 당신의 강한 생명력을 그것에 보내게 된다.

그것은 어떤 형태로 내장되어 있든, 마음은 상이나 그림을 가지고 있고 이러한 상이나 그림은 어떤 형태의 마음에 저장되어 있든 반드시 밖으로 드러난다. 그 이유는 안쪽마음은 양극이고 바깥쪽 마음은 음극이므로 양극이 주도하는 우주법칙에 따라 음극인 바깥마음은 양극인 안쪽마음에 순응하게 되어 있기 때문이다.

우리가 안쪽마음에 주의를 기울이지 않으면 바깥쪽마음은 이 틈을 노려 외부세계에 한눈을 팔면서 투쟁, 경쟁, 장애물, 불가능 등 나를 한계 지우는데 광분한다. 하지만 분명한 목표의 심상이 마음속에 확고하게 그려지면 즉시 바깥마음에 수행해야 할 고정임무를 부여하여 일사불란하게 움직이도록 채찍질하게 된다.

이렇게 되면 특별히 애쓰지 않아도 자동적으로 안 마음의 양극이 바깥마음의 음극과 합쳐진다. 음극은 세상만물이 그러하듯이 양극을 따르기 때문이다.

이 원리는 불변의 위대한 우주법칙이다. 우리가 이 법칙을 잘 활용한다면 환경과 조건을 완벽하게 지배할 수 있다.

우리는 각자 독립되고 구별되는 존재처럼 보이지만 실제로 우리의 본질은 전능한 마음이고 육신은 그 마음의 매개체이다. 마음은 주인이고, 육신은 하인이다.

(2단계) 안쪽마음에 각인되도록 그림을 그리고 상상하라.

사물을 물리적 힘으로 억지로 만들어 내는 낡은 방법을 버리고 상상하는 법을 배워라. 전자는 노예의 방법이고 후자는 주인의 방법이다. 화가가 캔버스에 참나무에 풀, 덤불, 꽃, 잎 하늘과 구름과 같은 배경을 그려 그림을 완성하듯, 마음속에 진짜처럼 보이는 그림을 그려라. 목표를 아주 생생하게 그려라. 필요하다면 다른 사람의 성공한 모습을 당신 그림의 소재로 사용해도 좋다. 그러고 나서 바깥의 자극은 그냥 흘려보내라. 그림에 그냥 집중하라. 그리고 그냥 평소의 일상대로 생활해라. 씨앗을 뿌렸으니 믿고 기다려라. 방해요소가 나타나면 저항하지 마라. 방해요소는 작용에 대해 나타나는 반작용과 같다. 방해요소가 없다면 그 목표는 이루어질 가치가 없는 것이다. 방해요소를 친구로 여겨라. 저항(생각, 말, 분노, 비판, 질투, 시기심, 미움 등등)은 부정적 사고이다. 저항은 소중한 생명력을 단숨에 부정적인 것에 소진시키는 행위이다. 이제 첫 목표가 달성되었다면 곧바로 더 큰 목표를 정하라. "이제 좀 쉬어야 해."라면서 원래로 돌아가려는 관성을 극복해 한다.

(3단계) 이를 시행하는 동안 비밀을 유지하라. 공개되면 효과가 반감된다.

당신이 객관적 입장에서, 즉 바깥마음으로써 행동한다는 것은 개별적이고 제한된 관점에서 행동한다는 뜻인 반면 당신이 주관적 입장, 즉 안쪽마음으로써 행동하는 것은 구분이 없고 제한이 없는 우주의 힘을 받아들여 이용한다는 뜻이다.

그러므로 "나는 ── 이다."라고 선언할 때의 나는 개체적인 나가 아니라 우주적이고 보편적인 나'다. 이른바 나'라는 것은 숫자 '1'처럼 만물의 근원인 것이다. 공개하면 당신의 반대편에 있는 사람들의 부정적 생각에 의해 그 효과는 반감된다. 목표달성 전에는 특별히 이를 알면 도움을 줄 수 있는 사람 외에는 공개하지 말라.

(4단계) 정성 들여 연마하고 감사하라. 영양분을 주어야 한다.

극소수의 사람만이 꾸준한 노력을 기울이고 큰 성공을 이룬다. 반면 많은 사람들은 그다지 큰 성공을 경험하지 못하고 인생을 마감한다.

누군가가 일정한 목표에 노력을 쏟게 되면 그의 생명력의 일부는 자동으로 그 목표로 옮겨 가게 되어 있다. 이것은 당연하고 필연적인 과정이다. 따라서 그가 힘을 보충하지 않고 계속 소모만 한다면 결국 그 힘은 고갈되어 신체적인 질병은 물론 정신적인 고뇌로 큰 고통에 휩싸일 것이다. 그것은 그동안 성취한 성공을 물거품으로 돌릴 수 있다.

우리는 이러한 예를 얼마든지 볼 수 있지 아니한가? 원하는 것을 무제한으로 소유하는 것은 당신의 천부적인 권리이자 타고난 유산이다. 당신이 원하는 모든 것은 당신이 사용하고 누리기 위해서 존재하는 것이다.

그렇지 않다면 그것들이 여기 존재하는 이유가 있을까?

당신이 원하는 바를 아는 것은 오직 당신뿐이므로 그것들은 바로 당신을 위해서 특별히 존재하는 것이다.

맞다. 당신은 부와 명예를 모두 가질 수 있고, 건강과 행복까지 누릴 수 있다. 당신이 인간의 존재법칙을 알고 그것에 순응한다면 불가능은 없다.

가난은 절대 축복이 아니다. 가난을 찬양하는 설교를 늘어놓는 자들도 마음속 깊은 곳에서는 풍요로운 삶에 대한 욕구가 그들의 생각을 야금야금 파먹고 있는 것이다.

이제 당신에게 긍정적 에너지를 주는 마법의 단어를 일러주겠다. 예를 든 단어 외에 당신에게 긍정적으로 다가오는 단어를 추가로 선정해도 좋다.

이 단어를 하루의 에너지가 소진된 취침 전 30분 정도를 활용하여 당신에게 와 닿는 의미를 충실하게 매일 음미하라.

위 수련이 완전히 내 것이 되지 않았다면 그냥 단어의 의미를 음미하면 된다. 만약 위 수련이 내 것으로 체화되었다면 '나는 …이다'라고 음미하면 그 효과는 엄청날 것이다. 이는 바로 모든 존재에 대한 선언이기 때문이다.

예) 긍정, 풍요, 충만, 기쁨, 평화, 조화, 정의, 자유, 행복, 성공, 감사, 행복, 에너지, 사랑 등등 긍정적이고 진취적인 단어로 명상하라.

9. 《아주 특별한 성공처방》

나폴레온 힐의 《아주 특별한 성공처방》은 그가 신출내기 기자 시절 철강왕 앤드류 카네기와의 극적인 인연으로 '보통 사람들도 성공할 수 있는 법칙, 행복할 수 있는 방법을 찾아 달라.'는 제의를 받고 평생을 세계의 성공한 사람들과 인터뷰하며 그들의 성공법칙을 연구하는 데 보냈는데 이 책은 이를 토대로 저술된 책으로 대공황에 시달리던 미국 국민들에게 희망을 주는데 크게 기여한 것으로 알려지고 있다. 독자들도 여기 담긴 지혜를 습관화하여 이미 성공한 멘토들의 습관을 나의 것으로 만들어 보자. 이를 요약 소개하면 다음과 같다.

1. 자기 삶의 주인이 되라.

인간은 자기 마음에 대해 자유로울 권리를 날 때부터 부여받았다. 초등학교 때 아둔하여 학업을 따라올 수 없다는 선생의 지적으로 학교를 그만두고 독학한 에디슨은 자신이 자기를 조종하고 제어할 수 있는 힘을 가지고 있다는 것을 발견하고 인생에 이를 적용함으로써 커다란 성공을 거두었다.

당신에겐 누구보다도 강한 염력이 있다는 확신을 가져라. 본인의 재능을 믿어라. 실패는 성공의 어머니이다. 비 온 뒤에 땅이 더욱 단단해진다. 잦은 실패는 더욱 큰 성공을 가져온다.

에디슨은 하나의 발명품을 만들어 내기 위해 수십 번의 실패를 감내하면서 이렇게 말했다.

"보다 성공에 가까워지고 있군."이라며 자신을 스스로 고무시켰다고 한다. 긍정적 태도(PMA, Positive Mental Attitude)를 견지하라.

부정적인 생각에 방어벽을 쌓아라.

하늘은 스스로 돕는 자를 돕는다.

부를 이룬 많은 사람을 인터뷰한 결과 그들의 성공이 지능이 특출하거나 많은 교육을 받아서가 아니라 '성공의식'의 각인에 있었다는 것을 나는 발견하였다.

2. 과거로 향한 문을 과감히 닫자.

당신의 마음은 언제나 미래로 향한 문을 열어 미래만을 바라볼 수 있도록 하자. 그렇게 하면 과거의 실패는 미래에서 행운으로 작용하여 당신을 행복으로 이끄는 손을 내밀 것이다.

성공한 사람들은 미래형으로 이야기한다. 그들의 눈은 지나간 일이 아니라 항상 다가올 미래에 쏠려 있다. 그리고 큰 꿈과 목표를 향해 나간다.

부도덕한 방법으로 부를 축적하지 말라. 그것은 인과응보의 법칙에 따라 상당한 대가를 치를 것이다. 오히려 언행과 행동을 남에게 도움이 되는 방법으로 하라. 그러면 준 것 이상의 보답이 있을 것이다.

3. 부와 마음의 평안을 동시에 누릴 수 있는 마음자세를 갖자.

적극적인 마음자세(PMA)는 다른 사람의 PMA에 파장을 맞춘다. 분노와 공포, 자기비하 등 부정적인 마음자세는 쓰레기통에 던져 버리고 적극적인 마음자세로 무장하라.

8명의 적극적 기사단에게 마음을 집중하라. 기사단은 바로 평안, 희망과 신념, 사랑, 건강, 부, 지혜, 인내 그리고 나의 자가용 전용기사인 스페어(spare)기사이다.

이들 기사를 필요 시 적재적소에 활용하고 보수를 지급하라.

그 보수는 다름 아닌 '감사'의 표시이다.

저주를 하면 저주가 되돌아오고, 축복을 보내면 축복이 되돌아온다.

인생은 자기의 생각을 자기에게 되돌려 보내는 것이다.

4. 공포에서 벗어나면 자유로운 삶을 살 수 있다.

원죄의식, 빈곤, 죽음, 비판 등에 대한 공포는 가장 견디기 힘든 부정적 동기가 된다. 공포를 극복하는 유일한 길은 공포의 대상을 파악하여 공포의 본질이 마음상태에서 초래하는 실체 없는 마음작용임을 아는 것이다.
오히려 공포를 긍정적 동기의 발판으로 삼아라. 그러면 마음의 평화가 깃들고 자유를 얻을 것이다.

5. 당신은 돈의 주인인가, 아니면 노예인가?

돈의 주인이 되어라. 남을 부러워하지 말고 오히려 그를 축복해주어라. 남을 부러워하는 마음은 평안을 깨트린다.
돈으로는 마음의 평안을 살 수 없다.
돈은 마음의 평안을 구하는 데 도움이 될 뿐이다.

◆ **마음의 평안과 풍요로움을 가져오는 12가지**
1) 적극적 사고법(PMA)
2) 몸과 마음의 건강
3) 인간관계의 조화
4) 모든 공포로부터의 해방
5) 장래의 성공에 대한 희망
6) 신념을 가진 염력
7) 타인의 행복을 기뻐하는 마음
8) 자기의 일에 대한 사랑
9) 모든 사물에 대하여 부딪힘이 없는 마음
10) 어떤 상황에서든 안정되는 자제심
11) 타인을 이해하는 도량

12) 충분한 돈

6. 부를 나누어주면 보다 더 큰 부를 얻는다.

부란 흐르는 물과 같다. 물은 흘러가는 속도가 빠르면 더 큰 강을 이룬다. 부도 마찬가지다. 빨리 흐르도록 다른 사람에게 나누어주어라. 그러면 나간 부보다 훨씬 큰 부가 그 자리를 메울 것이다.

7. 성공을 위한 행동양식으로 전환하라.

자아의식을 정립하라.
성공의식과 자기신뢰, 긍정적 사고(PMA)로 무장하라.
마음을 활짝 열고 이 우주와 내가 하나임을 자각하라.

10.《리얼리티 트랜서핑 Reality Transurfing》

'러시아 물리학자의 시크릿 노트'라는 부제로 우리나라에 번역되어 큰 인기를 얻은 바 있는 바담 젤란드(Vadim Zeland)의《리얼리티 트랜서핑 Reality Transurfing》(총 3권)은 과학적 지식을 결합시켜 무의식에 접근하는 방법에 대하여 상세히 설명해주고 있다. 그 내용을 요약 소개하면 다음과 같다.

㈜ 필자가 마음과 우주의 관계를 깊이 있게 연구하면서 본 저작의 상당부분은 진리와 합치한다는 심증을 갖게 되었으나, 일부는 잘못 분석하고 있는 부분도 있음을 느껴 일부에는 필자의 보충설명을 첨가하였다.

1. 이 세상의 본질은 가능태 모델이다.

상대계인 물질계에 대응하는 절대계를 '가능태모델'로 설명하고 있다. 자연은 물질의 움직임을 있는 그대로의 순수한 형태, 곧 무한수의 원인과 결과로서 품고 있다. 즉, 존재 가능한 모든 물체와 그 동선動線 상의 무한수의 지점에 관한 데이터는 정보의 장場 속에 저장된다. 이 정보의 장을 가능태 공간(space of variations)이라 한다.
가능태 공간은 과거에 존재했던 모든 것과, 현재에 존재하는 모든 것, 그리고 미래에 존재할 모든 것에 대한 정보를 담고 있다. 정보체(informational structure)인 가능태 공간은 물질적이라 할 수 있는 기반을 가지고 있으며, 일어날 수 있는 모든 가능태를 품고 있다. 가능태 공간은 섹터로 나눌 수 있으며 근접한 섹터는 보다 유사한 정보를 담고 있다.
인간의 삶은 물질의 움직임과 마찬가지로 원인과 결과의 사슬에 지나지 않는다. 가능태 공간에서는 원인과 결과가 동일 섹터 안에 가깝게 배치되어 있다. 원인 다음에는 곧 결과가 따라온다.

모든 가능태는 시나리오와 무대장치로 구성되어 있다. 현실이 펼쳐지는 외적 형태, 즉 현상이 무대장치이고 물질이 움직여 가는 트랙이 시나리오이다.

가능태 공간은 무한하기 때문에 이론상 인간운명의 시나리오와 무대장치의 형태와 수는 무한하다. 그래서 사소하기 짝이 없는 사건 하나가 운명의 흐름을 바꿔놓을 수도 있다. 한 사람의 삶은 시나리오와 무대장치를 바꾸어 놓는 사건이 일어나기 전까지는 하나의 트랙을 따라 평범하게 흘러가다가 운명이 커브를 틀면 다른 인생트랙으로 움직이기 시작하는 것이다.

결국 이미 존재하는 무한한 가능태 공간에서 어떠한 무대장치와 시나리오를 '선택'하느냐에 따라 인생의 성패가 달려 있다고 볼 수 있고, 그것을 선택하는 자는 바로 당신이다.

사념에너지 파동은 잠재된 가능태를 물질화시킨다.

사념에너지 파동은 가능태 공간 내에서 자신의 해당섹터를 찾아내어 이를 물질화 시킨다. 이런 과정을 통하여 의식은 현실을 결정한다.

이것이 현실이 실현되는 유일한 방법임을 우리는 알아야 한다.

곧 사람은 정확히 자신이 선택한 것을 얻는다.

이는 물리학적 관점에서 볼 때도 타당하다.

물질적으로 실현된 모든 현실은 에너지 기반을 가지고 있다.

가장 본질적인 것은 에너지장인 것이다.

에너지는 복잡한 구조를 가지고 있으며, 이 세계의 모든 것을 관통한다.

에너지는 사람의 신체를 통과할 때 그 사람의 생각에 따라 변조되고 몸에서 나갈 때는 그 생각에 상응하는 매개변수를 얻는다. 몸 밖으로 빠져나간 에너지는 사념파로 바뀌며, 그것은 가능태 공간의 한 섹터를 물질적 현실로 바꾸어 놓는다.

바꾸어 말하면, 한 사람의 사념과 동일한 우주파를 끌어들여 뇌에서 증폭시켜 그 증폭의 크기가 일정한계를 벗어나면 이에 동조하는 가능태 공간의 한 섹터가 반응하여 물질화된다는 것이다.

즉, 긍정적인 태도야말로 당신의 삶을 더 나은 삶으로 바꾸어놓는 가장 자연스런 방법이다.

2. 펜듈럼의 손아귀에서 벗어나 트랜서핑하자.

어떤 집단의 생각이 한 방향으로 초점 맞추어지고, 그 결과로 각자의 사념 에너지의 매개변수가 동일해질 때 하나의 구조체가 생겨나고 이 구조체(무생명체)는 지지자들의 에너지(공명주파수)를 빨아들여 점점 더 강력한 힘을 갖게 된다(생명체가 된다).

이 구조체는 독자적인 생애를 시작하고, 그 창조에 참여한 사람들을 자신의 법칙에 복종시킨다. 이러한 구조체를 일명 '펜듈럼'이라고 부르는데 이는 펜듈럼이 더 높이, 더 빠르게 흔들릴수록 더 많은 지지자들이 자신의 에너지를 거기에 보태주기 때문이다.

모든 펜듈럼은 그 지지자들로부터 에너지를 얻어서(에너지 뱀파이어)는 그 위에 군림하므로 그 본질은 파괴적이다. 그러므로 펜듈럼과 싸우는 것은 당신의 에너지를 펜듈럼에게 먹여주는 것이다.

거부하지 마라. 받아들여라.

받아들임이란, 만물이 그 자체로서 존재할 권리를 지니고 있음을 인정해주고 그것을 담담하게 지나쳐 가라는 뜻이다.

받아들이고 놓아 보내는 것 – 그것은 모든 것이 당신을 통과하여 지나가도록 허용하고, 그것이 떠나갈 때 미련 없이 보내주는 것이다. 그와 반대는 받아들여서 곁에 붙들어두는 것, 그리고 거기에 집착하거나 저항하는 것이다.

게임의 참여자로서가 아니라 외부의 관찰자로서 행동하라.

생각의 흐름을 멈춘 다음, 텅 비어있는 상태를 명상하라!!

그리고 이를 습관화하라!!

펜듈럼의 꼬임에서 벗어나려면 비어 있어야 한다.

내가 텅 비어 있는데, 즉 에너지가 없다면 펜듈럼은 그냥 나를 통과한다. 펜듈럼은 자기의 주파수에 맞추어 사념에너지를 방사하는 사람에게만 영향을 줄 수 있기 때문이다. 파괴적인 펜듈럼의 영향력을 벗어나면 당신은 자유를 얻는다. 그러나 목표가 없는 자유는 유보상태에 불과하며 언제라도 펜듈럼의 공격을 받게 된다.

펜듈럼으로부터 전적으로 벗어나는 것은 불가능하다.

그러면 어떻게 해야 할 것인가?

그것은 펜듈럼의 영향하에 놓이는 것을 피하고 펜듈럼을 자신의 목적에 맞게 의식적으로 이용하는 것이다.

펜듈럼이야말로 우리의 꿈을 실현시켜주는 장본인임을 알고 이를 이용하는 것이다. 이것이 트랜서핑의 원리이다.

◆ **펜듈럼의 속성**

1) 에너지 뱀파이어이다.
2) 에너지를 최대로 얻기 위해 지지자를 가능한 많이 끌어들인다. – 동조화 유도
3) 타 펜듈럼과 경쟁을 통해 덩치를 키우도록 지지자들을 부추긴다. – 경쟁해서 승리해야 한다는 압박을 준다.
4) 지지자 중 배신자, 비지지자를 속속들이 파괴한다.
5) 고상한 목표로 위장하며, 사람들의 감정을 조정한다.
6) 본질상 에그레고르(egregor: 念體, 집단적인 상념)이다.
7) 종교, 집단, 전쟁, 생명체집단, 숲의 군락, 대초원 등이 펜듈럼의 예이다.
8) 지지자에게 죄책감, 부정의식, 두려움, 불안과 초조 등을 부추겨 당신의 에너지를 뽑아내 펜듈럼을 증폭시킨다.

〈참고〉 여기서 필자는 펜듈럼에 대하여 필자의 의견을 피력하고 자 한다. 종교, 집단, 조직은 부정적으로 보면 위의 견해가 맞는 의견일 수 있으나 이 우주에 존재하는 모

든 것은 연결성을 유지하고 있는 생명체라는 관점에서 볼 때, 그리고 나를 이루는 세포는 자기보존을 우선적 존재가치로 하나 자기의 보존이 집단인 '나'라는 육체의 항상성을 유지하는 공생의 기초가 된다는 점, 세포는 11개월마다 조건 없이 자신을 희생하여 '나'라는 육체의 존속을 유지하고 있다는 점에서 보면 소위 작가가 펜듈럼이라 부르고 그 작용을 뱀파이어로 생각하는 것은 그 작용의 한 부분만을 보는 편향된 견해라 판단된다.

3. 성공의 물결로 갈아타고 이 세상을 서핑하자.

펜듈럼과는 정반대로 당신의 에너지를 뺏어가는 것이 아니라 당신에게 에너지를 보태주는 것이 있을까?
있다. 바로 성공의 물결이다!
당신에게 운 좋은 상황이 우연의 일치처럼 한꺼번에 일어나는 것이다. 행운의 파랑새가 날아오는 것이다!

성공의 물결은 순조로운 인생트랙의 다발로서 가능태공간 안에 정적으로 존재한다. 하나의 인생 트랙에서 다른 트랙으로 옮겨가는 것은 바로 당신이다.
우선 성공의 물결에 도달하는 것을 방해하려는 펜듈럼의 영향에서 벗어나야 하는데 그러려면 펜듈럼 동조주파수를 비 동조 주파수로 바꾸어라.
이제 긍정적 파동을 전송해보자!! 즐겁고 행복한 느낌을 기억하라.
지금 이 순간 당신이 가진 모든 것에 기뻐하며 감사하라.
나쁜 소식에는 문을 닫고 좋은 소식에는 마음을 열라.
문제만 찾아내거나 불평불만인 자는 그러한 문제의 갈고리에 꼼짝없이 걸리게 된다!!

4. 자연의 제1법칙은 균형 상태이다. 반면에 중요성은 불균형을 초래한다. 중요성을 내려놓아라.

자연 속의 모든 것은 균형 상태를 유지하려고 애쓴다.

이 균형의 법칙은 자연의 법칙 중 최초의 법칙이다.

다음의 사건들은 잉여포텐셜을 일으킨다. 여기서 멀어져라.

1) 불만족 – 사고의 전환이 필요하다. 즉, 모든 불행은 불행을 가장한 축복이다. 그것을 게임으로 만들어라.
2) 의존적 관계 – 이는 '이상화'로 흐른다. 진정한 사랑은 의존적인 것이 아니다. 무조건적인 것이다.

그런 점에서 남녀 간의 사랑, 부모와 자식 간의 사랑은 진정한 사랑은 아니고 거래이다.

3) 경멸과 허영을 버리고 겸손과 중용으로 나아가야 한다.

자연은 단순하고 겸손함을 선호한다. 이것이 자연의 법칙이다.

4) 우월감과 열등감. 진정한 미덕을 길러주고 잉여포텐셜을 만들지 않는 자기완성으로 나아가라.
5) 소극적이고 고통스러운 욕망. 강한 욕망이 목적물에 대한 의존적 관계로 변하는 경우를 피하라. 이는 잉여포텐셜을 만든다. 그러나 강한 욕망이 단호한 결심과 행동으로 행해지면 잉여포텐셜은 사라진다.
6) 죄책감은 전형적인 잉여포텐셜이다.
7) 돈. 원하는 것을 얻기 위해서는 그 목표 자체를 생각해야 한다. 돈은 저절로 따라올 것이다.
8) 완벽함, 그것은 강박증이요 끝임없는 투쟁이다. 이는 잉여포텐셜을 만들어낸다. 비어 있어야 다른 것이 들어올 수 있다.
9) 중요성, 가장 순수한 형태의 잉여포텐셜이다. 그것은 당나귀에 던져진 당근이다. 중요성을 줄이고 마음을 비우라.

결론을 말하자면 삶은 선택이라는 점이다.

투쟁에서 균형으로 전환하라.

세상을 있는 그대로 받아들여라. 자신을 있는 그대로 받아들이라. 있는 그대로 존재하는 사치를 자신에게 허락하라.

당신의 장단점을 높이 들어 올리지도, 낮추어 보지도 말라.
내면의 평화를 향해 나아가라. 당신은 중요하지도 않고 무가치하지도 않다.
유머감각은 잉여포텐셜을 만들지 않는 유일한 것이다.
성공을 위한 가장 좋은 처방은 자연스러움, 즉흥성, 그리고 가벼운 태도이다. 이러한 모든 것은 습관화되어 영혼 속으로 파고 들어가야 한다.

5. 부정적인 사념의 파동에서 긍정적인 사념의 파동으로 옮겨 타라.

부정적인 생각은 우리에게 보다 오래 기억되고 그 상처를 남긴다. 왜냐하면 펜듈럼은 이 부정적 사념을 먹고 살기 때문이다. 따라서 부정적인 생각은 점점 더 부정적인 생각을 끌어오고 종국에는 그 트랙으로 인생은 떨어진다.
반대로 긍정적인 생각은 점점 더 긍정적인 생각을 끌어오고 종국에는 내가 원하는 트랙으로 인생을 이동시킨다.

6. 당신이 원하는 가능태 흐름에 올라타라.

이 흐름을 타면 세상이 당신을 마중 나온다.
가능태 공간은 하나의 정보장 또는 에너지 매트릭스, 곧 무슨 일이 어떻게 일어나야 할지를 알려주는 하나의 모델이다. 매트릭스의 특정 섹터에 동조된 에너지가 이 섹터를 '조명'할 때 이 모델은 물질의 형태를 취하며 현실화된다.
번득이는 영감, 예감, 직관, 예언, 새로운 발견, 예술의 걸작 등은 영혼이 이 섹터를 우연한 기회에 들여다보는 것의 결과물이다.

흐름(flow)을 타라.
펜듈럼의 사슬을 끊고 자유를 얻어라. 그러려면 내적, 외적 중요성을 버려라.
그러면 목표를 향해 가는 장애물들이 저절로 무너져 내릴 것이다. 당신은 그저 가서, 가지면(選擇) 된다!

그저 손님이 되라. 구경꾼이 되는 것이다. 징조는 안내 신호다.

영혼이 "그렇다."고 말할 때는 자신을 설득할 필요가 없다는 사실을 명심하라. 자연은 최소저항의 길을 선택한다.

영혼도 그렇고 성공도 그렇다. 따라서 '단순함'에 그 답이 있다.

단순성에 자신을 내맡겨라.

7. 의도(意圖)를 공표할 때 가능태 흐름은 그 길을 열어준다.

그저 가지고, 행하는 것이다. 날고 싶다고 생각하면 몸은 날아오른다. 바로 이것이 의도의 본질이다. 의도는 가능태 공간의 섹터를 구동시키는 구동력이다. 그저 의도하고 선택하면 된다. 의도는 욕망과 행동의 조합이다.

내부 의도는 가능태 공간에서 어떤 것을 실현시키려고 애쓴다. 반면에 외부 의도는 적당한 곳에서 실현이 일어나도록 가능태 공간을 움직인다. 따라서 우리는 내부의도를 거부하고 외부의도를 작동시켜야 한다. 외부의도가 의지에 복종하게 하기 위해서는 영혼과 마음이 부정적인 생각을 버리고 긍정적인 열망을 향해 의기투합하게 해야 한다. 참여자인 당신의 위치를 관찰자로 바꿔라!!

* 절대계의 가능태 트랙으로 들어가려면 저항을 0으로 하여야 하는데, 이는 마음=영혼에 의한 외부 의도를 깨워야 한다.

소원성취의 비밀, 즉 외부 의도를 불러올 수 있는 비밀은 중요성을 낮추고 이루려는 욕망을 거부하고, 그 대신 그냥 가지겠다는, 그리고 행동하겠다는 결정인 의도를 가지는 것이다.

8. 가능태 공간으로 들어가는 수단을 활용하라.

가지도록 스스로 허용하는 범위를 넓혀라. 자신이 가질 자격이 있다고 생각하고, 자신이 선택을 내리는 자임을 '알기'로 결정하는 것이다. 바로 가진다는 것을 하나의 사실로써 아는 것이다.

영혼은 생각하지 않고 그저 알 뿐이다.

따라서 영혼은 길들일 수 있을 뿐이다.

목표의 심상화가 아니라 과정(過程, 목표를 향해 다가가는 과정)을 심상화하라. 예로서, 백만장자가 목표면 돈을 심상화할 것이 아니라, 엄청난 인세를 거두는 베스트셀러, 강연에 환호하는 관중 등을 심상화(心想化)하라.

비결은 목표만을 생각하는 것이 아니라 그것이 태어나고 자라서 완성되어 가는 과정을 그려가는 데에 있다. 당신이 작품을 창작하고, 동시에 그것에 감탄하는 것이다.

9. 영혼과 마음

인간은 대양으로부터 한순간 튀어 오른 하나의 물방울일 뿐이다. 대양으로부터 분리된 한 방울의 물은 대양과 하나인 느낌을 느낄 수가 없고 대양으로부터 에너지를 얻지 못한다.

그 분리된 물방울은 자신이 대양과는 아무런 상관없이 독자적으로 존재한다고 믿는다. 하지만 다시 대양 속으로 떨어지면 그것은 자신이 대양과 하나인 것을 알게 될 것이다. 물방울과 대양의 본질은 하나이고 같다. 그것은 물이다. 이는 신은 대양이요, 인간은 물방울이라는 점에서 '신이 인간을 자신의 형상으로 지었다'는 성경의 말은 옳다.

인간은 깨달음에 이르면 무엇을 얻는가?

우주의 모든 에너지가 그의 것이 된다. 그는 자신과 이 무한 사이에 본질적인 차이를 느끼지 않는다. 그의 정신적 에너지는 우주의 에너지와 공명한다. 이것이 깨달은 이의 의도가 외부의도, 곧 우주를 지배하는 이 믿을 수 없이 거대한 힘으로 바뀌는 순간이다.

영혼은 인간의 언어를 알아듣지 못한다. 영혼은 우리가 흔히 '감각'이라고 생각해온 것만을 이해한다. 생각하지 않고 그냥 느낀다. 영혼은 외부의도의 바람을 감지할 수 있다. 하지만 영혼은 이 바람을 이용할 돛을 올리지 못한다. 돛은 마음의 의지로써 올릴 수 있다. 의지는 깨어있는 의식의 한 속성이다.

내면의 독백이 멈췄을 때 외부의도가 할 기능이다.
성공하지 못하더라도 자꾸만 시도해보면 이것은 점차 습관이 되고, 당신의 마음은 열린 창문에다 자동적으로 프레임을 끼우는 방법을 터득하게 될 것이다.
마음이 아직 깨어나지 않은 상태에서 자동적으로 프레임을 작동시켜야 한다는 것이 핵심이다.

10. 목표와 문

1) 나만의 삶을 스스로 선택하라.
2) 유행의 리더가 되라. 고정관념을 깨라. 자신의 길을 가라.
3) 당신의 삶을 모든 의미에서 잔치로 바꾸는 것을 목표로 하라.
4) 가지겠다는 결정(의도)만 내려라. 그것으로 족하다.
5) 영감이란 마음과 영혼이 일치를 이루고 중요성의 포텐셜이 없는 상태다. 목표를 이루려면 다음과 같이 하라.
첫째, 목표에 이르고자 하는 욕망을 버려라. 그것이 당신의 것임을 알고 조용히 그저 가지면 된다.
둘째, 비전의식을 준비하는 마음을 버려라. 철저한 준비는 잉여포텐셜만 증가시킨다. 그것은 부족함을 자인하는 것이다. 그냥 원하는 것을 가져라.
셋째, 영감이 오기를 기다리지 마라. 영감은 기대하지 않을 때 오는 것이다. 중요성을 버려라.
자, 이 세 가지를 버리면 무엇이 남겠는가?
오직 행동하기로 한 결정만이 남아 있다.

영감 없이 그저 당신의 일을 하기 시작하라.
그러면 영감은 나타나리라.
영감은 일의 과정 속에서 드러날 것이다.
6) 목표를 계속 되살리라.

11. 에너지 강화방법

1) 생리적 energy(인체 내의 에너지)는 음식물 섭취로 획득되며 축적가능하다. 실제 행동하는 데 사용된다.
2) 자유(우주) energy(의도에너지)는 숨을 통해 획득되며 사람의 '활력'을 결정한다. 이 에너지는 축적이 불가능하며, '의도'를 형성하는 데 사용된다. 그러므로 강한 생명력은 섭생(30%) + 우주에너지 진출 통로의 넓이(70%)에 달렸다.
* 우주에너지는 두 가지 흐름이 있다. 천기는 위에서 아래로 흐르며 머리–척추로, 지기는 하초(척추 앞 1인치 통로)–머리로 흐른다.
3) 의도에너지의 흐름을 막는 스트레스를 해소하고 활력을 높이려면 내적, 외적 '중요성'을 던져 버려라. 그리고 근육을 이완하라.
4) 에너지 뱀파이어인 죄책감, 펜듈럼에서 벗어나라.
5) 우주에너지 통로를 넓히는 방법
가. 에너지보호막을 상상하라.
나. 과정을 심상화하라

12. 프레일링(상대방의 주파수에 내 주파수 맞추기)

받고 싶다면 남에게 '주려는' 의도로 바꾸라.
나의 목표가 상대방을 설득하는 것이라면 우선 상대방의 중요성을 높여라. 즉 상대방의 관심 사항을 파악하라.
타인의 결점에는 완전히 신경을 끄고 오직 그들의 장점만을 생각하라.

격려는 창조적인 힘이고, 비판은 파괴적인 힘이다.

자신의 중요성을 내려놓고, 타인의 옳음을 인정하라.

대화할 때 상대방의 관심사에 맞추어 말하면 그 사람의 사념파에 동조하는 것이다. 특히 대화할 때 그 사람의 이름을 자주 불러주라.

그것은 그 사람의 중요성을 인정하고 있다는 암호이다.

그리고 진정 어린 호감을 보여주라.

매력과 카리스마는 그에게서 흘러넘치는 자유 에너지다.

작은 호의를 부탁하는 것은 그 사람이 당신을 좋아하게 만들어준다.

13. 調律(Tuning)

에너지 최소사용의 법칙, 최소저항의 법칙에 따라라. 물처럼 흘러라(FLOW). 마치 목표가 이루어진 양 목표를 생각하라. 그러면 기쁨이 자연스럽게 얻어진다. 이것이 조율이다.

모든 사건을 긍정적으로 대하여 항상 바람직한 갈래로 올라서면 행운의 물결을 더 자주 마주치게 될 것이다.

이제 '믿음'이라는 개념(이는 '중요성'이다)을 버리고 '앎'을 그 자리에 갖다 놓아라. 그저 가지겠다고 결정하고 이를 알아차리면 된다. 그러면 목표는 이루어진다.

자, 이제 삶을 잔치로 바라보자.

당신의 일을 놀이로 만들어라.

제4장

부를 가져다준 가르침

1. 《부자가 되는 비밀》

소설 〈자명종의 꿈〉으로 베스트셀러 작가가 된 나카타니 아키히로는 그가 쓴 《부자가 되는 비밀》에서 부자가 되기 위한 성공전략에서 '돈을 위해 일하지 말고 돈이 나를 위해 일하게 하라'는 등 충고하고 있다. 맞는 말이다. 돈은 이 세상의 본질인 '관계성'의 대용품이다. 즉 실체가 아니라 상징이다. 그러므로 돈이 나를 위해 일하도록, 돈이 아니라 실체적 계획이 선행되어야 한다. 그 내용을 요약 소개하면 다음과 같다.

1. 필요 없는 물건을 버려라.
장롱을 깨끗이 정리하여 가장 필요한 몇 가지만을 남겨라.

2. 금전감각을 연마하라.
부자가 되기보다 최고가 되어라.

3. 현인과의 대화에 드는 비용을 과감히 지불하는 자가 진정한 부자이다. 현인의 조언에 시간과 금전을 아끼지 마라.

4. 돈이 일하게 하라.
돈을 위해 일하지 마라. 돈을 주고 지식, 기술을 습득하라.
몸을 단련하라. 돈을 머리에 보관하라.
돈이 들어오는 양은 사람이 움직이는 양에 비례한다.

5. 돈에서 자유로워져라.
버는 것도 중요하나 쓰는 비결을 아는 것이 더욱 중요하다.

6. 사용해도 없어지지 않는 재산을 모아라.

7. 가난뱅이 근성을 버려라.

8. 미래의 수입원을 만들어라.

9. 실패해도 즐거운 일을 하라.

2. 《나는 이렇게 부자가 되었다》

보드 새퍼(Bodo Schafer)는 독일의 경제전문가로 주로 경제 관련 소설을 쓰고 있다. 《열두 살에 부자가 된 키라》라는 소설은 그를 세계적인 베스트셀러 작가로 만들어 주었다.

보드 새퍼(Bodo Schafer)는 그의 책 《나는 이렇게 부자가 되었다》에서 그가 부자가 된 방법을 제시하고 있다. 그 내용을 요약 소개하면 다음과 같다.

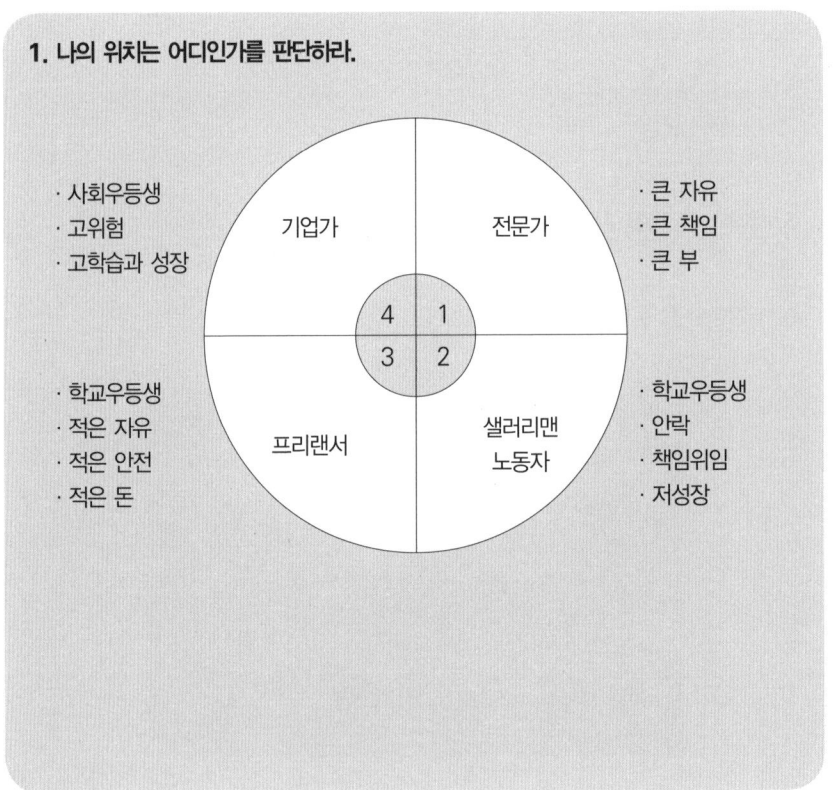

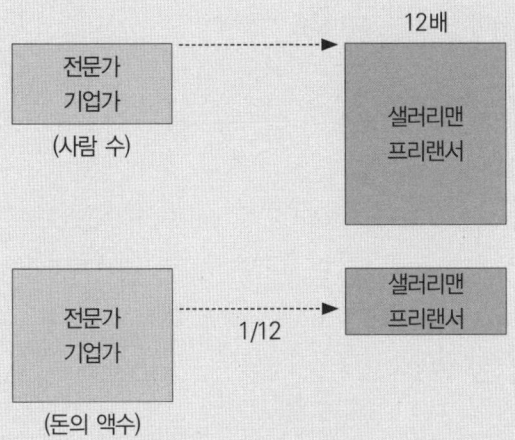

2. 이것이 현실임을 인정하자.

1 → 4분면으로 갈수록 감수할 위험과 필요한 지식은 커진다. 그러나 소득은 기하급수적으로 증가한다. 전문가에 이르면 위험도 적고 일하는 양도 적다. 그들은 여가를 즐기면서 최대의 풍요를 누린다. 왜냐하면 그들은 특허수입 등 고정 수입이 있기 때문이다. 목표에 맞춰 자신을 조정해야 성장할 수 있다. 이제 전문가로 포지셔닝(positioning)하자.

3. 삶을 새롭게 디자인하라.

1) 쳇바퀴를 돌고 있는 당신에게 조언한다.
당신은 어디에 속하는가? 자신을 '전문가'로 포지셔닝하라.
당장 실천하라.

2) 학교우등생이 아닌 사회우등생이 되라.
당신은 당신의 일을 사랑하는가?
아니면 당장 사표를 써라.

3) 성공으로 이끌어 줄 새로운 규칙들을 적용하라.

(1) '정의正義'라는 덫을 조심하라.
   진화에는 정의도 불의도 없다.
(2) 정보화시대의 새로운 룰을 적용하라.

규칙01) 한 번의 노동으로 여러 번 수익을 얻을 수 있는
       일을 개발하라(아이디어를 돈과 바꿔라).
규칙02) 내가 가진 가치를 판매할 수 있도록 하라.
       아이디어는 가치다.
규칙03) 시의적절(時宜適切)한 모델을 찾아라.
       즐길 수 있는 일을 가진 사람을 모델링하라.
규칙04) 스스로 틀을 부수고 '평생직장'을 마련하라.
       경력, 삶, 자신의 돈에 대하여 스스로 책임을 져라.
규칙05) 위험을 감수하고 이기기 위한 게임을 하라.
규칙06) 실수에서 배워라.
       실수는 내가 살아있다는 증거이며, 미래를 위한 투자다.
       에디슨은 1,000번 실패 후 단 한 번의 성공으로 그의 위대한 업적을 이루었다.
규칙07) 끊임없이 배우고 성장하라.
       배움을 놀이로 즐겨라.
규칙08) 자신에게 맞는 일을 새롭게 만들어 내라.
       과거 경력, 개선만으로 부족하다.
규칙09) 돈벌이는 일종의 게임이다.
       일을 게임으로, 놀이로, 휴가로 만들어라.
규칙10) 단점을 해소하는 노력 대신 장점을 키워라.
       최고소득으로 가는 길이다.
규칙11) 약점을 장점으로 바꾸어 놓아라.

규칙12) 일하고, 배우고, 포지셔닝 하는 것은 하나이다.

      우리의 인생은 한 편의 거대한 연극과 같다.
      다른 사람이나 혹은 상황이 우리에게 맡긴 역할을 할 것인가,
      아니면 우리 자신이 스스로 역할을 찾아서 할 것인가?

4. 즐겁지 않으면 성공이 아니다. 일은 '사랑'을 가시화시킨 것이다.

1) 할수록 즐겁다면 내게 맞는 분야이다. 이를 선택한다.
   가난한 사람들은 돈을 벌기 위해 일하지.
   중산층은 돈을 벌기 위해 더 열심히 일하지.
   부자들은 놀면서 돈이 자기들을 위해 일하게 한다네.

2) 짜릿한 재미와 재능을 느끼자.
   Flow(몰입)에 푹 빠지자.

5. 개미쳇바퀴에서 벗어나 이제 돈 좀 벌어봅시다.

1단계) 자기 일에 집중한다.

✓ 수입이 있는 생산 활동을 우선 시행하되 최선을 다한다.
✓ 일을 사랑하고 게임처럼 즐긴다.
✓ 집중하고 긴박감을 가진다.
✓ 책임지고 능력을 발휘한다.
✓ 그 후 실적을 가지고 임금인상을 요구한다.

2단계) 투자자가 되라(금전 제조기를 만들어라).

✓ 거위(자본)를 마련하여 황금알(이자와 투자수익)을 낳게 하라.
✓ 개미쳇바퀴는 우리가 적게 벌기 때문이 아니라 너무 많이 지출하고 너무 적게 투자하기 때문이다.
　투자는 절약을 통한 증식이다.

3단계) 전문가로 자신을 포지셔닝하라. 그 분야 1등이 돼라.

* 전문가란 전문지식과 경제적 약삭빠름의 조화능력을 가진 사람을 말한다.

원칙01) 나의 핵심능력을 파악하라. 사업보다 능력이 우선이다.
원칙02) 더 뛰어나기보다는 완전히 달라야 한다(독창성).
원칙03) 뛰어난 것만으로는 충분하지 않다. 비범해야 한다(비범성).
원칙04) 첫째가 돼라. 그것이 틈새일지라도. 앤드류 카네기는 말했다.
　　　'1등은 진주를 받지만 2등은 조개껍데기를 받을 뿐이다'라고.
원칙05) 1등이 될 수 없거든 새로운 포지셔닝 카테고리를 만들어 내라.
원칙06) 넓은 것보다는 뾰족한 것이 낫다.
　　　사업영역을 국한시켜라.
원칙07) 특별한 방식이 아니라 기본욕구를 겨냥하라.
원칙08) 타깃 그룹을 적게 선정하라.
원칙09) 다른 사람의 문제를 해결해줘라.
원칙10) 떠들어 대라. 책, 강연, 논문기고 등으로.
　　　작가(Autor)는 권위자(Autoritor)에서 유래했다.
원칙11) 내가 가격을 결정한다.

3. 《마스터키 Master-key》

1880년대 사환으로 시작해서 스스로 상당한 부를 쌓은 찰스 해넬(Charles Hannel, 1866~1949)의 《마스터키 Master-key》는 미국의 경제 대공황기에 많은 사람들에게 희망을 심어준 애독서로 최근의 많은 성공학 저술에 영향을 주었다.

그는 7일에 한 항목씩 습득하여 24주째인 168일이 경과되면 모든 것을 습득하도록 안배하였다.

발간된 지 오래된 책으로 필자가 판단할 때 일부는 현재의 과학적 발견과 다소 차이 나는 그 당시의 견해를 반영하고 있으나, 이를 감안하고 읽으면 거의 진리에 가까운 의견으로 판단되고 명확한 주별 안배는 성공에 목말라하는 독자들을 위해 반년 안에 진리를 습득하도록 배려한 저자의 배려가 돋보이는 역작이다. 여러 번 읽어보면 이미 습득한 지식을 내 것으로 만드는데 보약이 될 책이다. 그 내용을 요약 소개하면 다음과 같다.

〈첫 번째 7일〉 마스터키 시스템이 무엇인가?

✓ 마음은 창조적이고 마음가짐은 반드시 생각에 의존한다.
그러므로 모든 힘과 성취와 소유의 비결은 어떻게 생각하느냐에 달려 있다. 이것이 참인 이유는 먼저 우리가 어떤 '존재'가 되어야만 '행'할 수 있고, 그 존재의 역량만큼만 '행'할 수 있으며, 게다가 '존재'란 '생각'에 좌우되기 때문이다. 생각은 마음에서 일어나고 이는 내부세계를 지배하는 마음을 어떻게 다룰 것인가를 아는 것이 관건임을 알 수 있다.

✓ 외부세계는 내부세계의 그림자이다. 외부에 나타나는 현상은 이미 내부에 존재했던 것이다. 우리는 모든 것에 대한 무한한 공급원, 무한한 힘, 무한한 지혜를 내부세계에서 찾을 수 있다. 드러나고 계발되며 표현되기를 기다리는 공급원과 힘과 지혜를 말이다. 내부세계에서 이러한 잠재력들을 인식하면, 그것들은 외부세계에서 현실화되어 나타날 것이다.

✓ 모든 소유는 의식에 좌우된다.
언제나 이득은 모으려는 의식의 결과이고 손실은 흩뿌리려는 의식의 결과이다. 우리의 의식은 외부세계와 연결되어 있고 내부세계인 우주의식(우주의 마음)은 태양신경총(solar plexus)에 있는 잠재의식을 통로로 하여 연결된다. 내부세계는 원인이요, 외부세계는 결과이다.

✓ 결과를 바꾸려면 원인을 바꾸어야 한다.
마음의 기능을 이해하면 내 인생의 지배자가 되며 따라서 이것을 아는 것이 마스터키이다. 각 사람은 우주의 마음이 개별화된 존재이기 때문이다.

〈두 번째 7일〉 마음에 관한 기초지식

✓ 생각은 에너지이다. 능동적인 생각은 능동적 에너지이다.
집중된 생각은 집중된 에너지이다. 분명한 목적에 집중된 생각은 힘이 된다.

✓ 마음이 활동하는 2가지 방식은 의식과 잠재의식이다.
의식은 분별과 추론의 힘이 있으며, 의식은 의지(will)의 중심으로 잠재의식에 영향을 미친다.
잠재의식은 이전에 존재하던 의식의 결과인 본능적인 욕구이다.

✓ 의식이 습관화되면 잠재의식이 된다.

잠재의식은 증명과정에 참여하지 아니하므로 그것이 참인지 아닌지 여부는 따지지 않고 받아들인다.

따라서 의식이 깨어 있어야 어린아이나 무균실과 같은 잠재의식을 보호할 수 있다.

잠재의식은 직관으로 인식하며 우주의식과 연결된다.

잠재의식은 개체화된 우주의식이다. 잠재의식이 우주의식과 연결될 때 끌어당김의 법칙이 작동하여 마음은 그 대상과 저절로 연결되어 그것이 현실로 드러나게 한다(마음의 창조활동).

마음의 양태	의식	잠재의식 (개체화된 무의식+습관화된 의식)	무의식
정적상태	그림 그리기 전의 사상	백지 위에 그린 습관화된 의식	가능성의 장 백지상태 놀이터
동작상태 (생동심)	의식적 생각	직관적 생각	우주의식
인식의 대상	외부의식 (보이는 나)	외부의식과 내부의식의 매개자 (영혼)	내부의식(신)
역할	문지기	보물보관창고(대기실)	보물함(접견실)

〈세 번째 7일〉 당신의 심적 자원을 깨달아라.

✓ 태양신경총을 일깨우고 바라는 대상에 마음을 집중하라.

집중할 때 그것은 잠재의식에 각인되고 잠재의식은 우주의식과 교감하여 스스로 이를 이루어지게 할 것이다.

〈네 번째 7일〉 과정을 뒤집자. 결과에서 원인으로

✓ 나는 몸과 마음을 제어하고 명령하는 존재이다.

참 나는 우주의 부분이고 나의 생각은 우주심의 반영이다.

따라서 생각은 창조력을 갖는다.

✓ "나는 내가 뜻하는 사람이 될 수 있다."는 선언을 하라.
그리고 매일 이를 음미하라. 그러면 이루어지리라.
성서에 "너희가 하나님의 성전인 것과 하나님의 성령이 너희 안에 거하시는 것을 알지 못하느뇨?" 이것이야말로 내부세계가 지닌 놀라운 창조력의 비밀이다.

✓ 생각이란 영적인 에너지이며 생각은 진동의 법칙에 의하여 실행된다. 힘을 보다 강화하려면 베풀어라.
무한한 우주심은 항상 나의 내면에 있고 그릇을 비우는 양이 크면 클수록 그릇은 보다 큰 그릇으로 대체되고 보다 큰 양이 그릇에 채워진다. 이것이 풍요의 비밀이다.
부처님이 끊임없이 강조하신 '비우라'의 진정한 뜻이다.
우리가 운동을 할 경우 강도를 높이고 에너지를 더 소모하면 더 소모할수록 배출에너지의 양보다 더 많은 양의 에너지가 무한가능성(우주심)의 장에서 채워진다.
돈과 풍요(결과)를 원한다면 그의 원인을 찾아 그것을 구하라.

〈다섯 번째 7일〉 창조적인 마음

✓ 마음의 창조성을 이용하여 원하는 그림을 직접 그리고 그것을 이용하는 상황에 직접 들어가는 상상훈련을 하라.

〈여섯 번째 7일〉 사람의 뇌

✓ 우주의 마음이 외부로 나타나는 메커니즘 뇌의 집중력(flow)을 길러라.

〈일곱 번째 7일〉 전능한 힘 활용하기

1) 원하는 것을 이상화(idealization)하라.
우선 원하는 것의 밑그림인 설계도(plan)를 작성하라.

씨앗을 심기 전에 무엇을 수확할 것인지 결정하라.

2) 원하는 그림을 영상화(visualization)하라.
그림은 당신의 미래가 드러남에 있어 하나의 원형(pattern)으로 작용하게 될 틀(module)이다.
명확하고 사실적이면서도 아름답게 만들어라.
비용이나 물질의 제약에 구애받지 마라. 그림이 마음에 들 때까지 계속 수정 보완하라.
그리고 그 그림을 마음속에 굳게 간직하라.
그러면 당신은 '자신이 바라는 존재'가 될 수 있다.

3) 우리는 우주가 먼저 생각으로 존재한 뒤에 물질로 나타났다는 점을 이해하라.
'믿음은 바라는 것들의 실상이요, 보이지 않는 것들의 증거이다'라는 성경의 말씀이 이를 증명해주고 있다.

4) 그림에 진지한 소망을 담아라. 그러면 확신이 담긴 기대를 발생시킬 것이다.
그리고 다시 굳게 요청함(기도)으로 강화하라.
진지한 소망은 감정이고, 확신에 담긴 기대는 생각이고, 굳은 요청은 의지이다.
감정이 생각에 생명력을 주고 의지가 생각을 흔들리지 않게 하여 성장의 법칙에 따라 마침내 생각이 현실화될 것이다.

〈여덟 번째 7일〉 생각과 그 결과

✓ 긍정적 생각은 긍정적 결과를 가져오고 부정적 생각은 부정적 결과를 가져온다.

✓ 상상력을 키워라.
상상력은 생각과 경험의 새로운 세계로 들어가게 해주는 빛이다.

✓ 진리를 깨닫고 모든 생명과 자신이 연결되어 있다고 확언할 때, 눈이 맑아지고 발걸음에 탄력이 생기며 젊음의 활력이 솟음을 알게 된다.
모든 힘의 근원을 알게 되는 것이다.

〈아홉 번째 7일〉 자기암시와 마음

✓ 조건을 바꾸고 싶다면 바라는 조건을 마음속에 품어라.
이미 존재하는 사실이라고 자기암시를 하라.
성장의 법칙에 따라 자기암시는 잠재의식에 각인되고 이는 현실이 된다.

✓ 모든 사람이 바라는 궁극적 지향점은 행복이며, 최고의 성장과 완벽한 자기계발을 위해 필요한 것은 건강, 부, 사랑이다. 그럼에도 이를 성취하는 사람은 드물다.
그 이유는 우주의 마음이 무한한 공급원이라는 진리를 모르기 때문이다.
바라는 것이 무엇이든 구하라. 그러면 열릴 것이다.
영상화하여 상영하라. 그러면 영상화되는 대상의 혼에 다가갈 수 있다. 모든 성공은 목표로 하는 대상에 꾸준히 집중함으로써 이루어졌다.

✓ 우주마음은 만능열쇠, 즉 알라딘의 램프이다.
"나는 온전하고 완벽하고 튼튼하며 강하거니와 정답고 조화로우며 행복하다."라고 암시하라.
바람을 조력하는 강력한 수단은 베푸는 것이다. 이는 '뿌린 대로 거둘 것이다'라는 성경 말씀에 응집되어 있다.
사랑과 건강의 생각을 보내면, 마치 음덕을 쌓은 것처럼 우리에게 돌아올 것이다.

〈열 번째 7일〉 확실하고 분명한 원인

✓ 풍요는 우주의 자연법칙이다.

인과관계는 양극과 음극이 서로 연결되는가에 의존한다.

회로가 형성되어야만 한다.

우주는 생명이라는 건전지의 양극이고, 개인은 음극이며, 생각은 회로를 연결해준다. 양극성의 법칙을 이해하고 이를 실행하라. 그러면 끌어당김의 법칙이 작동하여 원하는 것을 실현시켜 줄 것이다.

〈열한 번째 7일〉 귀납추리와 의식

✓ "무엇이든지 기도하고 구하는 것은 받은 줄로 믿으라. 그리하면 너희에게 그대로 되리라."〈마가복음 11장 24절〉 우리는 먼저 원하는 바가 충족되었다고 믿어야 한다. 그러면 실현될 것이다.

이것은 특정한 소망이 이미 사실로 존재한다고 우주의 마음에 각인함으로써 생각의 창조력을 활용하는 간단한 지침이다.

우리는 절대적 차원에서 생각해야 하고, 조건이나 제약에 대해서는 아무 생각도 하지 말아야 한다. 씨앗을 심고 방해하지 않는다면, 씨앗은 마침내 바깥으로 자라나 열매를 맺게 될 것이다.

믿음은 그림자가 아니라 실상임을 기억하는 능력일 뿐이다. "믿음은 바라는 것들의 실상이요, 보지 못하는 것들의 증거니라."

〈열두 번째 7일〉 집중의 힘

✓ 마음의 힘을 원하는 특정한 생각에 모아야 한다.

곧 다른 생각은 배제한 채 그 생각에만 집중하여야 한다.

초점이 잘 맞을 때 영상이 또렷해지고 종이를 태울 수 있다.

✓ 생각을 모으려면 우선 자신에게 힘이 있음을 알아야 하고,

둘째로는 부딪히려는 용기가 있어야 하며,

셋째로는 실제로 행할 정도의 믿음이 있어야 한다.
생각을 그 대상과 연결해주고 그럼으로써 모든 고난을 이겨낼 동적인 힘을 주는 원칙이 끌어당김의 법칙이다. 끌어당김은 사랑의 본질이며 모든 만물을 형성하는 기본요소이다. 양자와 중성자는 상호 결합하여 원자핵을 만들고 원자핵은 전자를 끌어들여 원자를 형성하고, 원자들이 모여 분자를, 분자들이 모여 물질을 만든다.
사랑의 법칙이 원자, 세계와 우주, 더 나아가 상상가능한 모든 것을 현실화하는 창조력임을 알게 된다. 생각과 사랑이 더해져서 거부할 수 없는 힘, 곧 끌어당김의 법칙이 형성된다.

〈열세 번째 7일〉 꿈꾸는 자의 꿈

✓ 영혼의 과학은 과거에는 못 배운 사람, 미신 숭배자, 신비자들의 주제였으나 이제 우리는 생각이 영적인 과정이고, 영상과 상상이 먼저 있어야 행동과 사건이 온다는 것(꿈을 가진 사람의 날이 왔다는 것)을 알았다.

〈열네 번째 7일〉 생각의 창조력

✓ 온 우주를 전자가 채우고 있다. 전자는 음의 이온이다.
바로 음이 모든 생명의 원천임을 보여주는 것이다.
이는 모든 일은 보이지 않는 곳에서 진행된다는 생각이 옳음을 보여주는 것이고 우주의 근본은 보이지 않는 것(우주심)에 있음을 의미하는 것이다. 조화에 집중하라. 아주 깊이, 열심히.

* 과학은 이 우주공간에는 전자가 미립자의 형태로 무수히 스며있음을 밝혀냈다. 이는 우주의 마음이 처음으로 취한 형상이 전자라는 이야기이다. 전자에 방향성이 주어져 원자와 분자로 합해지기 전에는 영원히 전자상태로 머무는 데, 그 방향성을 주는 것이 마음이라는 사실이다. 이를 보여주는 증거로 관찰자효과를 들 수 있다.

신체는 원자를 기반으로 한 세포로 이루어져 있고 세포는 태어나고 재생하며 죽어서 흡수된다. 생명은 이 세포들의 지속적인 재생에 달려있다. 그러므로 신체의 모든 원자에도 마음이 있음이 명백하다. 이 마음은 (−)의 마음이다. 사람은 생각하는 힘이 있고 생각은 우주심에 근원을 두므로 그 생각은 (+)마음이며, 우주의 원리에 따라 (+)마음인 생각은 (−)마음인 세포의식(잠재의식)을 다스릴 수가 있는 것이다. 마음은 신체의 모든 세포에 들어 있으며, 이는 잠재의식이라고 불려왔다. 의식적인 자각 없이 활동하기 때문이다. 잠재의식은 의식의 의지에 반응한다는 점이 밝혀졌다. 모든 것은 마음에서 비롯되고, 겉으로 드러난 것은 생각의 결과이다. 그러므로 물질 자체에는 기원도, 항상성도, 실체도 없음을 알 수 있다. 생각에 의해 만들어지기도 하고 없어지기도 하기 때문이다.

〈열다섯 번째 7일〉 우리를 다스리는 법칙

✓ 모든 자연법칙은 우리를 이롭게 하는 방향으로 작용한다는 것이다. 성장의 법칙이 작용한다.
생각에 생명력이 있으려면 사랑이 깃들어야 한다.
생각이 처음으로 형태를 띠는 것은 말이다.
말은 생각의 첫 번째 표현이고, 생각이 이루어지는 틀이다.
말은 공기를 움직여서 소리(파동)의 형태로 다른 사람들 안에서 그 생각을 재생시킨다.

✓ 그러므로 우리가 바람직한 조건을 소원하면 오직 바람직한 생각만 받아들일 수 있다.
그렇기에 삶에서 풍요를 원한다면 오직 풍요만을 생각하라.
그리고 풍요에 대하여 말하라.
우주의 마음이 존재하는 목적은 형태를 만들기 위해서이고, 우리의 마음도 늘 우리의 생각을 형태로 표현하려고 노력한다.
말은 곧 생각이고, 따라서 주어진 대로 물질화되어 나타나게 될 보이지 않는 불굴의 힘이다.

이를 잠재의식에 새기려면 꾸준한 노력을 통해 습관화해야 한다. 이것이 실행의 가장 중요한 관건이다.

〈열여섯 번째 7일〉 영적인 깨우침을 얻자

✓ 물질적인 소유를 바란다면 그 결과를 나오게 할 마음가짐을 갖는 일이 주 관심사가 되어야 한다.

조화와 행복이 의식의 상태이지 물질의 소유에 좌우되는 것은 아니라는 중대한 사실을 깨달아라.

진리를 발견하면 이 '진리'가 우리를 모든 부족함이나 한계로부터 '자유롭게' 해줄 것이다(진리가 너희를 자유롭게 하리라).

원하는 결과를 얻으려면 영상화한 그림에 생명을 불어넣어야 한다. 오감을 활용하되, 심리학자들이 감각은 단 하나의 감각, 곧 느낌이라는 감각만 있고 다른 감각은 이 감각의 변형에 불과하다는 결론을 내렸다는 점을 참고하여 생각과 오감을 결합하되, 느낌을 느끼려고 노력하라.

〈열일곱 번째 7일〉 상징과 실재

✓ 원하는 바가 결정되고 영상화를 하였다면 이와 관련하여 의식적인 노력이나 행위를 하지 마라.

긴장을 완전히 풀고 결과에 대한 근심은 모두 잊어버리고 매일 명상하라.

힘은 평정에서 온다는 사실을 기억하라.

생각하는 대상에 집중하여 완전히 그것과 하나가 되라.

그것 이외에는 아무것도 의식 하지 마라.

마치 이미 실현된 것처럼 이상에 집중하라.

〈열여덟 번째 7일〉 끌어당김의 법칙

✓ 우주의 마음은 외부세계에 자신을 나타내는데, 그 방법은 원자들 사이에 존재하는 끌어당김의 법칙을 적용하는 것이다.
이 원리는 사물을 만든다.
이 원리는 어디에나 적용되는데 이것이야말로 우주심의 존재목적이 달성되는 유일한 수단이기도 하다.
성장은 이 원리의 도움을 받아서 가장 아름다운 방식으로 표현된다. 성장은 유사한 것의 상호작용에 의해서 이루어지는데 이는 마음의 진동이 그와 조화를 이루는 진동에만 반응함에 기인하는 것이다.

✓ 유유상종이다. 풍요로운 생각(내부의 풍요)이 현실의 풍요로움(외부의 풍요)을 끌어당기는 비결임이 밝혀졌다.
각 사람의 부는 그 사람이 본디 어떤 사람인가를 나타내는 것이다. 더욱 중요한 것은 우주심의 개체인 우리는 더 많은 것을 다른 사람(나와 동일한 우주심의 개체)에게 준다면 준 것보다 더 많은 것을 얻게 된다는 사실이다. 이것이 우주의 본질인 사랑이고 상대계의 본질이다. 상대가 없으면 내가 없는 것이다.

✓ 힘은 그것을 의식하는가에 좌우된다.
힘은 사용하지 않으면 없어질 테고, 의식하지 않으면 사용할 수 없다.
힘의 사용은 주의력에 좌우된다.
주의력의 동기는 관심이고 관심이 클수록 주의력이 집중되고 이는 힘을 끌어당긴다.

〈열아홉 번째 7일〉 마음의 양식

✓ 몸과 마음과 영혼의 세계에서 유일한 실체는 우주의 마음 또는 영원한 에너지이다. 여기에서 만물이 생성된다.

이 창조 원리와 우리는 생각을 통해서 연결되며 생각은 씨앗이 되어 행동으로 나타나고, 행동은 외형으로 나타난다.

외형은 진동수에 따라 형태와 종류를 달리하며 이는 우주와 교감을 통한 정신작용으로 진동수를 바꿀 수 있다.

〈스무 번째 7일〉 만물의 혼

✓ 물질적 부를 아무리 많이 가지고 있더라도 그것을 인식하지 못하고 사용하지 않으면 아무런 쓸모가 없는 것처럼, 영적인 힘을 소유하는 유일한 조건은 그것을 인식하고 사용하는 것이다.

위대한 일은 모두 인식을 통해 이루어진다.

최고의 힘은 인식이고, 생각은 그것을 전달하는 사자(使者)이며, 이 사자는 내부세계의 실상들(realities)을 쉼 없이 빚어내 외부세계의 상황과 환경으로 바꾸고 있다. 인생의 참된 사업은 생각하기이다.

✓ 힘은 그 결과이다.

우리는 항상 생각과 의식의 마법 같은 힘을 사용하고 있다.

당신은 우주의 마음이 활동할 통로이다.

우주의 마음은 각 사람을 통해서만 그의 뜻을 드러낼 수 있다. 우주의 본질이 당신 안에 있음을, 그리고 당신 자신임을 인식하기 시작할 때, 당신은 자신의 힘을 느끼기 시작할 것이다.

그 힘은 상상력에 불을 붙이는 연료가 되고, 영감의 횃불에 불을 밝히며, 생각에 활력을 주어 당신을 우주의 보이지 않는 모든 힘과 연결해 줄 것이다.

그러나 유의하라.

인식은 오직 고요함 속에서만 찾아온다는 것을!

고요함은 모든 원대한 목적의 필요조건인 듯싶다(고요함은 절대 계의 본질이다).

이때 '너희 안에 하늘나라가 있느니라.'의 의미를 깨닫게 된다.

✓ 어떤 사람은 의지의 힘으로 법칙을 지배할 수 있다고 생각하는 것 같다. 그것은 어떤 것의 씨앗을 심고 나서 의지력으로 그것과 다른 것이 열릴 수 있도록 할 수 있다고 믿는 것과 같다.

창조력의 근원은 개인이 아닌 우주의 것임을 명심하라.

지속적인 행복을 얻는 제일의 방법은 커다란 전체의 지속적인 움직임과 의식적으로 협력하는 것이다.

〈스물한 번째 7일〉 크게 생각하자.

✓ 힘의 진정한 비밀은 힘을 의식하는 데 있다.

우주의 마음에는 한계나 조건이 없다.

그러므로 우주의 마음과 일체감을 느낄수록 조건이나 한계에서 자유로워진다. 진정한 자유인이 되는 것이다.

이 힘을 의식하는 순간 우리는 전선에 전기가 흐르듯이 그 힘을 끌어당기기 시작하고 우리가 생각하는 대상은 물질세계에 창조되어 나타난다.

거장은 크게 생각한다.

마음의 창조에너지는 큰일이나 작은 일이나 똑같이 존재하기 때문이다.

인생의 진정한 싸움은 생각의 싸움이다.

영적인 법칙에 따라 기도하라.

〈스물두 번째 7일〉 영적인 씨앗

✓ 우리는 우주심의 영적인 씨앗인 영혼, 즉 개체화된 우주심이 진정한 우리라는 사실을 알았다. 그리고 이 세상은 모두 진동으로 되어 있으며, 우리의 몸도 진동으로 되어 있음을 알았다.

그런데 진동은 더 높은 진동수가 낮은 진동수를 지배하고, 바꾸고, 다스리고, 변화시키거나 파괴한다. 여기서 우리는 왜 존재계는 모두 하이어라키에 기반을 두는지 유추할 수 있다.

진동이 바뀌면 물질의 종류도 바뀐다. 마음의 진동수를 조정하면 몸의 진동수도 영향을 받는다. 이제 우리의 의학계도 육체중심의 서양의학에서 정신이나 마음 중심의 의학으로 변화해야 할 시점이 아니겠는가?

〈스물세 번째 7일〉 성공의 법칙은 봉사이다.

✓ 자연은 끊임없이 평형을 이루려고 애쓴다.
주고받음이 우주의 기본 원리이다.
하나가 빠져나가면 다른 하나가 보충되어야 한다.
그렇지 않으면 공백이 생기기 때문이다.
그러므로 성공하려면 봉사해야 한다.
가진 만큼 나누어 주라.
"주는 대로 받으리라.", "뿌린 대로 거두리라."는 이를 대변하는 구절이다.

〈스물네 번째 7일〉 연금술

✓ 고대 연금술사들은 물질에서 물질을 창조하려 했으나 모두 실패했다. 그 이유는 우주의 법칙에 따르지 않았기 때문이다.
즉 마음속의 금을 감정과 현실의 금으로 변성시키는 법을 몰랐기 때문이다.
소리의 진동수가 초당 16회 이상이면 귀에 들리기 시작하여 초당 진동수가 3,800회 이상이면 들을 수가 없다.
그러므로 우리는 소리가 우리 마음속에 있음을 알게 된다.
또 태양의 파장에 따라 색이 변하는데 이는 단지 우리 마음속에 존재할 뿐이며 우리가 느낀 감각은 광파의 변화 때문임을 알고 있다.
그러므로 진실을 알려면 보이는 것, 느껴지는 것 등 감각의 경험에 의존해서는 안 된다는 점이 명백해졌다.
그렇다면 모든 형이상학의 이론과 실제 전체는 '우리 자신과, 우리가 살아가는 세계에 대한 진리를 아는 것'으로 좁혀진다. 그러면 무엇이 진리인가?

진리는 바로 이 세상의 근원은 우주심이고 개별화된 우주심이 우리 각자의 영혼의 실체로서 생각이 영혼에 새겨질 때 모든 조건은 창조된다는 것이다.

모든 생각이 일종의 에너지이고 진동이지만, 진리에 대한 생각은 진동수가 가장 높아 어떤 종류의 거짓도 다 파괴한다.

마치 빛이 어둠을 없애듯이. 외부세계에서는 진리를 이해할 수 없다.

외부세계는 상대적이기 때문이다.

따라서 우리는 반드시 내부세계에서 진리를 찾아야 한다.

절대적인 진리는 '내'가 완벽하고 완전하다는 것이다.

참'나'는 영혼이고, 따라서 완벽하지 않을 수가 없다.

영혼에는 어떤 부족도, 한계도, 질병도 없다.

진리는 고양된 의식에서 나온다.

진리는 성격에 나타난다.

우리는 마음은 개별적이지 않음을 깨달아야 한다.

마음은 어디에나 존재한다. 마음은 보편적이다.

이제 결론을 내리겠다. 우주의 마음이 개체화된 것이 영혼이다. 영혼이 하는 활동은 생각하는 일이다. 따라서 생각은 창조하는 것이 분명하다. 영혼이 창조하기 때문이다. 이것이 진리요 마스터키이다.

4. 《마음만 먹으면 당신도 부자가 된다》

 목사이자 저술가인 조셉 머피는 많은 마음의 책을 써서 미국을 비롯한 세계 여러 나라에 많은 독자를 확보하고 있는 현대의 보기 드문 멘토이다. 그의 책은 대부분 마음의 기적에 대하여 이야기하고 있는데 여기서는 그의 책 《마음만 먹으면 당신도 부자가 된다》에서 가르치고 있는 삶의 지침에 대해서 요약 소개하면 다음과 같다.

1. 부와 행복을 위한 다섯 가지 열쇠

1) 좌절감을 극복하라.
모든 성공은 좌절의 건너편에 있음을 명심하라.

2) 거절에 대처하는 법을 배워라.
성공하는 사람은 'no'란 말을 듣고 그것을 격려로 받아들인다.
그리고 다음의 'yes'를 향해간다.

3) 돈에 휩쓸리지 않는 법을 배워라.
자신이 번 것의 10%는 그 자리에서 꺼내 남들에게 주어 버려라. 이것은 잠재의식에게 "세상에는 충분한 것 이상이 있노라."라고 선언하는 것이다.

4) 자만심에 대처하는 법을 배워라.
밥 딜런(Bob Dilon)은 이렇게 노래했다.
"태어나기 위해 애쓰지 않는 자는 곧 죽는다."

5) 항상 받으리라 기대하는 것보다 많이 주어라.

성공은 주는 것으로부터 시작된다.

왜냐하면 성공이란 열매는 그 씨앗을 땅에 뿌려 이를 키워서 그 땅으로부터 과일이 열리게 해야 얻을 수 있기 때문이다.

2. 최고의 성공공식

1) 목표 세우기 5원칙에 따라 목표를 세워라.

첫째, 원하는 목표를 긍정적인 언어로 작성한다.
둘째, 가능한 한 완료 기간을 명시하여 구체화한다.
셋째, 성공을 입증할 방법을 미리 만들어라.
넷째, 목표는 내가 통제할 수 있는 범위 내에 있는 것으로 하라.
다섯째, '성과가 사회적으로 건전하고 바람직해야 한다.'라는 5가지 원칙에 의한다.

2) 목표는 다음 12단계에 따라 세우라.

1단계: 먼저 꿈의 목록을 작성한다.
하고 싶은 것, 되고 싶은 것, 가지고 싶은 것, 나누고 싶은 것의 목록을 작성하라.

2단계: 꿈의 목록을 검토하고 그 결과를 언제 달성 가능한지 예상해본다.

3단계: 올해 가장 중요한 목표 4가지를 선택한다.

4단계: 목표 세우기 5원칙과 비교 검토한다.

5단계: 가지고 있는 나의 중요 능력이나 재산목록을 적어 본다. 예를 들자면, 나의 성격, 친구, 재정, 교육, 시간, 에너지, 힘 등을 적는다.

6단계: 목표달성을 위해서 나는 어떤 사람이 되어야 하는가를 적어본다.

7단계: 바라는 것을 이루는 데 방해가 되는 요소들을 적어 본다.

8단계: 이제 4개의 주요목표를 가지고 이를 달성하기 위한 단계별 계획의 초안을 만든다.

9단계: 본뜨기 모델을 생각해보자.
그들이 나의 계획에 줄 수 있는 충고를 생각해본다.

10단계: 이제 이상적인 하루를 창조하라.
어떤 사람들과 무엇을, 어떻게 하며 그 느낌은 어떠한지를 적어본다.

11단계: 마지막으로 완벽한 환경을 디자인하라.
어디에서 어떤 도구를 가지고 어떤 조력자의 조력을 얻어 목표를 완성할 것인가를 결정한다.

3) 상대방의 선택과 화법이 성공을 좌우한다.
아래 5가지 원칙을 지켜라.

첫째, 구체적으로 말하라.
내가 원하는 것은 무엇인가?
무엇이 목적인가?
나는 무엇을 위해 여기 있나?
나는 너에 대해 무엇을 원하나?
나는 나 자신에 대해 무엇을 원하나?

둘째, 도와줄 수 있는 사람에게 구하라.

셋째, 도움을 구하는 사람을 내가 먼저 돕는다.

넷째, 일관된 믿음으로 구하라.

다섯째, 원하는 것을 얻을 때까지 구하라.

4) 상대방을 미러링(Mirroring)하라.
즉, 상대방의 세계로 들어가라.
그러면 대화를 주도할 수 있다.
미러링의 3가지 방법을 제시하니 시행해보기 바란다.

첫째, 상대를 이해하고 그를 흉내 내라.
상대방의 자세, 목소리 톤, 호흡, 자주 쓰는 말, 태도,
제스처 등을 따라 하거나 흉내 낸다(pacing).
그런 다음 리딩(Leading)하라.

둘째, 공통점이 친밀감을 만든다.
공통점을 찾아내라.

셋째, 상대방의 심리구조가 무엇인지를 파악하여 미러링한다.
심리구조는 시각적, 청각적, 신체감각적인 면을 고려한다.

5. 《Unlimited Power》

자신의 신체적 장애와 고등학교 졸업이라는 약점을 극복하고 미국의 유명한 NLP교육가 겸 성공학 강연가가 된 안서니 라빈스(An-thony Rabins, 나중에 토니 라빈스로 개명함)는 베스트셀러가 된 그의 책 《Unlimited Power》에서 성공의 조건을 제시한다. 그의 강연에는 한 번에 수만 명이 운집할 정도로 엄청난 호응을 얻고 있으며 아메리칸 드림의 한 징표역할을 하고 있다. 그 내용을 요약 소개하면 아래와 같다.

1. 당신 속의 무한한 보고

✓ 마음의 법칙을 사용하여 풍부한 인생으로 당신을 인도하는 데 필요한 모든 것을 당신 속에 있는 무한한 보고로부터 끌어내라. 당신은 풍족하게 살도록 태어났다.
그러므로 충족되고 행복한 인생을 보내야만 한다.
신은 당신이 행복해질 것을 바라고 있다.
모든 일은 인과법칙에 따라 일어난다. 신의 부를 믿으라.
그러면 당신은 그 부를 받게 된다. 당신이 그것을 믿으면 그것은 당신에게 오게 된다.
신이 하는 일은 모두 성공한다. 당신은 신과 한 몸이다.
따라서 당신은 실패하는 일이 없다.
당신은 승리를 얻기 위해서 태어났기 때문이다.

✓ 모든 부는 마음속에 있다.
부나 빈곤을 결정하는 것, 그것은 당신의 마음의 태도이다. 부를 생각하면 부를 끌어들인다. 당신 속에 있는 무한한 보고에 맞닿는 놀라운 방법은 "신은 지금 내가 필요로 하는 모든 것을 보충해준다."고 생각하는 것이다.

"무한한 부가 나의 생활을 충분하게 채워준다. 하늘의 부에는 언제나 남음이 있다."고 확신하고 이를 습관화하라.

그러면 마침내 놀라운 일이 일어난다.

끌어당김의 법칙은 당신이 원하는 것을 끌어들인다.

생각하는 것이 곧 세계를 지배한다.

2. 부를 언제나 당신 곁에

✓ 신은 당신 자신과 다른 사람 모두에게 깃들어 있다.

그러므로 무한한 부는 당신과 이웃에게 모두 가까이 있는 것이다.

마음속에 있는 결핍, 한계, 구속 등 부정적 마음을 버리고 무한한 풍요의식으로 채워라.

그리고 다른 사람의 부와 번영을 기원하라.

이것이 부에 이르는 첫걸음이다.

3. 지혜가 부를 낳는다.

✓ 당신에게는 인생의 모든 문제와 장애와 곤란과 싸워 이길 수 있는 보이지 않는 힘이 갖추어져 있다.

지혜는 닫혀져 있는 문을 연다.

내적인 인도를 신뢰하라.

그러면 당신의 기도에 따라서 신기한 일이 일어난다.

4. 잠재의식과 협력하자.

✓ 잠재의식 속의 무한한 예지가 지성과 일치하고 조화될 때 당신이 하는 모든 일은 놀라운 결과를 얻게 될 것이다.

5. 부를 마음속으로 그려라.

✓ 생명의 진실한 부는 당신의 잠재의식의 깊은 곳에 있다.

귀중한 창고는 당신 안에 있으며, 거기로부터 엄청난 부를 목적에 맞는 올바른 간절함으로 끄집어낼 수 있다.

당신의 잠재의식에 사랑, 확신, 올바른 행동과 모범, 부, 편안함, 좋은 감정 등을 새겨 넣어라.

그러면 잠재의식은 사랑과 확신을 주며 종국에는 해답을 줄 것이다.

당신이 생각하는 것을 당신은 창조하게 된다.

이것이 당신 속의 금광으로부터 보배로운 재물을 찾아내는 방법이다.

6. 부유한 사람은 점점 더 부유해진다.

✓ 부유한 사람은 신의 무한한 부의 근원을 이해하고, 기쁨을 가지고 부를 기대하므로 그것을 받아들일 준비가 되어 있기 때문에 돈은 사방에서 그에게 흘러들어 오는 것이다.

경쟁관념은 당신의 공급에 한계를 초래한다.

제작자가 되고 협찬자가 되라.

다른 사람의 행복을 넉넉한 마음으로 축복하라.

동료의 성공을 축복하라.

그리고 잠재의식의 은행이 당신 옆에 있어 간구하면 언제든지 필요한 것을 준다는 것을 잊지 마라.

7. 당신이 부를 창조한다.

✓ 당신이 바라는 것을 분명한 형태로 그림 그리고 생각하라.

그리고 당신이 그곳으로 들어가 손으로 만져보고 감촉을 느껴 보라. 그러면 그것은 당신의 것이 된다. 기쁨, 성공, 부를 항상 노래하고 마음속에 새겨두라. 신은 당신이 한층 풍부한 삶을 살 것을 바라고 있다. 신은 기쁨에 넘쳐 있어 어두운 곳이 없다.

8. 모든 비즈니스는 신의 비즈니스다.

✓ 모든 비즈니스는 신의 영광을 위하여 즐겁고 기쁘게 행하라. 당신의 오늘의 경험은 어제가 원인이 된 것이 아니고, 당신의 현재 사고가 밖으로 나타나 있는 결과이다.

9. 증대(성장)의 법칙을 활용하라.

✓ 성장은 신의 충동이다.
성장하는 명확한 상상의 그림을 당신의 마음에 심으라.
당신 자신은 물론 다른 사람의 성장까지도.
다른 사람을 비난하지 마라. 그리고 다음과 같이 반복하라. "나는 점점 더 풍부해진다. 나는 다른 사람들을 풍족하게 한다. 그리고 모든 사람들에게 행복을 안겨 준다."

10. 상상력이 이 세계를 지배한다.

✓ 마음에 소망의 영화를 상영하고, 그 완성을 상상하라. 당신의 잠재의식이 그것을 달성한다. 사람이란 '나는 이렇다'라고 스스로 마음에 그리고 있는 바로 그것이다.
훌륭하고 고귀한 것을 마음에 그리고, 그것을 느껴라.
그러면 하늘의 온갖 부가 당신에게 딸려 오게 될 것이다.
아울러 타인이 성공하고, 행복하고, 풍부해서 기쁨에 넘쳐있는 장면을 상상하라. 이것은 당신 자신이 부를 얻는 틀림없는 방법이다.

11. 자기고양과 부

✓ 자기의 소망을 높이고 진리를 추구하며 자기 자신을 사랑하라. 향상하는 사람이 되

라. 그것은 잠재의식을 고양시키고 깨워 지혜를 주는데 특효이다.

12. 고마워하는 마음이 부를 가져다준다.

✓ 모든 것에 감사하라.
감사는 당신에게 무한한 존재와의 조화를 이루게 하고 당신을 우주의 창조력과 결합시켜 준다. 그리고 당신은 무한한 은혜를 끌어당기는 정신적 자석이 된다.

13. 말의 신기한 힘

✓ 자기가 하는 말에 감정을 깃들게 하라.
생명과 의미를 쏟아 넣으라.
그러면 당신의 소망은 현실의 세계에 경험과 사건이 되어 실현될 것이다. "나의 말은 나의 비즈니스 및 나와 관계를 가진 모든 사람들에게 생명의 불을 붙게 하고, 그들에게 활기를 주고, 그들을 번영으로 이끌고, 그들에게 만족을 준다."고 반복하라.

14. 정적(묵상)과 부

✓ 조용히 묵상하라. 이것이 잠재의식과의 연결하는 길이다.

6. 《부와 행복의 법칙》

혼다 켄은 멘토를 만나 60일간 머니레슨을 받고 풍요로운 삶을 살게 되는 스토리인 《부와 행복의 법칙》에서 멘토의 조언을 전하고 있다. 돈에 대한 시각을 바꿔야 부와 행복을 얻을 수 있음을 이야기하고 있는 책으로 참고하면 큰 도움을 얻을 것이다. 그 내용을 요약 소개하면 다음과 같다.

1. 나는 자유로워질 가치가 있다.

돈으로부터의 노예해방을 선언하라.
노예해방 선언은 다음과 같이 하면 된다. "나는 앞으로 살아가면서 부유할 때든 가난할 때든 경제 상태와 관계없이 나를 돈의 노예상태로부터 해방시킬 것을 맹세한다."

2. 돈에 대한 자신의 가치관을 검증하라.

부자가 못 되는 이유는,
1) 돈에 대해 진지하게 생각해본 적이 없다.
2) 돈에 대한 가르침을 받아본 적이 없다.
3) 부자가 되기 위한 지식과 습관이 없다.
4) 자신이 부자가 될 수 있다고 생각하지 않는다.
5) 부자로 이끄는 좋은 스승, 코치, 친구가 없다.
당신은 어떠한가?

3. 돈을 버는 목표부터 정하라.

4. 돈에 대한 습관을 바꾸어라.

부자들은 자신의 습관이 어떠한지를 잘 알아 그것은 변화시키고 개혁하려 한다. 돈보다 금전감각이 중요하다.

5. 부자들의 삶의 방식을 배워라.

1) 돈의 흐름을 읽어라.
2) 돈 그릇을 크게 만들어라.
3) 부를 끌어들이는 4가지 원칙을 지킨다.
자신이 좋아하는 일을 한다. / 부를 축적한다. /돈의 흐름을 만든다. / 만나는 모든 사람을 자기편으로 만든다.

4) 행복한 백만장자가 되기 위한 5가지 조건을 명심한다.
호기심 / 열정 / 사랑 / 우정 / 신뢰

5) 돈과 파트너가 되라.

6) 다른 사람과 부를 나누어라.

6. 돈의 IQ와 EQ를 높여라.

〈돈의 IQ를 높이는 8가지 비결〉
돈의 흐름을 이해하라. / 돈을 벌 수 있는 수입원을 확보하라./ 수입의 경로를 늘려라/수입을 늘려라. /돈을 버는 시스템을 만들어라. / 다른 사람을 풍요롭게 만들어라. / 시대의 흐름을 정확하게 읽어라. / 세무나 법률지식을 갖추어라.

〈돈의 EQ를 높이는 8가지 비결〉
받아들여라. / 진심으로 즐겨라. / 감사하라. / 사람들을 기쁘게 해주어라. / 인생의 큰 흐름에 몸을 맡겨라. / 주변 사람을 신뢰하라. / 나누어 가져라. / 만족감을 주어라.

7. 부자들의 돈 관리법을 파악하라.
ex) 부동산, 채권, 주식, 현금흐름 관리 방법

8. 인생을 풍요롭게 하는 지혜를 터득하라.
스스로 동기를 부여하라. / 이대로 가면 미래는 어떤 모습인지 상상하라. / 존경하는 사람을 상상하라. /자신이 원하는 미래의 모습을 상상하라. / 인생을 바꾸기 위한 모든 방안을 생각하라./ 지금 당장 실천할 수 있는 행동강령을 만들어라.

◆ **백만장자의 6가지 습관**
자신의 일에 최선을 다한다. / 부자와 사귄다. / 최선을 다한다./ 좋아하는 일로 성공한다. / 장기적인 비전을 갖고 있다. / 일을 잘 분배한다.

9. 5개의 계좌를 만들어라.

백만장자 계좌 / 일상 계좌 / 자기 투자 계좌 /선물 계좌 / 투자 계좌

10. 비즈니스의 모든 것을 마스터하라.

1) 시련을 겪은 사람이 성공한다.
2) 돈의 흐름을 만들어라.
3) 계획대로 진행되지 않는다고 실패한 것은 아니다.
4) 다른 사람에게 기쁨을 주어라.
5) 많은 고객을 확보하라.

6) 돈의 흐름을 창조하라.

7) 관련된 모든 사람들이 행복해질 수 있는 구조를 만들어라.

8) 반복과 순환의 구조를 만들어라.

9) 고객에게 감동과 만족을 주어라.

11. 행복한 파트너십이 돈을 부른다.

1) 백만장자는 자신을 지지하는 파트너가 있다.

2) 사랑도 파트너십이 필요하다.

3) 마스터 마인드(여러 사람의 마음을 합친 상태)가 기적을 일으킨다.

12. 행복한 부자의 인생을 설계하라.

1) 돈은 에너지다. 돈의 흐름을 막는 5가지 감정을 없애라.

✓ 걱정, 죄책감, 원망, 오만함, 부정적인 감정을 없애라.

✓ 그리고 금전 운을 향상시키는 5가지 비결(긍정적 마음, 좋은 마무리, 자신이 가진 것을 나누어라, 운이 좋은 사람과 교제하라, 인생을 마음껏 즐겨라)을 따르라.

2) 감사하는 마음이 부를 부른다.

3) 나눔이 풍요로운 인생을 만든다.

제5장

행운을 이끌어준 가르침

1. 《You have a Key of Fate》

위에서 소개한 나폴레온 힐(Napoleon Hill)은 그의 또 다른 책 《You have a Key of Fate》에서 자기 실천의지를 강화하기 위해서 일기를 쓰면 당신이 운을 지어낼 수 있다고 말하면서 그 전략을 제시하고 있다. 그 내용을 요약 소개하면 다음과 같다.

1. 다음의 12가지 풍요로움의 마음자세를 가져라.

첫째, 적극적인 마음가짐이 가장 중요하다.
둘째, 건강한 몸은 성공에 필요조건이다.
셋째, 조화로운 인간관계는 풍요로움 그 자체다.
넷째, 두려움과 근심, 걱정에서 해방되자.
다섯째, 목표달성에 대한 희망을 가져라.
여섯째, 신념을 가져라.

일곱째, 자신의 혜택을 다른 사람과 나누겠다는 기분을 가져라.

여덟째, 모든 것에 애정을 갖도록 노력하라.

아홉째, 모든 대상에 편견을 갖지 마라.

열 번째, 자기운명을 제어하고 자기영혼을 지배하도록 자기훈련을 하라.

열한 번째, 인간을 이해하려고 노력하라.

열두 번째, 경제적인 안정을 이루었음에 감사하라.

2. 성공전략 세우기

1) 명확한 목표를 세워라.
✓ 명확한 목표를 가지고 행동하는 사람에게는 신기한 일이 일어난다.
✓ 세상은 그러한 사람을 위해서 길을 열어주고 목표를 달성하도록 도와준다.
✓ 목표를 명확화하려면 그 목표를 종이에 기록하고 서명하라. 그리고 머리맡에 붙여놓고 매일 한 번씩 소리 내어 말하라.
✓ 상위목표에는 반드시 하위목표가 있기 마련이다.
이를 기록하고 하루하루 달성과정을 음미한다.
✓ 이 계획들은 나만의 비밀로 간직한다.

2) 조금만 '더' 하는 습관을 길러라.
더 많이 주면 더 많이 얻는다는 점을 명심하라.

3) 사랑을 주라. 적극적인 마음을 가져라

4) 타인의 경험, 훈련, 교육, 전문지식, 타고난 뇌력을 마치 자신의 것처럼 만들어라. 이것이 Master Mind이다.

5) 신념의 힘을 활용하라.

✓ 성공한 사람은 보통 '운에 강한 사람'이라고들 한다. 행운이 그들과 함께하는 것은 분명하다. 그러나 조금만 주의 깊게 살펴보면, 그들의 행운은 외부에서 주어진 것이 아니라, 자신의 내부에서 비롯되었다는 사실을 알게 된다.
✓ 마음속에서 나오는 비밀의 힘이 적극적인 마음가짐을 통해 신념의 길로 나아간 것이다.

6) 협력자를 찾아라. 그러면 시너지효과를 얻을 수 있다.

7) 대자연의 법칙을 활용하라.

✓ 자아와 자신을 바르게 연결시킬 수 있는 사람은 원하는 만큼의 성공을 손에 넣을 수 있다.
성공은 성공을 부르는 것이다.
대자연은 시간과 공간, 에너지, 물질, 지성으로 구성되어 있다.
✓ 이들 간에 적용되는 법칙을 활용하라.
대자연의 풍요로움을 내 마음으로 끌어오면 대자연의 법칙에 따라 생각은 물질화되고 부는 자연적으로 끌려 올 것이다.

8) 성공의 열쇠를 손에 쥐는 노하우(know-how)는 다음과 같다.
첫째, 내가 내 운명을 결정한다. 내 영혼이 나의 지휘자라는 마음을 가져라.
둘째, 목표를 명확화하고, 신념을 가지고 자기훈련을 지속하라.

2. 《운, 인생을 지배하는 보이지 않는 힘》

랜덜 피츠제럴드는 그의 책《운, 인생을 지배하는 보이지 않는 힘》에서 운에 대하여 우연히 일어나는 것이 아니며 철저히 준비된 자에게만 운도 따른다는 점을 가르쳐주고 있는데 이를 요약 소개하면 다음과 같다.

1. 우연이란 있는가?

✓ 요한 프레드릭 폰 쉘러(1759~1805)는 "우연이란 없다. 우리는 우리가 처한 주변 상황을 우연한 것으로 받아들이지만 사실 그 상황은 그럴 만한 충분한 까닭을 지니고 있다."고 말한다.
우연이란 사건도 운처럼 우리가 의식과 무의식을 통해 그 '사건의 지평'을 되돌아보고 검토하면서 운과 우연을 추구한다면 그것들은 우리 각자에게 독특한 의미를 갖는 양상으로 되풀이되는 것이다.

✓ 우리는 행운을 불러들이기 위하여 미리 상을 차려 놓아야 한다. 멋진 파티를 열자면 방 안의 불을 밝히고 식탁과 의자, 멋진 음식들을 준비하여야 하듯이 행운을 맞이하기 위한 준비를 하여야 한다.
인생이라는 방을 깨끗이 정돈하고 모든 것이 가지런히 준비가 되어야 멋진 일이 일어날 수 있는 것이다.

✓ "우연한 사건 또는 뜻밖의 일을 우리는 기적이라고도 부른다. 우연한 일의 동시 발생성(Synchronicities)은 우리로 하여금 세상은 각자의 경험과 행동이, 다른 사람들의 경험 그리고 행동과 연관되어 있는 하나의 통일장이라는 견해를 가질 수밖에 없게 한다."라고 로버트 홉크는 그의 저서《우연은 없다》에서 피력하였다.

2. 우연한 사건들은 조정할 수 있을까?

✓ 결론은 "yes."이다.

✓ 동시 발생성은 사람의 삶에서 어떤 전환점의 시기, 예로서 출생, 사망, 연애, 직업의 전환, 일에의 몰두 같은 때처럼 내적의 변화상태가 매우 클 때 외부에 반향을 일으켜 정신적 에너지와 우주의 에너지가 충돌하여 나타나는 현상이라고 볼 수 있다.

✓ 양자물리학자들은 한번 접촉한 적이 있는 양자나 전자 같은 소립자들은 마치 텔레파시를 통해 교신이라도 하는 듯 계속 교류하는 것처럼 보이는 것을 발견하고는 놀라움을 감추지 못하였다.
이를 우주물리학에 적용하면, 한번 접촉한 소립자들은 거리상으로 수백 광년 떨어진 위치에 있거나 지구 시간으로 수천 년 떨어져 있더라도 서로가 계속해서 영향을 주고받을 수 있다는 것이다.

✓ 이러한 점을 이용하면 인간이 주도적으로 동시발생성 우연이 일어나게 할 수 있다.
즉, 우리의 무의식을 조정하여 이를 의식화함으로써 우리의 삶 속에서 우연한 사건들이 일어나도록 하는 것이다. 즉, 믿음체계를 바꾸어 우주와의 교감을 활성화시킴으로써 기적을 생성할 수 있는 것이다.

✓ 우리가 삶 속에서 결과적으로 꼭 일어나고야 말 우연이나 동시발생성의 낌새를 알아챌 경우 우리는 행운이라는 복을 받을 가능성을 높일 수 있다.
즉, 우리에게 행운을 가져다주는 것은 동시 발생성으로 일어난 사건 자체가 아니라 그런 사건을 대하는 우리 자세에 달렸다는 것이다.
우리가 모든 것을 통제할 수 있다는 생각을 버리고 제 발로 찾아오는 좋은 징조를 받아들인다면 우리에게 달려드는 복을 두 팔을 벌려 끌어안게 된다.
운이 좋은 사람은 우연과 그 우연의 의미에 주의를 기울인다.

3. 직관은 성공에 어떠한 영향을 주는가?

✓ 물리학, 화학, 의학 분야에서 노벨상을 수상한 83명을 조사 연구한 바에 의하면 그 중 73명이 자신들의 업적은 '직관'에 힘입었다고 이야기하고 있다.

그 유명한 에디슨, 앨버트 아인슈타인도 모두 직관이 가장 어려울 때 그 해답을 주었다고 이야기하고 있다.

암웨이 주식회사의 설립자인 리차드 드보스는 "우리 회사에서 정상에 도달하는 친구들은 직관에 따라 움직이는 소수에 불과합니다."라고 이야기하고 있다.

✓ 성공한 사람들의 특징을 살펴보면 그들이 의식하든 의식하지 않든 신체적인 느낌에 주의를 기울이거나 내면의 소리에 귀를 기울인다는 것이다.

4. 직관이란 무엇인가?

✓ 직관이란 망상이나 강박 관념과는 전혀 다르다.

많은 사람들이 도박이나 투기성 주식투자를 하면서, 그 결과를 자신의 의지로 통제할 수 있다고 생각하며, 그렇게 할 경우 우리의 열망과 탐욕은 존재하지도 않는 규칙이나 양상이 있다고 믿고 그런 것을 찾게 만든다.

그러면서 생각과 달리 일이 꼬이면 "아니야, 이건 내 직관에 따라 한 일이야. 잘되게 되어 있어."라고 스스로를 위로한다. 그러다 완전히 빈털터리가 되면 그때서야 탐욕의 노예가 된 자신을 탓하며 후회하게 된다.

이미 물은 엎질러져 있는 데 말이다.

자! 우리는 직관의 속삭임과 탐욕이 질러대는 아우성을 구별하는 능력을 키우자.

5. 운이 좋은 사람들에게서 찾을 수 있는 공통점

첫째, 운이 좋은 사람들은 자신들이 소망하는 것 또는 강박관념과 직관을 분간할 줄 안다.

둘째, 운이 좋은 사람들은 직관의 소리를 듣기 위해 자신의 의지로 내면의 다른 소리들을 억누를 줄 안다.

셋째, 운이 좋은 사람들은 직관의 소리가 들려오기 전에 나타나는 신체적 현상에 주의를 기울인다.

넷째, 운이 좋은 사람들은 이성이 아닌 직관을 통해 동시발생성 우연의 의미를 해석한다.

다섯째, 운이 좋은 사람들은 직관의 소리가 터무니없는 소리처럼 들려도 그에 따라 행동한다.

여섯째, 운이 좋은 사람들은 생각을 가라앉히고, 적극적인 태도를 지니고, 마음의 평정과 유쾌한 기분을 유지하고, 모든 일이 잘될 거라는 자신감을 갖는다.

일곱째, 운이 좋은 사람은 오래 지녀온 가치관이나 자아에 맹목적으로 집착하지 않고 심령적 체험에서 얻은 교훈을 인정하고 받아들인다.

여덟째, 운이 좋은 사람들은 무아지경에 빠져들 줄 알며, 무아지경이 찾아오는 것을 몸이나 기분으로 느낄 수 있다.

아홉째, 운이 좋은 사람은 〈사람의 생각이 곧 그 사람이다〉라는 것을 깨닫고 있다. 따라서 그들은 항상 의식적이며 조심스럽게 적극적인 사고방식을 기른다.

열째, 운이 좋은 사람들은 스스로 조성하는 환경이나 조건 속에 운이 이끌려 들어온다는 것을 알고 있다.

열한째, 운이 좋은 사람은 기꺼이 새로운 경험을 하려고 하며, 변화를 두려워하지 않는다.

이는 변화는 기회이기 때문이다.

열두째, 운이 좋은 사람은 타인들과 친밀한 관계를 맺는 소질이 있다.

열셋째, 운이 좋은 사람은 대체로 낙천적이다.

그래서 작은 행복도 소중히 여기는 행복주의자다.

3. 《행운의 법칙》

허트포드셔대학교 심리학 교수 리차드 와이즈먼의 2003년 작 《행운의 법칙》에는 다음과 같이 성공하는 사람에게는 행운이 작용한다고 한다. 그런데 그 행운은 우연히 오는 것이 아니라 철저히 준비된 자에게만 찾아오는 것이라고 강조하고 있다. 맞는 말이다. 실력과 행동력을 갖춘 사람에게는 종종 운 좋은 일이 일어난다. 독자도 마음만 바꾸면 운 좋은 사람이 될 수 있다. 그 내용을 요약 소개하면 다음과 같다.

1. 운이 좋은 사람들이 지키는 원칙

하나. 운이 좋은 사람들은 가급적 주위의 많은 사람들과 밀접한 관계를 맺고 편한 마음으로 살며 새로운 것들에 마음을 열고 있어 행운의 기회를 눈치채기도 하고, 그런 기회를 만들기도 한다.

둘째. 운이 좋은 사람들은 명상이나 정신 통일 등으로 직관의 소리를 듣고, 보다 효율적인 의사 결정을 내린다.

셋째. 운이 좋은 사람들은 실패에도 불구하고 끈기 있게 추구한다. 다른 사람과의 교류를 통해 긍정적인 결과를 얻어내고, 행운을 바람으로써 행운이 찾아오게 한다.

넷째. 운이 좋은 사람들은 불행한 일을 당해도 거기에 사로잡히는 대신 그만하길 다행이라고 생각함으로써 연속되는 불운도 행운으로 바꾼다.

2. 표본조사를 통한 원칙의 타당성 분석

✓ 위의 네 가지 원칙을 교육시킨 후 스스로 운이 좋다는 집단과 스스로 불운하다는 집단으로 나누어 한 달간 생활해보기 실험을 한 결과 그 결과는 참으로 극적이었다.

대상자들 가운데 80%가 행복한 삶을 영위하고 있었으며, 운이 좋았다고 생각한 사람들은 보다 더 운이 좋은 사람들이 되었고 불운했던 사람들은 운이 좋은 사람들이 되었다.

✓ 심리학적 연구결과에 따르면, 보통 때 생각을 하면서 마음속에 심상을 그려보는 습관이 있는 사람들이 주사위 던지기를 잘하는 데 그 이유는 그들이 주사위를 던지면서 원하는 눈들을 마음속에 그려보기 때문이라고 한다.

3. 행운은 스스로 창조할 수 있는가?

✓ 행운을 주도적으로 창조할 수 있다는 것이 여러 시험결과 밝혀졌다. 위 표본조사의 결과도 '그렇다.'에 힘을 실어준다.
그러나 행운은 아무 노력 없이 찾아오는 것이 아니다.
행운은 더 열심히 준비된 자에게만 찾아오는 선물이다.
설혹 우연히 행운이 찾아왔다 하더라도 그것이 주는 의미를 몰라 자신과 주변 사람을 모두 망치는 경우가 허다하다.
일례로 로또복권과 같은 우연에 의해 갑자기 거액이 생기면 그 돈을 어떻게 사용할지 몰라 마약, 도박 등 사행성 투기에 몰입하거나 주변의 불량한 사람들에게 돈을 빼앗기고 살해당하는 등 불행이 계속된다는 것이 연구결과 증명되고 있다.

✓ 세계의 고액 복권 당첨 후 10년이 지난 사람들의 삶을 파악해본 결과 아직도 부자로 행복하게 사는 사람은 거의 없고 대부분 자신과 주변을 망치고 근근이 살아가거나 자살을 선택한 사람이 많음이 밝혀졌다. 이 사실은 행운도 종류가 있고 노력에 의해 찾

아온 행운이야말로 진정한 행운이라는 것을 보여주는 것이다.

✓ 시각과 청각장애를 극복하고 인간 영혼의 횃불이 된 진정한 위인 헬렌 켈러는 "운의 한쪽 문이 닫힐 때 다른 한쪽 문이 열린다. 그러나 우리는 닫힌 문만 쳐다보며 안타까워하기 때문에 다른 쪽 문이 열려 있는 것을 알지 못한다."라고 설파하였다.

✓ 끌어당김의 법칙, 즉 만유인력의 법칙은 우리에게 이렇게 말한다. 돈을 벌려거든 먼저 행복한 사람이 되라.
그러면 이제 돈이 찾아올 수 있는 준비 상태가 된다.
그 다음은 믿고 기다리기만 하면 된다.
우리는 돈이든 사랑이든 충분히 받지 못하고 있다고 생각될 때 오히려 그것을 베풀 줄 알아야 한다.

4. 행운을 찾아오게 하려면 감성을 길러라.

✓ 행운을 나에게 찾아오게 하려면 오감의 능력을 길러야 한다.
즉 정서함양을 하여야 한다.
정서(情緒, Emotion)란 여러 감정(affect)들을 포괄하는 상위 개념으로서 비교적 강하게 단기간 동안 계속되는 감정 또는 동기 중 가장 영향력 있는 동기를 의미한다.
감정은 보통 칠정이라고 일컫는 희노애락애오욕(喜怒哀樂愛惡慾)을 말하며 이는 강약과 지속성에 따라 정동(情動)과 정취(情趣)로 구분한다.
정동이란 비교적 강하고 단기 지속되는 감정을 말하고, 정취란 비교적 약하고 장기 지속되는 감정을 말한다.
정동은 정서에 해당된다고 하겠다.
그래서 우리는 '정서가 달아오른다' 또는 '정취가 느껴진다'라는 표현을 쓴다.
정서가 중요한 까닭은 정서는 인간의 활동을 활성화시켜 우리의 의식과 무의식을 연결해주는 가교역할을 하기 때문이다. 우리가 정서적 함양을 통하여 의식을 활성화시키면 잠자고 있던 무의식이 자극받아 깨어나서 활동을 주도하게 된다.

✓ 무의식이 깨어나지 않으면 우리는 의식에 의해 외부 물질세계에서 벌어지는 일들을 그대로 사진 찍어 머릿속에 인화해 놓게 되고 이는 고정관념으로서 우리를 한계 지워 버리게 된다.
그래서 우리는 생활의 노예가 되어 버리는 것이다.
반면에 무의식이 활성화되면 머릿속에 자리 잡은 고정관념의 쓰레기들을 말끔히 치우고 내가 원하는 새로운 그림(영상)으로 바꿔 배치하여 완전히 새로운 방으로 꾸며 이를 사진 찍어 외부세계로 인화시켜 놓으면 나의 꿈이 현실이 되는 것이다.
몰입하면 목표에 쉽게 도달하는 이유가 여기에 있다.
무의식은 정서가 개입되어야만 깊은 잠에서 깨어난다는 것을 다시 한번 명심하고 또 명심하자!

✓ 정서의 발현은 ① 경험(기분 또는 느낌), ② 표현행동(얼굴의 표정, 신체의 표현), ③ 생리적 각성(자율신경계의 흥분), ④ 대상에 대한 행동 경향성 순서로 나타난다.
정서함양으로 행복에너지 또는 긍정에너지를 개발하려면 명상, 고전음악 감상, 그림 그리기, 시 읽기나 시 쓰기, 춤추기(템포가 빠르지 않으나 즐거운 춤이 좋다) 등을 생활화하자. 이런 활동은 정서를 담당하는 우뇌를 자극하여 무의식의 가교를 활성화시키게 된다.
당대 최고의 투자자이자 현인으로 일컬어지는 워런 버핏의 스승인 20세기 위대한 투자자 벤저민 그레이엄은 그의 저서 《현명한 투자자》에서 이렇게 말하고 있다.
"한 번의 커다란 행운이 평생에 걸친 평범한 노력들보다 더 좋은 결과를 낸다. 그러나 그런 행운 뒤에는 언제나 철저한 준비와 훈련이 있었던 것을 알 수 있다."

✓ 불운한 사람들은 대체적으로 운이 좋은 사람들에 비해 긴장 속에 살고 있다.
자신을 변화 없는 일상 속에 가두고 집착하며, 직관을 무시하고, 과거의 불운한 기억 속에 사로잡혀 있고, 자신의 불행을 받아들이지 못하고 신세타령을 하며, 남이 잘되면 질투하면서 살아간다. 그러면서 스스로 운명을 개척하거나 자신의 불행이나 처지의 이유를 살펴보고 개선하려고 조차하지 않는다.

만약 당신이 이런 부류로 지금까지 살아왔다면 장담컨대 앞으로도 절대 지금보다 행복하지 못할 것이다.

재 이제 정신 바짝 차리고 운이 좋은 사람이 되어보자.

(이해를 돕기 위해 필자의 의견 보충함)

5. 믿음강화가 행운을 불러온다.

✓ 어떻게 하면 믿음을 높일 수 있을까?

믿음을 강화하는 데 가장 효과적인 방법은 심상화 프로그램이다. 이는 상상으로 보기 (creative visualization)로서 바라는 결과를 마음속에 그려보고, 확신을 심어주는 말을 반복함으로써 그 심상이 우리가 소망하는 것을 끌어오는 자석의 역할을 하는 것이다. 이때 중요한 것은 심상화 시 정서적 몰입상태에 들어야 한다는 것이다. 앵커링 (ankering)을 하여 그 상태에 들어갈 수 있도록 하면 그 효과는 배가된다.

유명 영화배우이자 캘리포니아 주지사가 된 아놀드 슈왈츠제네거, 유명 만화가 스콧 애덤스, 골프황제 타이거 우즈 등은 모두 심상화를 통하여 정상에 우뚝 선 사람들이다.

(이해를 돕기 위해 필자의 의견 보충함)

6. 진심 어린 기도는 행운을 가져온다.

✓ 기도는 어떻게 해야 효험이 있을까?

기도는 영적 대상에게 이야기하는 구체적인 방법이기 때문에 제대로 된 기도는 영적 대상에게 귀를 기울이는 한 가지 방법인 명상보다 그 효과가 클 수 있다.

그러나 보통 대부분의 사람들은 기도할 때 원하는 무엇을 절대자에게 요청하거나 구하는 기도를 하는데 이렇게 하면 절대 효과가 없다.

왜냐하면 인간과 인간의 관계에 있어서 빌려준 돈을 떼이지 않고 언제라도 받을 수 있는 사람 즉, 부자이거나 능력 있는 사람에게는 돈을 빌려주겠다는 사람이 줄을 서는 반면 빈한하거나 능력이 없는 사람에게는 높은 이자를 주겠다고 해도 돈을 빌려주기를 꺼려하는 것처럼 절대자도 구걸하는 사람은 신빙성이 없는 사람으로 보아 원하는 주시지 않는다.

이것은 상대계에 사는 우리 인간이 절대자인 조물주가 창조한 개체라는 점에서 인간과 인간과의 관계나 인간과 절대자의 관계나 유사하다는 점이다.

그러면 실제 가난한데 구하지 않으면 무엇을 기도해야 한다는 말인가?

걱정할 것 없다.

절대자와 가교역할을 해주는 우리의 뇌는 현실과 상상을 구별하지 못한다!!

따라서 우리는 이렇게 기도해야 한다.

"하나님(부처님). 저에게 무엇 무엇을 주셨음(이때 정말 받은 것으로 상상하여야 한다)을 감사합니다. 저는 하나님께서 주신 이것을 평생 축복으로 알고 하나님이 저에게 역사(役事)하셨음을 깊이깊이 간직하고 매일 감사기도를 드리겠습니다."

이렇게 기도하면 절대자께서는 "오 그래? 내가 저놈에게 그걸 언제 주었지? 주고도 기억이 안 나니 건망증인가? 에이 모르겠다. 다시 하나 더 줘 보지"하시고 소원을 들어주실 것이다. 웃기는 소리라고? 거짓말인지 실험해 보시라!

(이해를 돕기 위해 필자의 의견 보충함)

4. 《운명을 지배하는 힘 육감 六感》

기공사인 아키야마 마코토는 그의 책 《운명을 지배하는 힘 육감 六感》에서 육감을 받아들이기 위한 능력을 기르는 방법을 조언한다. 그 내용을 요약 소개하면 다음과 같다.

1. 육감의 중요성

✓ 육감이란 오감 다음에 오는 힘으로 기분이 좋아야 좋은 기 또는 파동이 전신을 감싸게 되며 이때 육감이 작동한다.
✓ 파동은 음·색·향·미각·촉감으로 나타나는데 회의론자나 부정론자는 삶의 목표가 없고 부정적 파동이 감싸고 있어 육감을 느끼지 못하거나 부정적 방법으로 느끼게 된다.

2. 육감이 강했던 역사적 인물

1) 토마스 에디슨의 조수였던 니콜라 테슬라는 에디슨이 직류전송 고집할 때 눈앞에 떠오른 설계도를 보고 열효율이 높은 교류전송을 발견하여 이를 일상화하는 데 성공하였다.

2) 유리겔라는 고기폭식 때는 염력이 뛰어났고, 채식으로 바꾼 후 창의성이 뛰어나 400여 개의 특허를 취득하였고 가스누출 정보기, 위폐검색기, 금속판정기 발명하였다.

3) 스탈린 시대의 '메싱', 미국의 유일한 공인초능력자 '인고스완'은 엄청난 예지력을 발휘하여 주역, 역술, 점성술과도 연계하여 그의 능력을 향상시켰다.

4) 염기서열을 발견한 영국의 분자생물학자 프랜시스크릭은 꿈에서 뱀 두 마리가 서로

꽈리를 틀고 있는 꿈을 꾼 후 DNA의 이중나선구조를 발견하였다.

3. 육감을 끌어들이는 방법

좋은 감정 상태를 유지하며 자신이 물체가 됐다고 생각하라.
그리고 확고한 목적의식하에 아래 사항을 매일 실행하라.

1) 3행 일기를 쓴다. (5분)
1행 감정상태
2행 떠오르는 아이디어
3행 만난 사람, 간 곳

2) 트럼프 무늬 찾기 연습 (5분)
✓ 뒤집어 놓고 5장에서 에이스를 찾는 연습을 반복한다. (아닌 것부터 찾기 시작)
✓ 전체에서 에이스를 찾는 연습을 반복한다. (이때 에이스가 아닌 것부터 차례로 찾아 마지막 남은 것이 에이스가 되게 한다).

3) 다음 날 아침뉴스나 조간신문 1면 탑 기사가 무엇인지 예측해 보고 다음 날 신문을 확인해본다. (5분)

5. 《집중력의 힘 Power of Concentration》

1918년 처음 출간된 이래 세계의 많은 독자들로부터 각광받아 지금까지도 꾸준히 읽히고 있는 세론 Q. 듀몬의 책 《집중력의 힘 Power of Concentration》은 집중력이야말로 성공을 이끄는 힘이라고 주장하면서 집중력 강화방법을 말해주고 있다. 그 내용을 요약 소재하면 다음과 같다.

* 집중력 강화 훈련을 하되, 점점 시간을 늘린다.

1. 훈련 1(5~15분)

✓ 편안한 자세로 가부좌 또는 의자에 가만히 앉아 이에 집중한다.

2. 훈련 2(1~5분)

✓ 머리는 들고 턱은 내밀며 어깨는 뒤로 당기고, 오른쪽 팔을 어깨높이만큼 옆으로 들어 올린다.
✓ 들어 올린 손가락에 시선을 고정시킨 채 팔은 1분간 완전히 정지시킨다.
✓ 같은 동작을 왼팔도 반복한다. 손바닥은 밑을 향한다.

3. 훈련 3(1~5분)

✓ 물을 가득 담은 컵을 손가락 끝으로 집어 들고 팔을 앞으로 똑바로 뻗는다.
✓ 시선은 컵으로 돌려 팔이 정지해 있는지를 체크한다.
✓ 좌우 팔을 교대로 시행한다.

4. 훈련 4

✓ 일하고 있을 때 근육을 이완하고 마음은 평정한 상태를 유지한다. 여기까지 훈련은 무의식적인 근육의 움직임을 컨트롤하여 몸의 움직임을 완전히 의식적인 것으로 만드는 훈련이다.

5. 훈련 5

✓ 의자를 책상 앞으로 이동시켜 앉은 후 두 손 모두 주먹을 쥐고 손등을 밑으로 해서 책상 위에 올려놓는다.
✓ 엄지손가락은 주먹 바깥쪽으로 나오도록 한다.
✓ 우선 한동안 주먹을 바라보다 천천히 엄지손가락을 편다. 이때, 자신이 하고 있는 일에 중요한 의미가 있는 것처럼 모든 주의력을 집중시킨다.
✓ 그런 다음 집게손가락을 천천히 펴고, 다음에는 가운데 손가락, 이런 식으로 새끼손가락까지 펴나간다.
✓ 이번에는 순서를 바꿔 새끼손가락부터 차례로 접어 간다.
✓ 마지막에는 다시 엄지손가락이 주먹 바깥쪽에 오는 상태로 되돌아가는 식으로 좌우 각각 5~10회 반복한다.

6. 훈련 6

✓ 오른손으로 주먹을 쥔 다음 집게손가락을 앞으로 내밀어서 무릎 위에 올려놓는다.
✓ 다음으로 손가락 끝에 주의를 집중시킨 채 집게손가락을 천천히 좌우로 움직인다. 이에 주의를 집중한다.
✓ 매일 반복한다. 전력을 다한다.

7. 훈련 7

✓ 집중력으로 후각을 발달시켜라.
산책을 하거나, 꽃밭을 지날 때는 풀의 향기에 집중하라.
식물을 몇 종류나 구분해 낼 수 있는지 시험해보라.
그런 다음 그중에서 하나를 골라 그 냄새에만 집중하라.

8. 훈련 8

✓ 자신의 내면에 집중하라.
✓ 전신의 근육을 편안하게 해서 눕는다.
✓ 심장의 고동에 집중한다. 심장이라는 멋진 장기가 온몸으로 혈액을 보내고 있는 모습을 상상한다. 특히 몸의 약한 부분으로 충분한 혈액이 보내지는 것을 의지의 힘으로 염원하라. 경이적인 체력증가 현상이 있을 것이다.
✓ 잠들기 전, 아침에 일어났을 때 자신을 향해 이렇게 말하라.
'내 몸의 모든 세포들은 삶의 기쁨으로 떨고 있다.
내 몸의 모든 부분이 튼튼하고 건강하다.'

9. 훈련 9

✓ Water Method 방법으로 잠에 집중하라.

Epilogue

우리는 이미 "나는 누구인가?"라는 질문을 통해 생명을 얻어 이 세상에 태어난 것이야말로 우주에서 가능성이 거의 0인 사건이며, 이러한 기적이 실행된 실체인 우리는 모두 엄청난 행운아이자 피조물이 아니라 창조자 자신이라는 사실을 알았다.

그리고 이 세상은 부족한 것이 일상적이라는 우리의 일반적인 생각과 달리 이 우주는 풍요로 가득 차 있으며, 생명을 얻은 행운아들은 누구도 이러한 풍요를 누릴 권리가 있음도 알았다.

우리 스스로의 소중함을 모르면 다른 사람의 소중함도 모른다.

또 다른 사람을 배려하는 것이야말로 나를 위한 것임을 이해했다.

이 우주는 시공을 초월하여 모든 사물이 서로서로 촘촘히 연결되어 있어 한마디로 '관계맺음(with)'이 우리 우주의 본질임을 양자역학은 이야기해 주고 있다.

심지어 우리가 나라고 느끼는 나의 몸도 자기의식을 가지고 있는 70조 개의 세포가 상호 협조하면서 소우주를 이루고 있음이 밝혀졌지 아니한가?

이 우주에 존재하는 모든 것이 하나에서 출발해서 이 무수한 별과 항성, 행성을 이루었다는 점에서 보면 이러한 연결성은 오히려 당연한 것이다.

이제 우리는 수백만 년의 분리의 시대를 지나 연결의 시대로 막 발을 내

딛고 있다. 바로 4차 기술혁명이라 부르는 이 변화가 연결성의 시대로 우리를 이끌고 있는 것이다. 이 변화는 지금까지 지속되어온 '분리기술'이 최고도화 되면서 '연결기술'화 하고 있는데 기반하고 있다. 인간의 역사는 분화를 통한 복잡화의 역사였다. 나눔으로서 우리는 구별할 수 있었고 분화의 최정점에서 우리는 디지털이라는 기술을 습득했다. 그러나 분화의 정점 기술인 디지털은 연결을 그 속성으로 한다는 것이 사물인터넷, 가상현실, 인공지능(AI), 3D프린팅, 자동주행자동차 등 이 기술의 결과물들이 말해 주고 있다. 이제 우리는 분리가 그 본질인 상대계인 이 세상을 연결이 본질인 절대계의 세상으로 이끌고 갈 기술을 발견한 것이다. 이 연결기술 등은 우리가 그려온 이상향, 즉 본질계로의 접근을 촉진할 것이다. 그러나 인간의 이성에는 이기심이라는 분리의 본질이 도사리고 있어 이 기술이 이끌어갈 미래가 그야말로 장밋빛일지 아니면 암울할지 아무도 모른다. 물론 전문가들의 의견도 나뉘고 있는 형편이다. 모든 것에는 긍정적인 측면과 부정적인 측면이 있는 것이 우리가 살아가고 있는 이 세상이다. 이를 경제학에서는 인간의 행동에는 양(+)의 경제효과와 부(−)의 경제효과가 함께 일어난다고 보아 무엇을 행할 때는 반드시 기회비용(행하지 않음으로 인해 얻을 수 있는 이익의 포기)이 필요하다고 정의하고 있다.

  앞으로의 세상을 올바른 방향으로 이끌 책임은 우리 보통 사람들과 미래를 짊어질 젊은이들에게 있다.

  그런데 필자가 보기에 지금 젊은이들은 어지러울 정도의 빠른 변화에 길을 잃고 헤매는 길 잃은 순한 양들로 보인다. 순한 양은 '나'라고 하는 주관이 없다. 그래서 남들이 하면 하는 대로 따라하다 결국에는 내가 어디로 가고 있는지도 모르고 길을 헤매게 된다. 격랑에서는 정신을 똑바로 차려야 그곳을 헤치고 살아남을 수가 있다.

 갈 길을 잃고 방황하는 젊은이들, 지쳐 용기를 잃은 직장인들, 직장에서 해고되어 앞으로의 삶에 길이 보이지 않는 사람들을 비롯해 참된 삶이 무엇인지 찾아 성공의 과실을 내 것으로 만들어 풍요롭고 행복하게 삶을 살아가고 싶어 하는 사람들은 많은데 이들을 이끌어줄 등불은 너무나 찾기 어려운 것이 현실임을 필자는 직감하였다.

 이제 필자는 살아온 수십 년이 넘는 기간 동안 탐구해 왔으며 정리해 온 나란 존재가 무엇인지와 삶이란 무엇이고 어떻게 살다가 가야 진정한 삶인지에 대하여 공론화할 때가 왔음을 직감하였다.

 고민과 고민 끝에 필자는 어두운 미래를 향해 나아가는 사람들에게 하나의 등불이 되어야겠다는 일념에서 집필에 몰두한 끝에 《나는 누구인가?》(1권)를 시작으로 《풍요로운 삶의 비밀》(2권)에 이어서 우리가 본받을 만한 성공을 이룬 멘토들의 삶과 교훈 그리고 성공적인 삶을 살기 원하는 사람들을 위한 석학들의 조언을 한 권의 책으로 엮어 《내 인생의 멘토》(3권)를 집필하였으며, 끝으로 인간의 마지막 질문에 대한 필자의 탐구 결과인 《신과 영혼, 그리고 나》(4권)라는 제목의 책을 집필하여 총 4권의 시리즈물로 출간하게 되었다.

 독자 분들에게 이 책이 펼쳐지는 순간, 독자 분들은 진정 나란 존재가 누구이고 살아 있다는 것이 이 세상에서 얼마나 어려운 일인지를 깨닫게 되었을 것이다. 그리고 바로 자신이 이 세상에서 '최고의 행운아'임을 직감했을 것이다. 그러면 이제 당신의 삶은 지금의 삶과는 전혀 다른 길(성공과 행복, 풍요가 넘치는 삶 그리고 연결된 세상)을 따라 쉬지 않고 흐를 것이다. 아무쪼록 여기 제시된 사항들을 숙독하고 숙독하여 내 것으로 만들자.

이 세상 모든 것의 성취는 습관화에 달려 있음을 기억하자.

습관화란 나의 현재의식을 잠재의식 속으로 갈무리하는 것이며, 이는 곧 우주의식과의 연결로를 만드는 것이기 때문이다.